现代教育技术与教师专业发展

程 智 编著

天津教育出版社

内容提要

教师专业发展是近几年教育研究中的一个热门课题。现代教育技术在教师专业发展中的应用,为教师专业发展提供了新的动力。现代教育技术改变了教师专业发展的内容、方式和方法,构建出了新的专业发展模式。本书从理论、技术、科研、情感发展等多个层次对用现代教育技术促进教师专业发展进行分析,给出了比较完整的现代教育技术促进教师专业发展的模式,提出了不同媒体对教师专业发展的促进策略和方法,探讨了教育技术科研对教师专业发展的促进作用以及现代教育技术对教师专业情感的促进策略等。

本书可作为教师专业发展的培训教材,也可作为各界人士了解专业发展以及现代教育技术促进专业发展方面知识的参考书籍。

图书在版编目(CIP)数据

现代教育技术与教师专业发展/程智编著. —天津
:天津教育出版社,2010.4
ISBN 978-7-5309-5987-9

Ⅰ.①现⋯ Ⅱ.①程⋯ Ⅲ.①教育技术学—研究②师
资培养—研究 Ⅳ.①G40-057②G451.2

中国版本图书馆 CIP 数据核字(2010)第 032574 号

现代教育技术与教师专业发展

出 版 人	胡振泰
主 编	程 智
责任编辑	李勃洋
出版发行	天津教育出版社
	天津市和平区西康路 35 号
	邮政编码 300051
经 销	全国新华书店
印 刷	北京龙展印刷有限公司
版 次	2010 年 1 月第 1 版
印 次	2014 年 3 月第 3 次印刷
规 格	16 开(787×1092 毫米)
字 数	329 千字
印 张	13.25
定 价	22.00 元

前　　言

一、关注现代教育技术和教师专业发展

教师专业化、教师专业发展，在最近这些年开始为国人所认识。从 2000 年开始，在中文期刊上发表的有关专业发展的学术论文就在迅速增加，近几年还有加速增加的趋势。而在国外，教师专业发展的研究起步则比较早一些。从 20 世纪 70 年代开始，国外有关专业发展的教育论文数量就在稳步增长。这一增长趋势一直持续到 2001 年。随后研究的热潮开始退却，即便是这样，最低谷的时候发表的论文数量也达到了 1994 年的水平。从 2006 年开始，国外对教师专业发展的研究又有逐渐上升的趋势。

与传统的教师培训方式不同，教师专业发展具有更加广泛的含义。教师的专业发展不仅包括教师去教育学院学习学位课程、听专家讲课、脱产进修，更重要的是，教师专业发展强调的是教师自身的专业成长。而这种专业成长则可以采用多种方式来进行促进。目前受到教师广泛欢迎的就是校本培训的方式。这种方式可以满足教师一边进行教学实践一边进行专业发展的需求，使教师的专业发展与教学实践紧密结合在了一起。

而现代教育技术在教师专业发展中的应用，则在最近这几年受到大家的广泛重视和欢迎。现代教育技术在教师专业发展中的应用是现代教育技术教学应用的一个重要课题。与其他的应用方式一样，教师专业发展中应用的现代教育技术并不仅仅是一个辅助工具的角色，它的应用完全改变了现有的教师专业发展的模式，并形成了一系列带有浓厚时代特征的教师专业发展模式。包括基于多媒体网络教室的理论知识学习模式、基于虚拟社区的学习共同体模式、基于移动学习的教师专业发展模式等十几种形式多样、内容丰富、实践性强的新模式。现代教育技术的应用，也不光促进了教师专业知识和技能的发展，它同时在教师专业情感、专业创新、承担社会责任等方面具有良好的促进作用。

另外值得一提的是，专业发展也不光是针对教师而言。在任何一种职业中，职工的整个职业生涯都涉及专业成长的问题。特别是自 2008 年国际金融危机以后，一些地区面临着产业转型的压力，需要大量能够适应信息化社会需求的专业人才。传统的培训方式难以满足这一要求。而通过专业发展的方式，则能够有效地解决这一问题。因此即便没有从事教师这一职业，对专业发展这一课题投入更大的关注，也将会使自己终身受益。

二、为什么写这本书

在写这本书之前，作者深感国内有关利用现代教育技术促进教师专业发展方面的书籍比较少，且现代教育技术发展得很快，许多书已不能适应理论和技术发展的需要。虽然通过发表论文的方式可以介绍这些新的进展情况，但是学术论文毕竟专业性较强，普及面不广，导致只有从事这一方面课题研究的人士才能够从中获益，占比最大的中小学教师群体却很少能够查阅得到。因此编写《现代教育技术与教师专业发展》一书，期望更多的教师能够有所启发，并在此基础上使有关课题深入研究下去。

三、本书的组织结构

本书在结构安排上做了一些新的尝试。首先，本书按照培训教材的形式编写，因而每一章都安排有学习目标、习题等内容，另外，一些实践性比较强的章节还安排了相应的实验指导。限于篇幅，这些实验指导只提供大致的框架，内容包括实验名称、实验目的、实验器材、实验步骤和实验要完成的作业要求等。在学习的过程中，读者可以根据不同地区的情况灵活地进行选择。比如数码摄像机方面的实验，如果条件具备，则可以选用专业型摄像机。而若条件不够，则可以选用一般的家用型摄像机。

另外，本书既然介绍的是现代教育技术在教师专业发展中的应用，因此在内容上安排上，也结合了一些专业发展中常用的方法。比如在本书的每一章中，都安排有相关的案例提供读者研究探讨。

本书的内容大致分成三个部分。

第一部分包括第一章和第二章。这两章介绍现代教育技术与教师专业发展的基本理论，给出用现代教育技术促进教师专业发展的一般模式，可作为后续章节的理论框架。

第二部分包括第三章到第七章一共五章的内容。这五章内容的实践性比较强，分别就白板投影类媒体、数字音频类媒体、数字图像视频类媒体和多媒体计算机网络类媒体在教师专业发展中的应用进行了介绍。

由于多媒体计算机网络类媒体的内涵比较丰富，一个章节无法容纳下那么多的内容，所以将其分成了两个章节来进行编写。第六章介绍了多媒体计算机网络类媒体的发展和应用的情况，其中涉及最新的移动技术。在第六章的基础上，第七章专门探讨了多媒体计算机网络类媒体在教师专业发展中的应用。

因为本书并非技术书籍，所以介绍技术知识的时候尽量做到浅显易懂。只对那些在应用的时候必须涉及的知识进行介绍，而非常艰深的技术原理则不会出现在本书的内容中。举例来说，像"音频"、"视频"这样的名词原先都是属于电声、电视技术的专业术语，但是目前来看，如果不懂得这些术语，则普通教师都不知道如何将自己的笔记本计算机连接到液晶投影机和扩音设备上。而诸如"传声器"这样的术语则属于需要规范的一类。在广州话中，传声器被称作"咪"，但这并不是规范的术语，自然就不会在本书中出现。另外诸如码分复用、差分曼彻斯特编码、基本码流时钟基准之类的术语和技术由于跟实际的应用关系不大，就不会出现在本书的内容中。

第三部分包括了第八章和第九章。第八章就教育技术科研与教师专业发展的关系进行了分析，对常用的教师开展教育技术科研的方法进行了探讨。第九章则对用现代教育技术促进教师专业情感的发展进行了探讨。

四、如何使用这本书

本书可作为教师专业发展的培训和参考教材，也可以作为其他职业对此感兴趣的人士了解现代教育技术对专业发展促进作用方面知识的参考书籍。在阅读的时候既可以系统地从第一章阅读到最后一章，也可以采用非线性的方式，按照个人兴趣，直接选择相关章节来进行阅读。本书一共安排了12个实验，每个实验项目大约需要2个学时。按照实际的需要，最少应完成其中的3个实验，以确保能够获得一定的实践机会。本书提供的案例，既可作为学习的辅助材料，帮助理解相关的内容；也可以作为班级学员小组讨论的材料；还可以结合每一章后面的习题，将每个案例后面的反思内容按作业的形式让学员课后来完成。

本书所列英文文献资料大部分都可以通过目前一些大学引进的国外专业文献数据库查询得到，一些文献甚至在网络上有 PDF 文档供免费下载。而英文的书籍基本上都可以在 Google 图书中查阅到。当然，在选择参考文献的时候，本书还是尽量选择中文的期刊和图书，这样便于读者查阅和核对。

五、感谢

在本书编写的过程中，赵玉娟女士对本书的内容安排提出了很多非常有建设性的意见，对于提高本书的质量有非常大的帮助，在此深表谢意。

编　者

2009 年 8 月于广州

目　　录

第一章

概 述

学习目标

1. 通过本章的学习,了解现代教育技术以及教师专业发展的概念
2. 名词解释:现代教育技术、现代教育媒体、教师专业化、教师专业发展
3. 指出现代教育技术的几个发展阶段
4. 说明教师专业发展的途径和方法
5. 论述现代教育技术是如何促进教师专业发展的

第一节 现代教育技术的概念

一、什么是现代教育技术

现代教育技术在教育教学实践中有着重要的应用价值。目前现代教育技术已经广泛应用于课堂教学、远程教育以及各种专业技能培训之中,在教师专业发展的过程中也有着重要的应用价值。

人们对于现代教育技术有着不同的理解。以下是几个比较典型的定义:

1. 美国教育传播与技术协会(AECT)给出的四个定义

美国教育传播与技术协会是由对教育技术感兴趣的教师以及其他人士组成的一个专业组织。该协会成立于1923年。该协会成立以来,对"什么是教育技术"曾经给出多个定义。这里介绍其中的几个定义:

(1)1972年给出的定义[1]:

教育技术是这样的一个领域,在该领域中通过对所有的学习资源进行系统识别、开发、组织和利用以及通过对这些过程的管理来促进人类的学习。

(2)1977年给出的定义[2]:

AECT在1977年的时候发布了一个文件,该文件的名称即为"教育技术的定义"。在该文件中对教育技术的定义以及教育技术涉及的相关概念作了比较深入的分析。该文件指出:

教育技术是一个复杂的、整合的过程,涉及人、步骤、观念、设备以及组织。它涉及人类学习的各个方面。

基于这种对教育技术复杂性的理解,在1977年,AECT并没有直接给出一个简短的描述性的定义。而是指出了教育技术研究的范围以及同其他概念的区别。

(3)1994年美国教育传播与技术学会对教育技术作了全新的定义:

"教学技术是为了促进学习,对有关的过程和资源进行设计、开发、利用、管理和评价的

理论与实践。"[3]

（4）AECT 于 2005 发布的 05 定义[4]：

教育技术是通过创造、使用、管理适当的技术性的过程和资源，以促进学习和提高绩效的研究与符合伦理道德的实践。

从 AECT 的这几个定义可以看出美国教育技术概念的发展和变化的过程。

1972 年的定义重点在于对学习资源的识别、开发、组织和利用。强调了学习资源在促进人类学习方面的重要性。到了 1977 年，AECT 似乎发现了教育技术研究对象的复杂性，强调教育技术涉及人类学习的各个方面，不光是学习资源对于人类学习的重要性，更重要的是，教育技术涉及一个比较复杂的系统问题。在这样的一个系统中，人们的思想观念、对各种技术的利用等都会影响到教育技术的内涵。

到了 1994 年的时候，AECT 则强调了教学技术的理论和实践的意义。在该定义中，明确提出了教育技术研究的对象是"过程和资源"，而研究的内容则包括了"设计、开发、利用、管理和评价"这五个环节。

到了 2005 年的时候，AECT 提出的定义则指出，教育技术仍是要促进学习和提高绩效。在该定义中，还强调了"创造"和"伦理道德的实践"，这是以往的定义中所没有的。这意味着教育技术研究不再是一种简单的技术性的工作。通过教育技术还可以创造出新的教育教学模式。而在技术的应用过程中，使之符合伦理道德的要求也同样是非常重要的。特别是在计算机网络技术迅速发展的时代。

2. 南国农给出的定义（1985）[5]

"电化教育就是运用现代教育媒体，并与传统教育媒体恰当结合，传递教育信息，以实现教育最优化。"

3. 南国农给出的另一个定义（1998）[6]

"电化教育，就是在现代教育思想、理论的指导下，主要运用现代教育技术进行教育活动，以实现教育过程的最优化。"

南国农给出的两个定义中，1998 年的定义强调了现代教育思想理论的指导，而用现代教育技术取代了现代教育媒体。这是要强调，在教学的过程中，技术不仅仅是一种辅助的工具，运用现代教育媒体开展教育活动，还要遵循一定的理论指导。这些理论包括教学设计、媒传教学法等理论。

4. 肖树兹给出的定义（1989）[7]

"电化教育是根据教育理论，运用现代化教育媒体，有目的地传递教育信息，充分发挥多种感官的功能，以实现最优化的教育活动。"

5. 李克东给出的定义（1997）[8]

"教育技术是运用现代教育理论和现代信息技术，通过对教学过程和教学资源的设计、开发、应用、评价和管理，以实现教与学过程和教与学资源的优化的理论与实践。"

综合上述各种定义，我们可以发现在我们国内现代教育技术的发展历程与国外有所区别。在早期，我们主要是以"电化教育"这一概念来替代国外教育技术的概念。到了上个世纪 90 年代以后，我们逐渐开始使用国外的教育技术概念。由于国内的教育理论体系与西方国家有所区别，因此目前我们主要采用"现代教育技术"一词来概括相关的应用。从名称上来看，现代教育技术研究的是教育技术中跟现代的教学、学习理论以及现代教育媒体应用有关的内容。

案例分析 1-1

有关电化教育与教育技术名词的争论

在中国,现代教育技术在发展的过程中,也存在一些小插曲。其中二十世纪八十年代到九十年代出现了如何给其命名的争论。争论的焦点在于是否还应该使用"电化教育"这一名词。

认为应该继续使用"电化教育"一词的人士认为,"电化教育"一词已经使用多年,其名称、概念也已经深入人心。同时一个学科的发展关键在于其内涵,而不应该把太多的精力放在是否应该使用什么样的名词的争论上面。

反对继续使用"电化教育"这一名词的人士则认为,"电化教育"一词是历史遗留的产物,主要源自于国外的"视听教育"。而现在国外都已经普遍使用"教育技术"一词了,我们也应该接纳国外先进的理论。同时,更改了名词以后,也便于我们与国外教育技术界进行充分的交流。

随着时间的推移,最终还是放弃了"电化教育"这一名词。自二十一世纪开始,"电化教育"这一名词在中国正式成为一个历史名词。

不过由于自上个世纪五十年代以来,我们国家的教育体制受前苏联的影响较大,一些教育学科,比如教学论,已经覆盖了一部分西方的教育技术学方面的内容。因此为了避免与其他学科的冲突,我们国家现在采用的正式名称为"现代教育技术"。

当然从欧美等发达国家对教育技术研究的范围来看,基本上也只涉及到现代教育媒体的应用,所以我们这里所说的"现代教育技术"与欧美的"教育技术"研究的范围基本上是相同的。

反思:

1. 这种"电化教育"与"现代教育技术"的名词之争有意义吗?

2. 这里所说的"现代教育技术"与欧美的"教育技术"研究的范围基本上是相同的,这一观点有问题吗?

这里,我们对现代教育技术给出一个定义,作为本书阐述现代教育技术与教师专业发展之间关系的出发点。

现代教育技术的定义:

现代教育技术指的是在教育理论指导下,将信息技术创造性地整合于教育过程之中,以促进学习者的成长和教师的专业发展。

在这个定义中,强调了三个方面的内容:

(1)离不开教育理论的指导。这里所说的教育理论包括各种教学理论、学习理论。也包括教学设计、信息技术与课程整合的理论等。

(2)信息技术与教育过程的创造性整合。这里强调的是信息技术必须与整个教育过程进行有效的整合。信息技术成为教育过程中不可分割的一个部分。信息技术与所有教育过程的整合,既包括一般的教学过程,也包括德育、体育等教育过程。创造性的整合意味着信息技术在教育教学中的应用,可以创造出更多新的教育教学模式。

(3)现代教育技术能够促进学生的学习,帮助学生成长,同样也可以促进教师自身的专业发展。这里强调学生的成长、教师的专业发展,也是要表明,现代教育技术不仅可以提高知识和技能学习的效率,同样也能够促进学习者和教师的情感发展。

二、现代教育媒体

1. 教育媒体的发展

从有了教育活动以来,就有了教育媒体。最早的教育媒体是各种非语言信号和语言等,通过语言的口耳相传,孔子向他的几千个弟子传授了系统的儒家学说。到了现在计算机网络技术迅速发展的时代,又有了计算机和计算机网络等数字化的媒体。教育媒体的发展是与科学技术的发展密切相关的。

教育媒体的发展大致可以分为以下 11 个阶段:

(1)简单的信号阶段:在语言还没有出现的时候,可以通过一些简单的方式进行交流,比如动物或人类发出的声音,不同的动作姿态等。这种交流方式目前在动物界是被普遍采用的一种方式。

(2)口头语言媒体阶段:语言的出现是媒体发展的一个重要的标志。通过发出不同的声音,可以传递更加复杂的信息。教育的内容也就更加丰富了。

(3)文字及文字的承载物:文字是一种很重要的信息传递的媒介。在没有录音技术的情况下,通过文字可以将信息准确地记录下来,人类的知识也能够更好地传播下去。而文字的承载物,如动物的骨头、龟甲等,则能够帮助人们更好地记录和保存文字。古代的甲骨文被很好地保存到现在就是一个重要的例证。除了甲骨文以外,古埃及的人们利用石头来刻录象形文字。到了中国的春秋战国时期,人们又开始尝试着使用竹简和丝绸来记录文字。

(4)纸张:造纸术的发明,使得人们能够以更加低廉的成本来进行文字的记录。信息的传播变得更加广泛。

(5)黑板:班级授课制的出现,直接导致了黑板这种媒体的出现。目前在各级学校之中,黑板这种媒体还在广泛使用。

(6)幻灯投影机:现代科学技术的发展,导致了使用电力驱动的媒体出现。幻灯机、投影仪就是这一阶段最重要的媒体。与黑板等媒体相比,幻灯机、投影仪使用更加方便,教学中传播的信息不再只是抽象的文字,直观形象的图片在课堂中的投影播放,使得知识变得更加容易理解。

(7)录音广播:爱迪生发明了留声机,教育媒体也进入了一个新的发展阶段。声音被真实地记录下来,教师的讲课不再是转瞬即逝。学生在课堂中也可以听到优秀教师的讲课录音。无线电广播则使得声音可以传得更远。

(8)电影电视:在利用录音机把声音记录下来获得成功以后,人们随即又发明了能够记录动态图像的媒体:电影和电视。与以前的媒体相比较,电影电视媒体完全突破了时间和空间的限制。教学过程变得更加生动有趣。

(9)人造卫星:在地面上的技术获得了重要突破以后,人们将目光又投向了更远的地方。人造地球卫星的出现使得全球范围的视音频通信成为了可能。

(10)计算机:莱布尼茨发明了二进制,并发现二进制与中国古代的《易经》有很密切的关联。随后在上个世纪 40 年代,人们又发明了计算机。计算机能够进行各种数学运算,促进那些需要大量计算的学科的发展。到了 20 世纪 90 年代,多媒体技术的出现则使得了所有的学科都可以广泛使用计算机来构建友好的学习环境。

(11)计算机网络:计算机网络则能够实现全球范围的数字通信。计算机网络在教育中的应用直接导致了"网络教育"这种全新的教育教学方式的出现。

在上述阶段的划分中,一般我们将第六个阶段及其以后出现的媒体称为现代教育媒体。在现代教育媒体的分类中,幻灯投影媒体、录音广播媒体、电影电视媒体又被称为常规媒体。

4

不过由于投影、录音以及电视等目前都已经广泛地应用了数字化的技术,所以这种所谓的"常规媒体"以及"非常规媒体"的划分方法并不太准确。

案例分析 1-2

《易经》中的二进制

在中国古代哲学著作《易经》中,对二进制数的原理进行了严格的分析。同时对二进制数与人类社会之间的关系进行了一些推测。

在《易经》中,最基本的就是阴阳2个符号。利用3个符号的组合,构成8个三位的二进制数,这3个二进制数在《易经》中被称作是八卦。进一步利用6个阴阳符号进行组合,则构成了6位的二进制数,一共有64种组合。这叫做六十四卦。

当然也可以进一步进行组合,获得更多的二进制数字。

有趣的是,与现代的《数论》不同,《易经》中的二进制数是有边界的。当二进制增加到最大(乾)的时候,意味着就会回到零(坤)这个起始状态。中国古代哲学家推测这反映出人类社会一种"物极必反"的现象。

当然,《易经》中只给出了八卦和六十四卦的说明,而从其中阴阳组合的规律来看,卦的变化并不限于这两种,可以是512卦,也可以是4096卦等等。卦的数量越多,意味着可以越精确地用这些二进制数字来表示现实世界中的更多的状态。

反思:

1. 在中国,为什么《易经》中的二进制发明以后没有用它来制作计算机?

2. 中国古代知识分子利用《易经》中的二进制来帮助自己理解自然的规律,这与我们现在利用计算机来帮助自己学习新的知识有何异同?

2. 现代教育媒体的概念及其分类

这里所说的教育媒体,狭义上来看,指的是在教育中应用的媒体,或者说是那些具备了相应的教育功能,能够在教育中得到应用的媒体。比如电视、计算机就能够在教育中得到应用,所以我们可以称之为教育媒体。汽车也可以看作是一种媒体,但是从目前的教育应用情况来看,汽车就不能被称为教育媒体了。然而从广义上来看,任何的一种媒体都具备了相应的教育功能。在驾驶学校,汽车就是一种非常有效的教学媒体。本书主要从狭义的理解来看待教育媒体的概念。

我们现在所说的现代教育媒体指的是那些基于现代的声学技术、光学技术、电子技术、计算机技术等发展起来的教育媒体。

在现代教育技术中,现代教育媒体起到教与学之间的一个媒介作用。同时现代教育媒体也提供了一个基本的教与学环境,在这样的一个环境中,可以开展各种教育教学的活动。

可以从不同的角度来对现代教育媒体进行分类:

从人的感觉器官来进行分类,现代教育媒体可以分为视觉媒体、听觉媒体、视听媒体三种。

从技术构成上来进行划分,现代教育媒体则可以分为光学投影技术媒体、电声技术媒体、电视技术媒体、计算机技术媒体等。

从信号传播的形式来进行划分,则可以分为模拟信号媒体、数字信号媒体。

本书直接从教学应用的功能来进行划分,现代教育媒体可以被划分为以下四类:

(1)用来取代传统黑板的白板投影类媒体

(2)传播声音信息的数字音频类媒体

（3）用来传播图像和视频信息的数字图像视频类媒体

（4）可以实现广泛人机交互的计算机网络类媒体

3. 现代教育媒体的特点和作用

现代教育媒体具备以下的特点：

（1）丰富的表现能力

现代教育媒体能够以多种形式（文本、图形图像、视频、动画、声音）等来传递教学信息，彻底改变了传统的黑板等媒体单一的表现形式。

（2）强大的再现能力

现代教育媒体能够完全突破时间和空间的限制，将远在千里之外的景物再现于课堂之中，也能够化大为小、化小为大、化虚为实等，灵活地再现事物的本质特征。

（3）多样化的信息传播通道

现代教育媒体提供了越来越丰富的教学信息传播通道。可以通过多媒体大屏幕投影机，传播课堂教学信息，也可以通过卫星广播电视、计算机网络传播远程教学信息。

（4）灵活的交互能力

具备了数据处理能力的多媒体计算机媒体，能够满足学习者与媒体之间交互的需求，可以实现灵活的人机对话方式。

（5）便捷的使用性

随着技术的发展，现代教育媒体变得越来越容易使用。比如早期的电影放映机需要专业人士才能够操作使用，现在的数字电视、网络电视等技术，一般的教师经过短时间的学习就可以灵活地使用。

现代教育媒体的作用：

（1）促进教师的专业发展

教师的专业发展是一个终身的过程，现代教育技术的发展也是无止境的。现代教育技术在教育教学中有着广泛的应用，它伴随着教师的整个职业生涯。现代教育技术提供了教师专业成长的物质基础，提高了教师教学实践的效率，促进了教师之间的交流与合作，帮助教师开展教学研究工作。因此现代教育技术能够有效地促进教师的专业发展。

（2）促进学生的成长

现代教育技术能够促进学生在德、智、体、美等多方面全面发展。在学习方面，则能提供学生多种感官的刺激，提高学习的效率。因此现代教育技术能够促进学生的成长。

（3）促进教学手段、方式、方法的变革

现代教育技术的应用，导致教学过程中信息传播的载体发生了变化，教学手段也随之发生了变革。而使用这些现代教育媒体需要新的方法和技术，这意味着教育教学的方法也要发生变革。只有这样才能适应整个社会的发展。

（4）促进教学内容的改革

现代教育技术的应用，除了引起教学方式方法的变革以外，传播信息的通道更多了，教学效率也更加高了，这意味着原有的教学内容也要进行改革，才能适应现代教育技术应用的需求。

（5）促进学校和社会的联系

现代教育技术，特别是计算机网络技术，提供了更加丰富的交流渠道，学校和社会之间可以突破围墙的限制，将学校的教育教学活动有效地延伸到社会之中。

（6）促进教育管理的现代化

现代教育技术的应用也可以促进教育管理的现代化。利用网上办公系统,教师坐在办公室中就可以传阅各种文件、接收学校的各种会议通知等。而利用网上教务系统,则可以通过网络来完成学生评价信息的收集和分析等。教育管理的现代化反过来又促进了教师的专业发展和整个学校的发展。

三、现代教育技术的应用

1. 现代教育技术在教师专业发展中的应用

在教师的专业发展过程中,现代教育技术改变了教师专业发展的内涵和模式。一些地区结合现代教育技术的应用获得了很多宝贵的经验。这里给出一些比较典型的例子。

(1)教育部"教育技术培训促进中小学教师专业化发展"

该计划是 2005 年国家教育部启动的全国中小学教师教育技术能力建设计划项目[①]的组成部分。

该计划的依据:《中小学教师教育技术能力标准(试行)》。

目的:全面提高中小学教师的教育技术应用能力,促进技术在教学中的有效应用。建立中小学教师教育技术培训和考试认证制度,组织开展以信息技术与学科教学有效整合为主要内容的教育技术培训,全面提高广大教师实施素质教育的能力水平。

要达到的目标:在 2005—2007 年期间,组织全国中小教师完成不少于 50 学时的教育技术培训。通过该计划形成教师教育技术能力水平培训和考试认证体系。

该计划实施的方式:主要采用网络教学的方式来进行。采用 Moodle 等开放教学平台[②]来开展远程教学。因为涉及的教师培训面广、教师数量多、规模大,所以整个教学过程采用一种类似"传、帮、带"的方式。即由北京大学教育学院等高等院校,直接派出专家到各地教学点进行教学。这一过程可被称作"主讲教师培训"。教学方式采用"面授+网上学习"的方式,对该地区骨干教师进行先期培训。培训结束以后,从培训学员中抽取部分考核优秀者作为"主讲教师"和"辅导教师"。

在确定了"主讲教师"和若干个"辅导教师"以后,就可以进一步将培训的面拓宽到各级中小学校的骨干教师培训,形成新的一批"主讲教师"和"辅导教师",然后再完成对普通教师的培训。

比如广州试验区,北京大学教育学院派出一名专家进行辅导,可以完成大约 40 多个来自高校和广州地区骨干教师队伍的学员的培训。在这 40 多个学员中,可以培养出大约 8 个左右主讲教师。培训时间大约 2 个月左右。这 8 个主讲教师又可以继续用 2 个月的时间对大约 400 人左右的区级骨干教师进行培训,并培养出 80 个左右的主讲教师。继续循环下去,整个培训结束以后,全广州市的中小学教师都可以达到中小学教师教育技术能力标准的要求[③]。

(2)海南成长博客

海南成长博客给海南省联系偏远地区的教师提供了一个重要交流工具,促进了教师之间的相互关注。博客提供了教师成长档案袋的作用,形成了全新的基于网络的人际关系。

(3)首都师范大学教师发展学校

首都师范大学教师发展学校的成立于 2001 年 4 月,是国内启动得比较早的教师专业发

---

① 教育部关于启动实施全国中小学教师教育技术能力建设计划的通知. www.moe.edu.cn. 2005.4

② About Moodle. http://docs.moodle.org/en/About_Moodle. (2008.8 检索)

③ 广州远程教育中心. http://www.gzteacher.gov.cn/

展学校。该教师发展学校的建立过程吸收了国外教师专业发展学校（PDS）的经验，并结合了北京中小学教师教育的实际情况。与传统的教师进修学校不同，"教师发展学校"中可以形成大学与中小学之间的更加紧密的合作关系。同时由于是利用了首都师范大学这样的一所师范院校来进行的，可以更好地实现中小学教师职前职后一体化的专业发展。它改变了教师教育仅仅局限于在大学完成、脱离中小学实际教学环境的现状。另外，该教师发展学校还可以激发中小学教师的研究意识，教师的专业发展不再仅限于被动地获取知识。同时在实践过程中，教师发展学校更是有助于解决学校师生中出现的道德教育实践的问题。

（4）MirandNet（http://www.mirandanet.ac.uk/）

MirandaNet 成立于 1992 年，这是一个教师专业发展虚拟社区。该网站主要服务的对象为国际范围的 ICT 政策制定者、教师、教师教育者、研究人员以及那些对教育技术感兴趣的商业人士。目前该虚拟社区已经在 43 个国家和地区发展了 850 个会员。网站、网上论坛、研讨会、讲习班以及项目管理人员的经费由一些国际合作公司和政府机构资助。

该虚拟社区目前可以提供教师、研究人员等共同参与讨论有关教师专业发展的话题。参与的形式可以采用论坛、博客、研讨会等形式。另外，还提供在线电子杂志，该电子杂志是虚拟社区中教师和研究人员交流思想的主要方式。同时该社区还提供网络促进教师专业发展的各种资源等。

（5）PBS 教师在线（http://www.pbs.org/teacherline/）

"PBS 教师在线"是美国的一家教育资源与培训公司专门为教师专业发展开设的网上培训课程。

PBS 是一家获得美国教育部捐款资助的教育培训机构，向美国的中小学教师提供高质量的教师专业发展资源，目标是提高教师的专业实践能力。"PBS 教师在线"提供了比较丰富的教师专业发展的资源，各学科课程的教学以及技术整合类的在线课程教学。其每一门课程同时提供了讨论区、视频以及各种评论文章来帮助教师将学到的内容应用于实践之中。除此之外，该网站还提供了一些免费的在线专业发展资源，比如学习共同体讨论区、与专家对话等内容。

（6）WMWP（http://www.umass.edu/wmwp/）

美国的国家写作项目（NWP）是美国联邦政府资助的一个用来提高国民写作和学习能力的一个项目。西曼彻斯特写作项目（WMWP）创建于 1993 年。部分经费由曼彻斯特大学英语系、人文和美术学院以及教务处提供。从该计划的网站中可以看出，这是一个广泛应用了现代教育技术来支持教师专业发展与学生学习的项目。该项目所确定的目标是尽所有的可能来充分利用技术促进教师的专业发展。

2. 现代教育技术在教学过程中的应用

现代教育技术在教学过程中的应用可以形成四种不同的教学应用模式。

（1）教师主导的课堂教学模式。

在这种模式中，教师主导了整个课堂的教学。教师采用现代教育媒体在课堂教学过程中传递教学信息。同传统的课堂教学相比较，现代教育媒体，特别是信息技术的应用，改变了课堂教学的结构、教师的教和学生的学的过程，同传统的课堂教学有着本质的区别。

（2）以学习者为中心的个别化学习模式

这种模式中，学习者成为中心。教师、教学媒体等都是学习者面对的学习资源。一些教学媒体，如计算机等还能够代替传统教师对学习者进行个别辅导。

（3）基于问题的探究式学习模式

利用课堂多媒体技术或者网络，为学习者提供一种探究和知识建构的环境，在这种环境中，学习者可以利用各种资源来解决所面临的问题。

（4）远程教学模式

这种模式利用了远程传播媒体，如卫星电视技术、计算机网络技术等，来实现远程教学。

3. 现代教育技术在教育管理中的应用

利用现代教育技术，特别是多媒体计算机网络技术在教育管理中的应用，使得教育管理变得更加有效率。目前现代教育技术在教育管理中的应用主要可以分为以下几个方面：

（1）面向全体教职员工的网上办公系统

目前网上办公系统已经成为校园网建设中的一个重要组成部分。之所以网上办公系统会引起各级学校的广泛重视，原因在于网上办公系统是信息化校园建设中最直接的一个系统。它直接面向整个学校的管理层和普通的教师。一个高效率的网上办公系统，可以让所有的教职员工受益。另一方面网上办公系统的建设也为学校中其他方面实现网络化管理提供了一个重要的示范。

（2）面向教务管理的网上教务管理系统

在一个学校中，教务方面的信息是最为复杂的。比如排课需求、学生成绩的登录和分析等，如果能够采用网络化的管理方法，则将能够显著地提高管理效率。

（3）网上图书资料管理系统

利用网络管理系统，对传统的图书资料进行分类处理。在教师学生借阅这些书籍的时候，可以更快捷地使用其中的检索功能找到自己想要的资料。这对于一些中等规模以上的图书馆来说是行之有效的方法。

（4）网上科研管理系统

利用网络技术，收集教师的教学科研信息，可以更好地把握教师的教学科研情况。而教师也可以通过这一个系统更好地把握自己的教学科研方向。

（5）网上后勤设备管理系统

利用网络来进行复杂的设备管理，这也是学校中值得重视的一个管理现代化的方向。随着现代教育技术的不断深入应用，如何使现有的设备最大限度地为教师开展教育教学工作服务，这样的一个后勤设备管理系统可以提供有效的帮助。一些教师通过网上设备管理系统，甚至还可以将已经被遗忘的设备重新发掘出来，开发出新的教学研究项目。

第二节　现代教育技术的产生与发展

一、现代教育技术产生和发展的背景

1. 现代教育技术是历史发展的必然产物

教育史上发生了四次革命，其中，第一次革命是专职教师的出现，第二次革命是文字体系的出现，第三次则是印刷术的发明，第四次则是现代科学技术在教育中的应用。每一次革命的发生都是因为技术条件发生了变化而引起的。随着现代科学技术的发展，教育教学的过程也必须广泛地应用现代科学技术，这导致了现代教育技术的出现。

2. 现代科学技术的发展促进了现代教育技术的产生与发展

现代科学技术提供了新的理论、新的技术。新的理论如系统论、信息论促使人们能够以系统的观点、信息传播的观点来研究教育教学过程,完善了现代教育技术理论。而新的技术则提供了教育教学过程中信息传播的新媒体,构建出了更为丰富的现代教育技术应用模式。

3. 人们对教育教学质量有了更高的追求,希望出现效率更高的教育教学方式

在实际的教学过程中,人们始终都有一个愿望,就是如何在最小投入的情况下,获得最大的教学效果。现代教育技术为实现这种愿望提供了可能。利用现代教育技术,可以促进学习者同时采用多种感觉器官来进行学习,因此教学效率得以最大限度地获得提高。而现代教育技术提供的知识建构环境,则能促进学生有效地进行知识建构。这都是现代教育技术得以广泛应用的基本原因。

4. 现代教育技术的发展反过来又促进了教育的发展

随着现代教育技术的广泛应用,形成了新的教育教学的理论和实践,这些新的理论和实践又促进了教育教学理论的发展。

二、现代教育技术发展的阶段

现代教育技术的发展是与科学技术的发展、信息传播媒体的发展密切相关的。从媒体技术在教学中的应用来进行划分,现代教育技术的发展可以划分为以下五个阶段:

1. 幻灯投影技术的应用(十七世纪)

十七世纪幻灯机发明以后,就引起了人们的广泛重视。而捷克教育学家夸美纽斯出版的《大教学论》这一著作,则为幻灯机在教学中的应用提供了理论的依据。这标志着现代教育技术的发展进入了萌芽阶段。

2. 广播录音技术的应用(二十世纪二十年代)

在这一阶段,出现了无线电广播以及录音媒体。无线电广播可以将声音信息远距离传播出去,而录音机则可以将声音记录下来。这意味着现代教育技术进入了初步发展的阶段。

3. 电影技术的应用(二十世纪三十年代)

电影的发明,使得人们看到,在教室中,不光可以呈现静态的图像,还可以将动态的画面也形象地再现出来。这种应用方式在此之前是难以想象的。电影媒体的广泛应用也导致人们可以更加系统地对现代教育技术的理论进行研究。这一阶段的代表理论为"视听教育"理论,其中以戴尔的经验之塔理论影响最大。

4. 电视、计算机、卫星通信等技术的应用(二十世纪七十年代)

五十年代人造地球卫星技术得到了迅速发展,人们开始在七十年代发射了同步通信卫星。由于静止于地球赤道上空,地面天线可以很方便地对这些卫星进行跟踪,稳定地接收信号。这种同步通信卫星迅速成为了卫星电视信号转发的载体。而基于卫星广播电视的远程教育在这一阶段得以兴起。包括世界上最大的一所大学——中央广播电视大学,就是其中最重要的应用成果。

5. 多媒体计算机网络技术的应用(二十世纪九十年代)

到了二十世纪九十年代,多媒体计算机以及计算机网络开始在教育教学中得到广泛应用,促进了现代教育技术发展到一个新的阶段。在这一阶段,现代教育技术的理论得以丰富。网络教育等多种形式的教育教学方式得以出现。学校也尝试着突破围墙的限制,利用计算机网络技术,将其延伸到社会的各个层面。

案例分析 1-3

英国开放大学的学生

英国开放大学是世界上最早开设的开放大学,该大学目前使用网络技术,面向欧盟以及英联邦所属的一些国家提供远程学习的机会。在该大学学习的学生最小的十几岁,最大的达到九十多岁。

其中也不乏很多通过该大学学习改变自己命运的例子。据介绍,该大学曾经招收了澳大利亚的一个学生,该学生以前是一家农场的挤牛奶的工人,后来经过几年的开放大学学习以后,该学生已经成为了一家软件公司的程序员了。

这样的例子在世界上其他的一些开放大学中都是很普遍的,包括我国中央广播电视大学中,很多学员因为继续学习获得学位以后,自己的生活都发生了很大的改变。

反思:

1. 为什么开放大学能够扩大教育规模?

2. 对比开放大学和全日制学校,目前开放大学的教学质量受到一些人士的质疑,应该采取什么措施来确保开放教育的质量?

第三节 教师专业发展的理论

一、教师专业发展的定义

目前存在很多不同的教师专业发展定义。

这里列举国内外一些比较典型的定义:

定义一 所谓教师专业发展指的是那些帮助教育专业人员发展技能和知识的所有活动,这些技能和知识能够实现学校的教育目标和满足学生的需求。[9]

定义二 通过认证以及持续的在专业方面的教育来提升知识和技能,专业发展是必需的。一个专业发展计划可以通过旅行、研究、讲习班、研讨会以及和经验丰富的专业人士合作的形式来提高个人的职业生涯。人们需要一门专业发展的课程来建立自己在商业、教学和护理等方面的专长以及对组织的发展作出贡献。[10]

定义三 "教师专业发展是教师内在结构不断更新、演进和丰富的过程。"[11]

定义四 "教师专业发展是以教师专业自主意识为动力,以教师教育为主要辅助途径,教师的专业技能素质和信念系统不断完善、提升的动态发展过程。"[12]

定义五 "教师专业化是指教师在整个专业生活中,通过终身专业训练,习得教育技能,实施专业自主,体现专业道德,逐步提高从教素质,成为教育专业工作者的专业成长过程。"[13]

从这些定义可以看出,对教师专业发展的理解有所区别。定义一强调了教师要提升教学技能和知识,需要通过专业发展的方式来获得。定义二则强调了教师专业发展可以通过多种途径来进行。定义三强调的是教师在专业发展的过程中,其内在结构的不断提升的过程。这类似于建构主义的知识建构的过程。定义四强调了教师专业发展是一个动态的发展过程。定义五除了强调专业培训在教师专业发展中的重要性以外,也指出教师的专业发展不光是要提升专业技能和知识,同时也要提升教师的专业道德和素质。

从这些定义中可以看出教师专业发展的以下特点:

11

1. 教师的专业发展是一个内部结构不断变化提升的过程

这样的一个内部结构变化提升的过程,就是一个专业成长的过程。而专业成长的过程又是和人的成长过程紧密结合在一起的。

我国伟大的教育学家孔子就指出了人的成长过程具备一种阶段性的特征。所谓"吾十有五而志于学,三十而立,四十而不惑,五十而知天命,六十而耳顺,七十而从心所欲,不逾矩。"(《论语》,"为政第二",第四章)反映出人的不同年龄阶段,其认知能力是有所不同的。瑞士的心理学家皮亚杰则系统总结了儿童认知的发展规律。

一个人的专业成长过程,也具备这样阶段性的特点。当最初进入某一专业领域的时候,一个人处于系统吸收知识的阶段。而在专业知识积累到了一定的程度以后,就要开始进入实践的环节。在这一环节中,通过不断的实践、探究,巩固所学到的专业知识和技能。同时在实践过程中,还要逐渐培养自己的专业情感,热爱自己的专业。在积累了丰富的实践经验以后,就开始进入专业研究探索阶段。在这一阶段将形成自己的思想,并逐渐上升到理论的层次。从建构主义的观点来看,教师的专业成长过程是一个知识不断得以建构的过程。从人本主义的观点来看,专业成长过程是一个人的需求层次不断上升的过程。

2. 教师专业发展的途径呈现多样化的形式

专业成长的方式可以是学习、旅游、合作讨论、实践等多种方式。早期的教师专业发展往往采用一种比较简单的集中培训的方法来进行。这种方法虽然实施起来比较容易,但是所带来的弊病也不少,它只适合于教师专业成长的最初阶段。一旦教师积累了足够的知识,进入实践和研究的阶段以后,这种方法就不能够满足教师专业发展的需求了。

现在比较有效的方法则是一种整合的方法,在这种新的方法中,构建出一个有利于教师专业成长的环境,使得教师的专业发展与教师的日常教学活动紧密结合起来,同时现代教育技术的大量应用,也可以提供教师专业发展更加多样化的选择。

3. 教师专业发展应该是教师在专业知识、技能和情感等方面全面提升的一个过程

以往的教师专业发展比较重视教师的专业知识、专业技能的培训,而忽视了专业情感的发展。这导致教师专业发展的效果比较差。一些教师在成为某一领域的专家以后,甚至放弃了教师的职业。所以教师的专业情感发展是教师专业发展中一个不可分割的组成部分。

根据以上的特点,结合本书所要探讨的现代教育技术与教师专业发展的关系问题,给出一个教师专业发展的定义:

教师专业发展是利用所有的技术、资源来构建专业成长的环境,在该环境中,教师可以进行知识建构,创造性地获取专业技能,提升自身需求层次,实现阶段性、跨越性的专业成长。

该定义的含义:

(1)在教师专业发展的过程中,所有的技术和资源都是可资利用的。包括传统的技术,也包括现代教育技术。目前我们处于数字化时代,现代教育技术的应用成为了教师专业发展的主流。

(2)环境的概念源自建构主义,有了环境,知识才能够自主建构,创造性地获取技能的效率也得以提高,而教师也更能够看清自身的需求,对提升自身需求层次的途径也会有更清楚的认识。

(3)教师的知识建构、获取专业技能以及提升自身需求层次的过程,体现了教师专业发展的三个重要方面。知识的建构丰富了教师的专业知识,创造性获取专业技能,使教师的专业技能得到成长,同时教师也可以按照实际情况以及自身的特点,创造出适合自己的专业技能。提升自身需求层次的过程意味着教师应该将自我实现作为专业情感的最高目标。

（4）教师专业发展具备阶段性、跨越性的特征。教师的专业发展不可能一蹴而就，是一个终身学习的过程。在这样一个终身学习的过程中，涉及多次量变的积累到质变的变化过程。这种阶段性的特征与教师所积累的专业知识有关，也与教师的年龄增长有关。

二、教师专业发展与相关概念的区别

1. 教师专业发展与教师专业化

教师专业化是 18 世纪中叶随着教育教学理论的发展而提出的一个概念。实际上从教育发展史来看，专业教师的出现，就已经标志着教育这一专业领域出现了。社会上出现了专门从事教育教学的教师。不过教师这一职业的出现，并不意味着教师就实现了专业化。教师虽然拥有一个固定的职位，但是他们似乎并不能够像律师、医生那样被社会所普遍认可和接受，似乎任何具备一定的知识的人都可以从事教师这一职业。

然而 18 世纪形成的教师专业化理论并不完善。教师与其他的专业人士并不尽相同。比如电子工程师，他们的专业研究对象是各种电子线路，只需要掌握好电子技术方面的知识，具备电子设计的技能就能够很好地胜任这一专业工作。而教师面对的是人，不可能像处理一个电路问题那样去处理教学过程中所出现的问题。教师也不可能像其他专业人士那样，给一个任务，然后简单地运用相关的知识和技能去完成该任务。教师似乎更像是一个研究者，在教学的过程中，通过不断的研究实践来提高教学水平和能力。

实际上，在我国古代，很多的教师本身就是一个学者，比如春秋战国时期的孔子、唐代的韩愈、宋代的理学家朱熹、程颐、程颢等，他们一方面是治学严谨的知名学者，另一方面也是非常成功的教师。

到了 20 世纪 80 年代，人们开始对教师专业化理论进行重构。其中美国 1983 年"高等教育委员会"发表了《国家在危急中，教育改革势在必行》，1986 年霍姆斯小组发表了《明天的教师》，以及后来卡内基工作小组发表了《国家为培养世纪的教师做准备》，"全美教学与美国未来委员会"相继发表的《什么最重要：为美国未来而教》和《做什么最重要：投资于优质教学》等系列报告是教师专业化理论系统化的重要标志。

随着研究不断深入，理论越来越丰富，教师专业化这一概念难以适应时代的发展要求，教师专业发展的概念也就被提了出来。

同教师专业化的概念相比，教师专业发展更能反映出教师这一职业的特点。教师专业发展这一概念强调的是"发展"，避免了"专业化"这一概念强行将教师这一专业与其他专业割裂开来。一个人如果愿意成为教师，那么他可以通过教师专业发展这一途径来达到目的。而一旦进行了不断的教师专业发展，专业化也就逐渐形成了。教师专业发展同时还强调了一个过程，这一个过程可以是一个终身的过程。

2. 教师专业发展与教师培训

教师专业发展与教师培训也不是同一个概念，教师培训是教师专业发展的手段之一。从培训的内容上来看，教师培训内容集中在知识的传授以及教学技能的训练方面，采用的培训形式则比较倾向于课堂讲授以及实验操作。在培训时间方面，通常需要教师专门安排时间去到教师培训学校等场合进行集中学习。

教师专业发展除了包含教师培训这部分教学内容和教学方法以外，现在的教师专业发展更注重将整个教师的专业发展活动与教师的日常教学活动结合在一起。在此基础之上形成了很多新的教师专业发展方法。比如校本教研、网络学习共同体等。

13

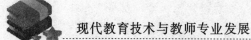

3. 教师专业发展与教师教育

教师专业发展也不等同于教师教育。现在我们所说的教师教育包括了教师的职前教育和在职教育。教师的职前教育通常是在专门的师范院校进行。而教师的在职教育则是教师在职的过程中开展的教师培训活动。目前从已有的资料来看,教师专业发展主要还是集中在教师在职的阶段。毕竟教师专业发展是一个终身的过程,相对而言在师范院校接受教师教育的时间比较少。

另外"教育"是一个很宽泛的概念,教师专业发展属于教师教育的一个重要组成部分。

三、教师专业发展方法

传统的教师专业发展方法,通常采用校外短期培训班的形式来进行。采用的方法包括获得相关证书的课程班、专家讲座等形式。而现在的教师专业发展则普遍采用校本的方式来进行,可被称作是一种整合的专业发展方式。在这种整合的教师专业发展过程中,教师专业发展活动与教师的日常教学活动更加紧密地结合在一起。

目前已经有一系列被证明是行之有效的教师专业发展方法[14]:

1. 案例学习

案例学习指的是教师在专业发展的过程中,通过一些典型的案例来进行学习。因为这些案例通常是包含了教学实践中各种疑难问题的比较典型的事件,所以通过对这些案例的透彻分析有助于教师把握教育教学的基本规律。

2. 课程学习

在教师专业发展的过程中,系统的课程学习也是一种常用的方法。通过课程学习,教师可以掌握更加系统化的知识。这有助于教师对一些不太熟悉的专业知识的学习。同时课程学习也提供了教师与其他教师以及专家之间的相互联系。

3. 辅导训练

辅导训练也是一种常用的教师专业发展方法。在这种方法中,有经验的教师或专家直接对教师进行辅导,训练教师的教学技能。这对于刚进入教育行业的年轻教师作用最大。

4. 教学反思

在教师专业发展的过程中,教学反思是一种被经常提及的方法。教学反思的过程就是教师对已获得经验的一个系统的分析总结过程。经过了这种系统的分析总结以后,教师可以更好地进行知识的建构,从而使教师的专业成长上升到一个新的阶段。

5. 自主发展

与传统的教师专业发展过程不同,现在的教师专业发展不再只是重视校外培训,还重视校本培训。在这种新的条件下,教师的自主发展成为了教师专业成长的一条重要途径。教师的自主发展,也是一个自主学习的过程,可以采用多种自主学习的方法,包括对资源的搜索,借助现代信息技术创建的自主学习环境来进行学习等。

6. 行动研究

行动研究是教育者为了解决实践中问题而采用的一种系统的探究和反思的研究方法。这种方法有助于从事教学一线工作的教师在教学实践中不断积累经验,同时科学分析在教学实践中所碰到的各种问题。这种行动研究的方法通常是这样来进行的:第一确定教学中要解决的问题;第二制定科学的行动计划;第三,在行动研究的过程中与其他教师以及研究者进行充分的交流合作;第四,反思行动研究过程等。

7. 同伴互助

与校外培训不同,校本培训可以提供与其他教师充分合作的机会。这样就形成了一系列教师专业发展的新的方法,比如同伴互助、学习共同体、实践共同体等。在这种同伴互助的教师专业发展过程中,教师的专业发展不再是一个人的事情,而是一所学校所有教师的事情。在同伴互助的过程中,教师们可以互相取长补短,共享所获得的信息和资源,最终有效促进所有教师的专业发展。

8. 跨专业合作

由于教师这一职业的特殊性,除了要掌握教育教学的理论知识,以及教学的技能以外,教师还要掌握不同学科的专业知识。因此与不同学科专业的专家进行充分的合作也是教师专业发展的重要方法。

9. 参与学校管理

教师如果能够充分参与到学校管理过程中去,就能够对自己专业发展的长期规划以及政府部门的相关政策有充分的了解。当然,教师的专业发展也就变得更加有效率,专业发展的目标也就更加明确。

10. 专业引领

所谓专业引领,指的是通过教育领域的专家或有经验的教师带领从事一线教学实践工作的教师进行教学实践探索和研究工作。由于教育专家有着丰富的研究工作经验,能够使教师更快更好地掌握教学研究的方法。

第四节 现代教育技术对教师专业发展的促进作用

一、现代教育技术为什么能够促进教师的专业发展

1. 现代教育技术是教育改革的突破口和制高点

现代教育技术在整个教育改革中有着重要的作用。现代教育技术之所以能够成为教育改革的突破口和制高点,这是由现代教育技术的性质所决定的。

首先,各种教育理论源自实践,如果没有持续的教育实践,就不可能形成新的教育理论,自然教育改革也就无从谈起。现代教育技术的发展和应用,为各级各类教育提供了更多的实践机会,为新理论的形成打下了实践的基础。因此我们说现代教育技术是教育改革的突破口。

其次,现代教育技术是教育发展的必然。随着人类文明的进步、科学技术日新月异,教育作为整个社会的重要组成部分,也要随之而发展。信息技术在教育中的广泛应用成为了教育发展的重要标志,它反映了教育改革和发展的最新成果。因此我们说现代教育技术是教育改革的制高点。

2. 教师专业发展离不开现代教育技术

作为教育的一个重要组成部分,教师的专业发展也同样离不开现代教育技术。其原因如下:

(1)在教师专业发展的过程中,现代教育技术能够帮助教师以更高的效率去获取专业知识。现代教育技术能够向教师提供多种感官的信息,提高了知识获取的效率。

(2)现代教育技术能够促进教师全方位地得到专业发展。目前通过网络等技术,教师不光可以获得专业知识,增长自己的专业技能,同时还可以与其他的教师在网上进行合作交流。另外,网络先进的检索技术,使得教师所获得的知识不再局限于本专业领域,从事自然

科学课程教学的教师可以获得更多人文艺术方面的知识,而从事社会科学课程教学的教师则可以通过网络获得更多的科学技术知识。

(3)信息技术不光可以让教师获取知识,同时也能够让教师参与到各种资源的制作过程中,这有利于教师进行主动的知识建构。

(4)现代教育技术促进了教师情感的发展。信息技术提供了更多的交流通道,教师能够更好地与同行以及其他专业的人士进行交流。教师不再是孤独的个体,在与同伴交流互助的过程中,教师的专业情感可以得到发展。

(5)现代教育技术能够扩大教师专业发展的规模。利用现代教育技术,有效地突破时间和空间的限制,使得最先进的教育信息、教育理念能够传播到地球的每一个角落。专业发展不再受制于地理环境和师资力量,高质量的专业发展规模得以扩大。

3. 信息技术的应用构建出多样化的教师专业发展模式

信息技术在教育中的应用,不是一个简单的加法运算,而是一个有效的整合的过程。在这一个过程中,信息技术成为了教育教学过程中一个不可或缺的有机组成部分。在一个系统中,一个新的因素的引入,通常会导致整个系统发生本质的变化,形成系统新的运行模式。

目前已经形成了多种基于信息技术的教师专业发展模式,比如基于网络的学习共同体、利用网络教学平台进行专业课程学习等模式。

二、现代教育技术条件下的教师专业发展模式

1. 基于现代教育技术应用的校本专业发展

教师专业发展的校本培训,其特点在于教师的专业发展以学校为基地,这就是以校为本的含义所在。在校本培训过程中,由于教师的专业发展可以更好地与教师的日常教学结合在一起,因而这种校本培训更加适合教师的实际情况。反过来,教师通过校本培训进行专业发展,又可以促进整个学校的发展。而现代教育技术在教师的校本专业发展过程中,有着重要的应用价值。基于现代教育技术应用的校本专业发展可以采用以下六种模式:

(1)基于微型教学的教学技能培训模式

在教师的教学技能培训方面,目前已被证明行之有效的现代教育技术方法为微型教学。所谓微型教学指的是应用现代教育技术手段,主要是摄像机、计算机等,培训教学技能技巧的一种方法。由于摄像机能够将教师的讲课真实地录制下来,有助于教师客观地评价自己的教学技能运用水平。如果结合计算机及计算机网络等技术,还可以很方便地实现微型教学资源的共享。

(2)基于现代教育技术的校本实践模式

教师在学校中可以获得更多的实践机会,这与校外培训的方式有很大的不同。因此教师可以在实践过程中进行专业发展。同时在专业发展的过程中,反过来又促进了教师的实践。如果教师在学校实践的过程中,能够有效地结合现代教育技术,则可以为教师的教学实践提供有力的支持。比如利用各种教学管理工具,可以帮助教师更加准确地分析教学中的数据。课件库、备课平台则可以帮助教师进行备课等。教师使用这些现代教育技术手段的过程,同样也是一个提升自己现代教育技术应用能力的过程。

(3)基于校园网的远程评价模式

在校园网中,可以将所有课室进行联网,这样教师课堂教学过程中的资料,包括课堂教学录像、使用的课件、学生的评价情况等,都可以汇集到网络中心。利用计算机的数据处理功能,对所有的数据进行分析处理,及时给出相应的诊断信息。教师下课之后,通过办公室的计算机访问网络中心的服务器,马上就可以了解自己的课堂教学情况。这对于提升教师

的专业能力将有很大的帮助作用。

(4)基于多媒体网络教室的理论知识学习模式

在校本培训的过程中,还可以邀请有经验的教师以及校外专家到学校对教师进行培训。目前这种培训的方式基本上都采用多媒体教室的方式来进行。这其中的原因在于,多媒体课室使用计算连接的大屏幕液晶投影代替黑板,减少了环境污染,教学过程也变得更加灵活。同时多媒体课室更有利于呈现形象直观的案例来进行教学。

(5)基于数字化资源的校本教学研究模式

教师在学校教学的过程中开展教学研究活动,这是教师专业发展的一种有效的方法。开展教学研究离不开各种资料的检索。传统的方法中,一般的中小学图书资料都不够齐全,很多教师在开展教学研究的过程中,面临着资料缺乏的问题。现在学校有校园网,都可以引进数字图书馆、数字期刊等资源。教师在学校中通过访问这些数字资源,就可以获得以往需要去到省图书馆或者是一些高等院校图书馆才能获得的资料。

(6)基于网络教学管理的专业发展模式

计算机网络在教育中的应用,也促进了学校管理的数字化和网络化。有了这些网络教学管理系统,教师可以实现网上办公,网上管理教学信息、学生资料等。教师可以更加充分地参与到学校的管理中来,从而促进教师自身的专业成长。

2. 基于互联网的专业发展

互联网能够将教师的专业发展从学校内部延伸到学校外部。因此能够创造出更加多样化的教师专业发展模式。这些模式包括:

(1)基于网络教学平台的专业发展模式

传统的教师培训方式通常是让教师集中在教师进修学校,按照固定的时间和固定的地点的要求,采用面授的方式来进行。这种方式由于要占用教师正常的教学时间,同时不论教师在哪一所学校教学,都必须集中学习,从而影响了教师培训的教学质量。目前很多地方开始尝试着使用网络的方式来代替传统的面授方式进行培训,取得了良好的教学效果。教师们的反映也不错。这种网络培训的方式通常采用的是基于网络平台开发出来的网络课程的形式来进行。随着网络教学平台技术的发展,目前的网络平台不光可以向教师提供课程资料的浏览和下载,还可以提供虚拟社区、博客以及网上探究性学习等方式来进行专业发展。网络课程学习的内涵已经远远超出了传统的面授方式。

(2)基于互联网的专业引领模式

通过有经验的教师或专家带领其他教师进行专业实践,这是一种非常好的教师专业发展方式。如果不采用现代教育技术,专家就必须直接来到学校,这对于时间比较宝贵的专家以及优秀教师来说,效率就太低了。目前很多的专家和教师都普遍采用网络并结合面对面的指导方式来实现专业引领。可以采用的网络方式也多种多样,比如电子邮件、论坛、留言本、博客、实时通信工具等。

(3)基于虚拟社区的学习共同体模式

除了"虚拟"性以外,在网络的虚拟社区中开展各种交流活动,与现实中教师们之间的相互交流活动相比,具备更大的灵活性。采用了网络虚拟社区以后,可以显著节约各方面的成本,交流也变得更加有效率。在教师专业发展过程中,学习共同体是一种重要的专业发展方法。利用网络来实现这种学习共同体,则是最直接的一种网络技术在教师专业发展中的应用。

（4）基于互联网的自主学习模式

网络是一种资源库,在现在的互联网上,教育资源极其丰富。同时现在已经总结出了很多有效的基于网络资源的学习方法。这种基于资源的学习方法,使得教师能够在网络上对专业问题进行自主的探究。

（5）基于互联网的研究模式

教师利用互联网开展教学研究是一种比较好的方法。各种专业文献数据库、图书馆提供了教师丰富的参考资料。而多媒体计算机技术不断发展,又为教师提供了越来越先进的数据处理和分析的工具。这些都为教师开展基于互联网的教学研究提供了有力的支持。

（6）基于网络的交流合作模式

由于互联网连接了全世界几乎所有的计算机,人们能够更广泛地进行交流,教师可以更为有效地同世界各地的教师进行合作,共同探讨感兴趣的问题。这种交流合作的方式,有助于教师对自己的专业能力取长补短。通过获得其他教师的专业发展经验,可以使自己少走弯路。而与其他教师进行充分的交流过程,也使教师的专业情感得到满足。

（7）基于网络的专业发展反思模式

这种模式利用网络来进行反思。其特点在于效果好、反思方式灵活、资料管理方便、便于资源共享。利用网络进行反思可以采用多种形式,最常使用的是基于博客的反思。当然也可以利用论坛、讨论组、虚拟社区、网络教学平台等方式来进行反思。

（8）基于网络的案例分析模式

网络是一个巨大的资源库。其中包含了各种资源,既有比较专业的论文数据库、数字图书馆,也有雅俗共赏的网络游戏、娱乐频道等内容。在这些资源中,总是可以找到适合自己需要的案例提供分析之用。这极大地丰富了教师专业发展中的案例分析法,也创造出了全新的网络案例分析专业发展模式。

（9）基于移动学习的教师专业发展模式

随着移动技术的发展,移动学习这种全新的学习方式受到了人们的重视。与其他的学习方式相比,移动学习能够做到随时随地的学习。采用这种方式来促进教师的专业发展,无论是沿海发达地区还是偏远山区的教师都可以充分受益。它使得教师的专业发展完全摆脱时间和空间的限制,做到任何时间、任何地点都可以进行专业发展。

3. 基于现代教育技术应用的校外专业发展

校外培训也是一种教师专业发展的方法,只是随着校本培训模式研究的逐渐深入,校外培训的重要性有所下降而已。但是只要应用的恰当,校外培训同样能够有效地促进教师的专业发展。基于现代教育技术应用的校外培训可以采用以下四种模式:

（1）校外课程短训班和专家讲座模式

校外课程短训班和专家讲座主要安排在教师进修学校或教育学院中进行。这种方式由于涉及到的教师数量比较多,教学规模比较大,所以通常要采用现代教育技术手段才能满足要求。这些短训班或讲座一般安排在一间很大的课室或礼堂中进行。这时候需要安装扩音机、扬声器、多媒体计算机、大屏幕液晶投影等设备。而即使是几十个教师的规模,采用多媒体设备进行教学的效果也同样比传统的黑板效果要好很多。

（2）学位课程模式

教师通过在职学习的方式来获得相应的学位,则是一种普遍受到欢迎的专业发展模式。目前国内已经有很多所高等院校通过网络教育学院提供成人本科学位课程。而教育硕士课程,则主要还是通过面授的方式来提供。但国外的一些高等院校已经开始尝试通过网络远程教学的方式来提供教育硕士课程了。这种利用网络的方式来获得学位课程的方法,将使更多的教师能够有机会更好地实现专业成长。

(3)访问学者模式

访问学者模式是高等院校教师常用的一种专业发展模式。通过参与到其他学校的科研和教学工作中,可以有效地提升自己的教学和科研能力。在访问学者的工作期间如果能够广泛地运用现代教育技术,特别是计算机和网络技术,将有助于自己提高学习研究的效率和质量。

(4)旅游模式

旅游也是一种常用的专业发展模式。目前教师利用假期出去旅游,可以充分利用数码相机、数码摄像机、MP3等设备对旅游过程所见所闻进行真实完整的记录。而利用笔记本计算机等,在旅游期间随时连接到互联网,则可以让教师对于旅游过程中所需要的参考资料进行迅速的检索。这样的一种旅游方式将有别于传统方式,对于教师专业发展的促进作用更大。

习 题

1. 什么是现代教育技术?分析比较不同的现代教育技术定义的异同。
2. 什么是教师专业发展?教师专业发展常用方法有哪些?
3. 举例说明现代教育技术在教师专业发展过程中的应用。

第二章

教育技术的基本理论及其对教师专业发展的影响

学习目标

1. 名词解释：行为主义、认知理论、建构主义、人本主义、连接主义、经验之塔、教学设计、教育传播、传播模式
2. 了解不同学习理论的基本观点
3. 分析不同经验的关系以及现代教育媒体所提供的经验在经验之塔中所处的地位
4. 了解教学设计的基本步骤
5. 掌握现代教育媒体的分类方法
6. 理解教育传播理论的基本原理
7. 分析教育技术理论对教师专业发展的影响

第一节　学习理论

一、行为主义学习理论

行为主义学习理论上个世纪 20 年代在美国兴起，其代表人物有华生、桑代克、斯金纳等。另外在美国的行为主义心理学的文献中，也把俄罗斯的生理学家巴甫洛夫归为行为主义心理学的代表人物。

行为主义学习理论的一个重要公式就是"刺激－反应"，简写成"S－R"。行为主义学习理论分为旧行为主义学习理论和新行为主义学习理论。旧行为主义学习理论强调应该只从人的行为方面来研究人的学习规律，不应该涉及意识方面的内容，因为意识的东西是无法用实验来进行验证的。这显然受到自然科学研究方法的影响。所以在旧行为主义学习理论之中，人的大脑被看作是一个"黑箱"，人们无法进入黑箱去做实验。

到了上个世纪 50 年代以后，斯金纳提出了新行为主义的学习理论，认为在刺激和反应之间，人的思维活动还是存在的，但是可以从刺激与反应之间的连接来研究人或动物的思维过程。因此新行为主义理论把旧行为主义理论中的公式改成了"S－O－R"，为此斯金纳提出了操作性条件反射的理论，即如果对相应的反应作出持续的强化，那么人或者动物就可以学习到针对特定的刺激做出所需要的反应。

在旧行为主义理论中，强调的是环境刺激对特定反应形成的影响，比如在桑代克的"小鸡走迷宫"的实验中，小鸡在迷宫这样的环境中不断尝试错误，最终找到出路。经过多次的行走迷宫的过程，小鸡走出正确道路的反应受到强化，最终，小鸡能够一次就从迷宫中走出。所以旧行为主义认为学习就是刺激和反应之间的连接。

而新行为主义则强调了中间变量的作用。刺激和反应之间本身是存在连接的,但是如果给予多次的强化,则可以增强反应的频率。比如在斯金纳箱的试验过程中,鸽子在笼子里可以有各种反应,但只有啄了特定的开关以后,才会获得食物,受到强化。经过多次强化以后,鸽子在饥饿的时候自觉地去啄开关而获得食物。在这个实验中,开关是刺激,鸽子啄开关则是鸽子已经习得的反应。在这个环境中,由于鸽子啄开关能够获得强化,所以该反应的频度就增强了。

斯金纳在创造了新行为主义理论以后,就迅速将其应用到人类的学习过程中,提出了"程序教学"的思想。它成为现在计算机在教学中应用的一个基本理论。

案例分析 2-1

程序教学法在国际法课程中的应用

资料引自:包振宇. 试论程序教学法在国际法课程中的应用[J]. 科技信息. 2007,(3)

程序教学法在技能训练类的课程教学中可以获得比较广泛的应用。比如体育训练、语言学习等。一些作者也探讨了在国际法这样的知识性的内容学习中的应用的可能性。

扬州大学法学院包振宇老师认为,程序教学教学法是综合运用各种教学方法的基础。另外在比较高层次的学习任务中,程序教学可以用来对学生的外部行为进行强化。程序教学在教学中的应用可以归为"自学—强化"模式。

包老师得出的结论是:

作为一种建立在现代新行为主义心理学理论基础上的现代教学方法。程序教学法至少在理论上可以有效地激发学生的学习动机,取得优于传统教学方法的教学效果。但理论的证明不能代替实践的检验。程序教学法能否在在国际法课程中取良好的教学效果,还有待于更多国际法教师在教学实践中的不断的摸索。

反思:

1. 程序教学的思想为什么能够在技能训练类课程中获得广泛的应用?

2. 在课堂教学过程中,应用程序教学方法有何困难?

二、认知学习理论

认知理论的发展历史跟行为主义理论一样长。最初提出认知理论就是针对行为主义理论中忽视人的内部思维的问题。但是在上个世纪 60 年代之前,由于无法通过科学的实验来研究人的思维过程,因此认知学习理论一直没有受到广泛的认可。

早期认知学习理论的代表学派有格式塔心理学和顿悟学说,其代表人物有柯勒、考夫曼等。其观点与行为主义学习理论完全不同。比如在行为主义学习理论中强调学习是刺激与反应的连接,因此学习过程是一个对反应不断强化的过程。而格式塔心理学则认为,人的学习是一个顿悟的过程。比如柯勒做过的一个实验,让黑猩猩独处于一个高处挂了香蕉的房间里,开始的时候黑猩猩不知道采用什么方法来拿到香蕉。但是经过一段时间以后,黑猩猩突然会去搬动箱子,将其放到香蕉悬挂的下面,站在箱子上拿到香蕉。在这个实验中,黑猩猩搬动箱子去拿香蕉是突然做到的,而不是一个不断对反应进行强化的过程。

到了上个世纪 50 年代,随着信息论等理论的提出以及计算机技术的发展,出现了一种叫做"信息加工理论"的认知理论。该理论的一个重要的内容是将人的记忆过程分成了三个阶段,分别是感觉记忆、短时记忆、长时记忆。其中感觉记忆容量很大,但是记忆的时间很短,只有几百毫秒左右的时间。短时记忆时间稍为长一些,大约十几秒钟,记忆的容量比较小。米勒将短时记忆的单位称为组块。短时记忆的容量大约是 7 个左右的组块。短时记忆跟人的注意力有关系。长时记忆的容量最大,记忆时间最长,一些信息被存储进了长时记忆之中,可以保持一生的时间。

信息加工理论的提出,为研究人的大脑思维过程提供了比较好的方法。这也使得认知理论受到人们的广泛重视。

三、建构主义学习理论

建构主义学习理论是认知理论的一个分支,其中瑞士日内瓦学派的皮亚杰、美国的布鲁纳都是建构主义学习理论的代表人物。

建构主义学习理论强调了人的经验的重要性,指出人的学习过程就是一个知识建构的过程,而人的知识建构的过程则是一个不断与所处的环境进行交流,经验不断获得积累,最终形成完整认知结构的过程。皮亚杰的理论指出,伴随着儿童生理成长的知识建构具有特殊性,它决定了儿童成长的阶段性特征。而儿童与环境的交流则主要采用两种方法来进行,分别是"同化"和"顺应"。同化过程指的是,如果外界环境的知识与儿童已有的认知结构相符合,则儿童会将该知识纳入已有的认知结构。而如果环境中的知识与自己的认知结构不同,则将改变自己的认知结构,以顺应外界环境的变化。

布鲁纳则着重研究知识建构的方法。布鲁纳的理论认为,教师不应该传授学生知识,而应该让学习者在一定的环境中去主动发现知识。布鲁纳提出的发现教学法理论已经成为现在网络教学中网络探究式学习方法的理论基础。

四、人本主义学习理论

中国古代的"人本"的思想是非常丰富的,比如"天地之性,人为贵"(《孝经·圣治章》),"仁者人也,亲亲为大"(《中庸》第二十章)。这些都反映出中国古代对人的价值深刻的认识。而形成系统的人本主义的理论,则是西方人本主义心理学家所做出的贡献。

人本主义学习理论的代表人物主要有罗杰斯和马斯洛。

和建构主义学习理论一样,人本主义学习理论也强调一种非指导的教学方法。但是与建构主义不同,人本主义心理学家强调的是人的情感的发展和完善。教师不需要教给学习者知识,教师所要做的一个重要的工作是满足学习者情感的需求。因此即便是面对年龄非常小的学生,教师也应该像对待成年人一样,耐心倾听学生表达自己的意见。只有在学习者得到充分尊重的前提下,学习者才有学习的动机,才会主动去获取知识,完善自己。

马斯洛的理论与罗杰斯类似。在马斯洛的理论中,把人的需求分成了五个层次。它们分别是:生理需要、安全需要、情感和归属的需要、尊重的需要、自我实现。马斯洛指出,人的需要的满足应该从最底层开始,只有低层次的需要满足了,才能实现高层次的需要。人的需要的满足不可能一步达到最高层次。

马斯洛的理论除了可以在教育领域得到应用以外,在其他的一些学科领域也受到广泛的重视。

五、连接主义学习理论

连接主义学习理论是上个世纪80年代迅速发展起来的学习理论。同建构主义学习理论一样,连接主义理论也是认知理论的一个分支。连接主义学习理论强调的是神经网络相互连接的功能。当各种神经元相互连接成一个网络以后,就可以在这个网络之中形成一种动态的结构。

连接主义理论的基础是人工神经网络技术和理论。利用神经网络技术,目前人们已经能够构建出多种与人的大脑神经网络类似的人工神经网络模型,其中最著名的包括BP神经网络、霍普菲尔德全互连神经网络、Brain in a Box 神经网络模型等。通过这些神经网络模型，一方面可以帮助我们了解人的大脑内部神经网络运行的机制，另一方面也可以用这些神经网络模型来解决一些实际的问题。

案例分析 2 - 2

用神经网络模型解决数学难题"旅行商问题"

旅行商问题指的是，如果一个旅行商要不重复地走遍所有的城市并回到起点，其最短路径的求解方法。由于随着城市的数量增加，计算变得越来越复杂，所以多年来数学家一直在寻找一种比较简单的方法来解决这一问题，任何一种能够降低计算复杂性的算法都会引起人们的重视。

1982 年，美国物理学家霍普菲尔德利用他提出的能量函数，成功地利用全互连的神经网络模型解决了"旅行商问题"。由于显著地降低了计算的复杂性，成果发表以后就受到了广泛的重视。

霍普菲尔德的神经网络结构很简单，就是多个神经元全部互相连接在一起，这些神经元之间的连接具备不同的权值，把这些连接权的数值与每一个神经元冲动的电压，利用李雅普诺夫函数的形式组合在一起，就构成了能量函数。

随着神经网络不断运行，最终整个神经网络中神经元的冲动会稳定在能量函数数值处于相对最低的一个状态下。该状态对应的就是"旅行商问题"的最短路径。

反思：

1. 连接主义与其他学习理论有何异同？
2. 连接主义的神经网络模型可以被看作是大脑神经网络的简化吗？

第二节　视听教学理论

视听教学理论是 20 世纪 30 年代随着电影这种媒体在教育教学过程中的广泛应用而形成的一种理论，这种理论的出现，为电影等现代教育媒体在教学中的应用提供了基本的理论依据。其中最重要的一个理论就是美国的教育学家戴尔提出的经验之塔理论。

一、戴尔的经验之塔

在戴尔的经验之塔理论[15]中，将人的经验分成了三大层次、10 个子类。分别是：

做的经验层次：该层次中又包含了 3 个子层次，分别是直接的经验、设计的经验、表演的经验。

替代的经验层次：该层次又包含了 5 个子层次，分别是观摩示范、旅游、参观展览、电视和电影、图像广播和录音。

抽象的经验层次：该层次包含了 2 个子层次，分别是视觉符号、言语符号。

戴尔对人所获得经验的划分，有助于我们更好地理解媒体在人所获得各种经验中的地位。

1. 做的经验

在戴尔的经验之塔理论中，"做的经验"位于经验之塔的最底层。这些经验的特点就在于需要学习者直接参与才能够获得。比如直接参与制作一个电子产品，学习者就可获得直接的经验。而如果学习利用工具设计一个电子线路，则可以获得设计的经验。其抽象层次比直接在电路板上焊接元件要抽象一些。参与表演,则是一个还要抽象一点的过程。

2. 替代的经验

之所以称之为替代的经验,指的是这种经验可以用来代替"做的经验",其抽象层次比"做的经验"要抽象一些,但是又比"抽象的经验"要具体一些。在视听教学理论中,各种现代教育媒体提供的经验基本上都位于这一个层次。因此替代的经验在教学中的作用显得更加重要了。

另外"替代的经验"这一层次也告诉我们,不同的媒体提供的经验抽象层次也是不同的。比如电影电视等媒体提供的经验就会比较具体一些。而图片、录音等媒体提供的经验则要抽象一些。在教学的过程中,应该选择什么样的媒体来进行教学可以根据学习者已有的知识基础以及学习习惯和能力来进行。

3. 抽象的经验

在"经验之塔"的最顶层是抽象的经验。该经验又分为两个子层次,分别是视觉符号和言语符号。戴尔认为视觉符号要比语言符号具体一些。

在给出了"经验之塔"以后,戴尔还对经验之塔在教学中的应用给出了一些建议:

首先教学应从具体着手,这样便于学习者对知识的理解;其次,学习者的学习应该最终上升到抽象的经验层次;第三,由于学习者从获得具体经验开始,并上升到抽象经验层次有一定的困难,因此,可以采用替代的经验来进行补充。这样可以最终促进学习者从获得具体的经验开始,最终顺利地上升到抽象的经验的层次。

二、戴尔的经验之塔与网络媒体

虽然戴尔的经验之塔理论提出的时间比较早,但在网络媒体发展很快的今天,仍有很重要的应用价值。

与其他的媒体有所区别,计算机网络媒体可以提供的经验范围覆盖了经验之塔几乎所有的层次。在"做的经验"方面,互联网可以提供学习者直接参与的机会,比如学习者利用网络实验室直接参与网络实验。利用网络媒体进行程序的编写等也是一个直接经验获得的过程。在 MUD 游戏中,学习者可以扮演不同的角色,这样又使得学习者可以获得表演的经验。

网络媒体传播的信息是多媒体信息。多媒体信息包含了文本、图形、图像、动画、声音、视频等,这些信息可以提供学习者"替代经验"以上几乎所有层次的经验。

因此从戴尔的"经验之塔"理论来看,计算机网络提供给学习者经验是比较全面的,这也是网络媒体在教育教学中的应用能取得比较好的教学效果的基本原因所在。

案例分析 2-3

对戴尔"经验之塔"的错误理解

资料引自:Keith E. Holbert and George G. Karady. Removing an Unsupported Statement in Engineering Education Literature[C]. Proceedings of the 2008 American Society for Engineering Education Pacific Southwest Annual Conference.

在学术研究中,经常会因为有一个作者做了错误的引用,而导致这个错误一直延续下去,并成为一个比较普遍的错误。其中戴尔的经验之塔就曾经被多次错误地引用过。

这个错误是将戴尔经验之塔的层次关系与人通过不同的方式来获取知识的比例进行了错误的关联。

由于戴尔的经验之塔底部"做的经验"画出来的格子比较宽,而"符号的经验"位于塔顶,显得比较窄,因此一些作者将这种格子的宽窄与人通过不同的方式来获取的经验作了一个类比,认为在戴尔提出的经验之塔的理论中还有一个含义,就是人们获得的经验中,60％都是通过他们直接去说或者去做获得的,30％则是他们听到或看到而获得的,10％则是他们通过阅读获得的。

　　然而阅读过戴尔的原著以后,人们发现,戴尔提出这一理论的时候并没有这样的含义。相反戴尔认为,经验之塔中各个层次的经验并无哪种经验更重要、哪种经验更不重要一说,所有的经验对于人来说都是重要的。

　　反思:
　　1. 为什么在比较严肃的学术论文中也会出现各种各样的错误?
　　2. 戴尔经验之塔跟人通过各种途径获得知识比例之间真实的关系是怎样的?

第三节　信息技术与课程整合和教学设计理论

一、信息技术与课程的整合

　　信息技术与课程整合,目的是要将信息技术有效地应用到教学过程中去,使得信息技术完全摆脱辅助工具的角色。信息技术既然与课程整合了,信息技术就成了整个课程不可分割的组成部分。这种整合将导致新的教学思想、教学内容、教学方法、教学模式的出现。

　　按照系统论的观点,系统总的输出不等于单个因素产生输出结果的简单相加。这就是"1＋1＞2"这个公式的来历。教学系统是一个复杂的系统,信息技术引入到教学过程中以后,使得整个系统包含的因素增加了,教学系统自然会产生更大的效果。

　　信息技术与课程的整合,其核心就是要处理好信息技术与教学过程中其他各种因素之间的关系。不应简单地理解为是否要借助信息技术来进行课程教学,而是要在课程教学过程中,如何使课程教学的内容、方式、方法更好地适应信息技术的应用。当然也应该对信息技术进行适当的改进,以使之适应课程教学的需要。

　　目前信息技术与课程整合的思想和理论都有很大的发展。现在已经形成了很多基于信息技术应用的新的教学模式,另外也开发出了很多适用于课程教学的管理软件和硬件等。

案例分析 2－4

电路的整合——集成电路

　　"信息技术与课程的整合"概念中的"整合"一词,英文为 integrate,最早源自集成电路这一名词:Integrated circuit。

　　在电路中我们称之为"集成"。集成电路出现以后,又出现了"系统的集成"这样的概念。换句话来说,就是"系统的整合"。

　　在集成电路出现之前,人们设计电路都是采用分立元件的形式,这种分立元件的电路成本高、性能不好。而使用了集成电路技术以后,虽然电路构成的材料不变,只是封装形式发生了变化,但是一块集成电路所实现的功能却是分立元件所不能相比的。同时集成电路的出现,也能够帮助我们完成更加复杂的任务。

　　集成电路有以下几个方面的特点:

　　1. 在分立元件电路中,由于其中的每一个元器件都是不同的生产线上生产出来的,因此性能会有很大的差异。为了解决这些问题,在分立元件电路中,使用了很复杂的技术来对这些差异进行修正。而集成电路则是在同一块半导体材料上制作出来的,这样的问题就小很多了。

2. 集成电路中的元器件是不可分割的。其中的一个元件出问题,整个集成电路就损坏了。而分立元件则没有这问题,即便是其中的一个元器件出故障,还可以对其进行置换。

3. 电路的整合是分层次的。在一片集成电路中,只是将其中适合于用半导体材料制作的器件进行集成,比如三极管、二极管、电阻、电容等。而电感、大电容等器件则采用分立元件,然后在电路板的层次上进行整合。

4. 使用集成电路以后,电路各部分的功能变得更加清晰,这为电路设计以及电路故障的排除带来了极大的方便。

目前 AMD 公司生产的 X86 架构的 Phenom(羿龙)X4 四核处理器,其中集成的晶体管数量就达到了 4.5 亿个。在这样一片集成电路中,其功能的实现则是这 4.5 亿个晶体管的整体相互作用的结果,而不是简单的单个晶体管功能的算术相加。

反思:

1. 集成电路中整合内部各元器件的思路对信息技术与课堂教学的整合有何启示?

2. 整合的过程,使得系统的组织结构发生了变化,信息技术与课堂教学的整合使得教学过程中哪些结构发生了变化?

二、教学设计的概念

教学设计是信息技术与课程整合的一个重要的理论。通过教学设计,将教学过程看作一个系统。如何有效地处理各种因素,以提高教学的效果,是教学设计的基本目的。

因此教学设计指的是采用系统方法,分析教学过程中包含的所有因素、设计课程结构、应用并评价课程,以提高教学的绩效。

对教学设计的理解有两种倾向。一种倾向是面向教师的教学设计[16]。由于教学设计理论采用系统的方法,这些理论有助于教师处理复杂的教学过程中涉及到的问题。目前很多学校的教师都能够针对自己所教学的课程给出相应的教学设计方案。一些中小学的教研课题也都是围绕这一方向的。

另一种倾向是面向专门的教学设计人员。该倾向将教学设计理论定位为一种单纯的面向设计的理论。就像一个系统的设计一样,系统设计人员给出系统的整体设计方案,但是系统设计人员并不直接参与底层的程序编写工作。教学设计人员完成给出专门的教学设计方案、组织好课程实施的各因素、落实课程的教学实施、进行课程的评价等工作。其工作性质类似于目前一些学校的教务工作。这种专门的教学设计人员并不会参与到具体的教学过程中去。由于在中小学中已经有非常完善的课程体系以及相应的组织架构,所以对这一部分教学设计人员的需求不多。而在新课程的开发、企业培训以及教师专业发展所涉及的培训项目中,则可以比较普遍地采用这种教学系统设计的方法。

三、教学设计的模型

教学设计的模型比较多,其中有两种方法影响比较大,一种是 ADDIE 模型[17],另一种是 Dick 和 Carey 模型[18]。

ADDIE 模型的特点是把教学设计的过程划分为五个环节,这五个环节分别是:

分析(Analyze):分析学习者的特征,确定学习任务。

设计(Design):设计学习目标、确定教学结构

开发(Develop):创建教学材料

实施(Implement)：发布教学材料

评价(Evaluate)：判断教学效果

ADDIE 的五个环节可以是一种线性的步骤，即整个教学设计的步骤为："分析——设计——开发——实施——评价"。也可以是非线性的结构，比如树状或者是网状的结构，这给教学设计过程带来了很大的灵活性。

Dick 和 Carey 的教学设计模型则包含十个步骤，这十个步骤分别是：

确定教学目标、进行教学分析、分析学习者和背景、编写绩效目标、开发评价工具、制定教学策略、开发和选择教学材料、设计和进行教学的结构化评价、修改教学、设计和进行总结性评价

案例分析 2-5

一个利用 Dick 和 Carey 模型的例子

资料引自：Diane Tucker. The Application of the Dick and Carey Systems Approach Model to a Macromedia? Flash Tutorial. Master's Project. Instructional Design and Technology Emporia State University. 2002,(12).

多媒体设计是恩波里亚州立大学"教学设计与技术"学位课程的一门必修课。作为一门新开设的课程，采用教学设计的方法来对该课程进行设计，这样可以使该课程更好地满足学习者的需求。整个设计的思路采用 Dick 和 Carey 模型。

首先，教学目标的分析。确定的教学总体目标是：选择合适的硬件和软件，使得"教学设计与技术"学位课程的学生在学习该课程的时候能够一步一步地按照教材的例子，做出一个 Flash 的动画。

在该目标下面又设置了相应的子目标。

学习者和背景分析：确定学习者有足够的资源和知识来完成 Flash 课程的学习。学习者也了解这个程序，并知道这个程序能够做什么工作，一些学生实际上早已用过该程序。很多的学生对学习该课程很有兴趣，他们也知道这一门课程是获得学位的必修课。从学习者的学习水平来看，所有能够参加到该硕士学位课程学习的学生都具备了相应的基础知识。学习者也比较喜欢那些能够被打印出的材料。另外参加学习的学习者来自不同的州，年龄差距也比较大。

绩效目标：最终学习者能够制作出教材中的动画作品。而下一级的绩效目标，则是学生要能够对 Flash 中的按钮、文本、动画、形状绘制等的属性以及技巧熟练运用。

评价的工具：学生能够通过 FTP 或者是电子邮电等方式，将 Flash 的作品交给教师。

教学策略：教学的印刷媒体中覆盖了 Flash 的基础知识，每一章都有一个基本的目标，而每一章下面又覆盖了一系列相应的技能。

教学材料：除了教学中主要的印刷书籍外，另外还有两个手册供该课程使用。另外还有一张 CD，包含了印刷书籍的 PDF 文件，以及软件的一个月的试用版本。

结构化评价：可以采用一对一的形式以及小组评价的方式来进行等。

修改教学：在教学的过程中，学生会报告出现各种问题，通过教学修改等，可以很好地解决相应的问题。

总结性评价。该课程的总结性评价并非由该课程任教老师来实施，而是通过外部的评价者来完成。

反思：

1. 教学设计在教学中的应用有什么作用？

2. 就自己所教的课程，按照 ADDIE 或者 Dick 和 Carey 模型，尝试选择一个知识点来进行教学设计。

第四节　教育传播

　　教育传播理论是现代教育技术理论的一个重要组成部分。教育传播理论研究的是教育教学信息传播的规律。在该理论中，运用了系统论、信息论、控制论以及大众传播理论的观点，探讨了教育传播的内容、方式、方法和模式。教育传播理论已经受到教育界的广泛重视。

一、信息的传播

　　信息的传播是有规律、可以进行科学研究的。但是研究信息的传播又同研究物质的运动规律不同，信息的传播没有像物质世界中那样的能量守恒规律。因此对信息传播规律的研究主要还是要通过数学的方法来进行。

　　最早对信息传播规律进行研究的是香农，他在 1948 年发表了《通信的数学理论》。在该理论中，香农给出了著名的香农信息传播模式，并给出了信息量的定义。该理论的出现，为信息论的建立奠定了基础。

　　在香农的信息传播模式之中，将信息传播的过程分成了五个环节。信息的传播从信息的传播者"传者"这一方向通过信道向信息的接收者"受者"方向传播。其中"传者"主要扮演了"信源"和"编码"的角色，而"受者"则扮演了"译码"和"信宿"的功能。在信息传播的过程中，信道还可能会受到干扰，影响信息传播的质量。

　　香农的论文发表以后，产生了巨大的影响。其后，香农给其传播模式增加了从"信宿"回到"信源"的反馈通路，并将其用来解释大众传播的规律。

　　除了香农的信息传播理论以外，在教育传播理论中有着重要影响的传播理论还有拉斯维尔的 5W 传播理论以及贝罗的传播理论。

二、教育传播媒体

　　在教育传播理论中，教育媒体的理论占据了重要的地位。教育媒体是教育信息传播的中介物，教育媒体的特性决定了教育信息传播的效果如何。

　　对于媒体的理解，有很多的观点，其中影响最大的是加拿大学者麦克卢汉的观点。麦克卢汉认为，媒体就是人体的延伸。比如幻灯投影是人的眼睛的延伸，广播媒体则是人的耳朵的延伸，电视媒体是人的眼睛和耳朵的延伸。

　　日本的传播学家林雄二郎则提出了"电视人"的概念。在他的理论中，强调了在电视普及非常广的条件下，人的成长已经离不开了电视，电视传播的信息直接影响了整一代人。这说明了媒体对整个社会文化的巨大影响。

　　教育媒体同样也具有这样的一系列特点。从媒体是人体的延伸的观点来看，教育媒体将教学延伸出了课堂。教师可以有效地突破时间和空间的限制，将很远地方的信息再现于课堂。

　　而从媒体环境对人的成长的影响这一角度来理解，一种新媒体的出现，意味着人的成长环境发生了变化。教育教学的内容、方式、方法也应该随着新媒体的应用而进行变革。只有这样,才能促使现在的学生在网络环境中健康成长。

在教学过程中,由于教育媒体有着不同的教学特点和功能,因此在教学过程中就面临着一个如何选择媒体的问题。目前已经有很多比较有效的选择媒体的方法,其中比较有代表性的观点包括:克拉克的观点、安东尼·贝茨的观点等。另外布鲁纳以及施拉姆等也提出了在教学过程中应该如何选择媒体的非常重要的观点。

其中克拉克认为,媒体只是一种信息传播的工具,任何一种媒体都可以用来传播教学信息。而安东尼·贝茨的观点则与克拉克不同,他认为不同的媒体是有不同的教学特点和功能的,不同的媒体传播的效果不同,因此在教学设计的过程中,应该根据教学内容有目的地选择不同的媒体来进行教学。布鲁纳的观点则认为,各种媒体在传授知识的时候功能是相近的。不过针对特定教学内容的教学,总有一种媒体比其他的媒体更加适合一些。施拉姆的观点则认为,媒体的使用应该在不同媒体产生的效果之间做一个综合对比,应该在最小投入的情况下取得最大的效果。为此施拉姆还专门给出了一个公式来判断哪一种媒体适合于当前内容的教学。该公式指出,选择一个媒体的几率应该等于该媒体产生的效果除以使用该媒体投入的成本。

三、教育传播中的教师和学生

在教育传播过程中,教师和学生分别是教育信息的传者和受者。一般的课堂教学过程中,教师作为传者,起到了信源和信息编码的作用。

首先,教师有专业的知识,扮演了信源的角色。而如何将这些专业知识传授给学生,则需要教师按照一定的教学方法,以及适当的信息呈现形式在课堂教学过程中进行授课。这一过程是一个教师对自己的专业知识进行编码的过程。

学生作为受者,则起到了译码和信宿的作用。

学生接收教师传递过来的教学内容以后,需要对教师的讲授内容进行分析处理,理解教师的讲解。这是一个译码的过程。一旦学生理解了教学内容,则这一部分知识就成为了学生认知结构的组成部分,学生在这里扮演了信宿的角色。

从上述的课堂教学信息传播过程中可以发现,教师已有的专业知识存储在教师的大脑中,这是教师在专业不断发展的过程中积累下来的。而如何将这些知识以适合于学生理解的方式在课堂教学过程中进行传播,这反映出教师的教学能力。因此从信息传播的角度来看,教育信息传者的编码能力反映了教师的教学能力。

而学生要能够对教师传授的知识充分理解,则需要比较强的译码能力。这是与学生的基础知识掌握的程度以及学生的学习能力有关的。在教学过程中,学生学习知识很重要,但是学生的学习能力,即教育传播理论中的译码能力也是学生成长过程中应获得的一个重要能力。

信息传播的模式除了可以用来解释课堂教学中教育信息传播的规律以外,在其他的教学过程中,教育信息传播的模式也同样具有指导作用。比如在探究发现的教学过程中,信源就是学生所处环境中的各种信息,而这些信息的表现形式,代表着环境中这些信息的编码形式。学生探究发现的过程中,要能够理解环境中的这些信息的编码,则是一个学生发现规律的能力所在。如果学生能够理解这些规律,那么这些知识就会成为学生认知结构中的一个部分,说明学生的知识建构过程是成功的。

四、教育传播的效果

教育传播的效果反映了在整个教学过程中,学生是否能够成功地进行知识的建构,即外界传播过来的信息能否成功进入信宿。

大众传播效果的理论对于教育传播效果的研究有启发作用。大众传播的效果理论可以分成四个阶段：

20 世纪 20 年代至 30 年代，大众传播媒体刚刚兴起，公众对大众传播媒体的关注程度非常高，因此很多的研究者认为，大众传播媒体的传播效果非常大，几乎就像是子弹一样，可以百分之百命中。也就是说，只要公众通过大众传播媒体接收了这些信息，他们就肯定可以受到影响。这就是早期"子弹论"的含义。

到了 20 世纪 40 年代至 60 年代，这期间大众传播媒体的效果又开始被严重低估。一些研究者认为大众传播媒体的效果其实很小。即使公众收听、收看了媒体传过来的信息，受到影响的可能性微不足道。这就是这一时期的所谓"有限效果论"的特点。

20 世纪 70 年代，人们开始注意到，大众传播媒体传播的信息是有针对性的，一些人受到的影响不大，但是信息有关的受众则可以受到比较大的影响。这就是这一时期"适度效果论"的特点。

到了 80 年代，人们又注意到，如果对大众传播媒体传播的信息进行专业化的编播制作，巧妙的节目安排，大众传播媒体对公众的影响确实是比较大的。这就是"强效果论"。从上述的四个阶段可以看出，对于大众传播中的传播效果的研究，也是一个从笼统到有针对性、从表面到深入的理论不断完善的过程。

在教育传播的效果方面，可以借鉴这些大众传播效果的理论。教学实践也证明，只要教师对教学过程中的信息传播进行良好的设计，教育信息的传播也是可以达到"强效果"的。

第五节　教育技术理论对教师专业发展的影响

一、现代教育技术理论是教育理论的重要组成部分

现代教育技术理论是教育理论的重要组成部分，其理由如下：

（1）现代教育理论体系完整，从学习理论到教学设计理论，从对媒体的研究到对教育传播过程和效果的研究，涵盖了现代教育技术教学实践应用的各个方面。

（2）现代教育技术理论也是一个发展的理论。在新媒体新技术不断出现的时候，现代教育技术理论也可以得到发展，同时不断总结出新的教学应用模式。

（3）现代教育技术理论丰富和完善了教育理论。教育传播理论用信息论、大众传播理论丰富和发展了教学过程理论，教学设计理论则引入了系统论、控制论的思想，来对教学论进行发展。学习理论有助于探讨学习过程中的基本规律。媒体理论则为教学手段的研究提供了新的视角和方法。

（4）在现代教育技术理论的指导下，能够更好地进行教育技术实践。现代教育技术的推广和应用离不开理论的指导。离开了现代教育技术理论的指导，各种现代教育媒体只能成为可有可无的辅助工具。现代教育技术理论提供了现代教育媒体与课程整合的基本依据。

（5）当前教育改革不断深化、教学成果层出不穷，体现出了现代教育技术理论的实践应用价值。

案例分析 2-6

教学论与教学设计的争论

李秉德教授是我国著名的"教学论"专家,他对教学论有着非常深入的研究,对于近几年来在国内影响比较大的"教学设计"理论有着他的看法。下面是他在《湖北电化教育》杂志2000年3期上发表的论文摘录:

几年前就有一个学生来问我:"我曾看到有专书讲教学设计,而教学论的专著却都没有专门来讲,这是为什么?"我说:"怎么没有讲?教学论的书刊一直都贯穿着教学设计的思想。从教学目的设置、课程编制与教材编写,到教学单元与课时计划,哪一部分能离开设计?而且在学科教学论或学科教学法的领域内,就有人把小学语文逐册逐课文分课时写出教案,书名就叫《教学设计》。显然,教学论中从头到尾都包含着教学设计的思想的。"

最近又有两个学生在课堂讨论中作专题发言。一个人讲的题目是"教学过程的设计",另一个讲的是"教学设计的本土化。"这两个题目就已经使我有些纳闷。再听听他俩所讲的内容,又觉得既似曾相识,又觉得很陌生,而且很不好懂。似乎另有来历。后来问他们,才知道是根据教育技术学中"教学设计"专著想到的。

李秉德教授的观点提出以后引起了教育技术界的广泛争论,随后很多的作者对此观点进行了讨论。比如:

何克抗. 也论教学设计与教学论——与李秉德先生商榷[J]. 电化教育研究,2001(4).

李康. 美国教学技术与我国教学论之比较[J]. 电化教育研究. 2001(6).

徐剑虹. 教学论和教育技术学视角下"教学设计"概念探究[J]. 教育与职业,2007(20).

反思:

1. 教学论和教学设计是同一种理论吗?

2. 为什么会出现这样的讨论?这与中国教育学科的理论体系特点有何关系?

二、描述和解释现代教育技术的规律

现代教育技术理论对现代教育技术应用实践中的规律进行描述和解释。

(1)现代教育技术理论指出了什么是现代教育技术,给现代教育技术明确的定义。

(2)现代教育技术理论给出了现代教育技术应用的模式。

(3)现代教育技术理论深入探讨和研究了人的学习规律,为教学过程中更好地促进学生的学习提供了依据。

(4)现代教育技术理论对教育媒体进行了系统的研究,为在教学过程中开发现代教育技术应用环境、促进学习者自主探究式学习提供了技术上的支持。

(5)现代教育技术给出了系统的教学设计思想,用系统的观点来分析处理教学过程中所碰到的问题,为现代教育技术应用实践提供了方法论上的支持。

(6)现代教育技术理论探讨了教育信息传播的规律,使得教师学生能够对教学信息的传播过程进行更为有效的控制。

(7)现代教育技术理论也给出了完善的效果评价的理论,使得我们能够利用评价来促进教师的教和学生的学。

三、预测现代教育技术实践过程中的结果

作为一整套系统完整的理论,现代教育技术理论通过对现代教育技术应用过程的规律进行科学的分析和研究,能够有效地把握这一过程的运行规律。因此通过现代教育技术理

论能够有效地预测现代教育技术实践过程中的结果,为制定教学策略、专业发展策略提供依据。这主要表现在以下几个方面:

(1)在促进教师专业发展的过程中,通过现代教育技术理论,可以让我们认清人的成长规律。教师的专业成长具备阶段性的特点,教师在专业成长的过程中,不断与环境进行交流,获取新的知识,进行内部的知识建构。这样的一个建构过程是量变到质变的过程。当教师获得知识的量的积累到了一定程度以后,可以促进教师的知识建构上到一个新的阶段。

(2)从人本主义学习理论来理解,教师的专业成长除了要获得更多的专业知识和能力以外,教师的专业情感成长也是非常重要的。在教师专业成长的过程中,应该促进教师从能够满足比较低层次的需要上升到满足教师高层次的需要,直至教师能够达到自我实现的层次。

(3)通过教学设计理论、信息技术与课程整合的理论,使我们认识到,教师在专业成长的过程中,现代教育技术手段不是扮演一个简单的辅助工具的角色。它改变了教师专业成长的内容、方式和方法,并构建出新的教师专业成长的模式。

(4)从系统论和教育传播理论,我们可以认识到,教师专业成长的过程实际上也是一个在整个系统中各种因素之间不断相互传播信息、相互作用的过程,只有所有因素都能够充分发生相互作用,才能使整个系统获得最优的输出结果。因此在教师专业成长的过程中,应该大力促进教师之间的相互交流合作,促进教师的整体专业成长。

四、促进教师的反思

现代教育技术理论同时也能够有效地促进教师的反思。教师在专业发展的实践过程中,不断应用现代教育技术,会获得非常宝贵的现代教育技术实践经验。这些实践经验有些是正确的,有些则可能并不全面。通过对照现代教育技术理论进行反思,教师可以明确自己的经验是否符合理论的要求。在这样的反思过程中,教师的实践经验可以有效地上升到理论的层次。这也意味着教师的专业成长进入了一个新的阶段。

习 题

1. 比较各种不同的学习理论的,说出不同学习理论主要观点,探讨学习理论的发展情况以及在教学中的应用。

2. 什么是教学设计?它与其他教育技术理论的关系如何?说出两种典型的教学设计模型并指出如何在教学中进行应用。

3. 什么叫做教育传播理论?如何评价教育传播的效果?

4. 教育技术理论如何有效促进教师的专业发展?

第三章

白板投影类媒体与教师专业发展

学习目标

1. 名词解释:电子白板、液晶投影机、平板电视
2. 了解白板投影类媒体的分类
3. 指出白板投影类媒体在教学中的应用方式
4. 分析白板投影类媒体是如何促进教师的专业发展的

第一节 白板投影类媒体概述

一、白板投影类媒体的种类

课堂教学是目前使用得最为广泛的一种教学方式。在课堂教学过程中,白板投影类媒体获得了广泛的应用。

按照光线反射的方式来进行划分,白板投影类媒体可以分成反射式和透射式两种。

其中反射式媒体包括白板、幻灯机、投影仪(OHP)、电影、液晶投影机等。透射式媒体则包括透射式幻灯机、电视等。

按照使用的技术来进行划分,则可以分为:普通白板、复印白板、外接计算机白板、幻灯投影设备、CRT 显示器、平板显示器。

按照呈现的信息来划分,则可以分为:普通文本信息呈现媒体、图形信息呈现媒体、多媒体信息呈现媒体等。

二、投影媒体

(一)投影机

目前最先进的投影机是液晶投影机和 DLP 投影机。液晶投影机利用液晶在电压的作用下会引起其分子排列方向改变的原理来显示图像。同其他显示器件(比如 CRT 显示器)相比,液晶显示器的优点非常明显。而 DLP 投影机则是其后发展起来的全新的投影仪器。DLP 投影机全称为"数字微镜片投影机",这种投影机利用了半导体材料的微镜片效应。微镜片效应的原理是这样的:当不同的数字信号输入以后,将改变微镜片反射的角度,从而使反射出来的光线强弱发生变化,投影到大屏幕上以后,就可以生成逼真的影像了。

目前主要有两种投影方式,一种是反射式投影,即像幻灯机一样,利用光线通过镜头放大投影到屏幕上,最终显示给观众。第二种是背投的方式,利用透射式屏幕,由投影机从背面将图像投影到屏幕上。

33

如果在反射式投影系统中,采用一块专用的白板作为屏幕,利用电磁感应的原理,就可以实现交互式白板的功能。在该系统中,感应笔相当于鼠标,移动感应笔,计算机就可以获得教师所指向的图片或文字的位置信息,从而满足教师与显示内容之间的交互需求。

(二)实物视频展示台

从原理上来看,实物视频展示台是一个电视摄像与视频信号传送系统。从使用方面来看,它的功能则类似于早期的实物投影仪,可以直接将实物投影到屏幕上。

实物视频展示台主要由三个部分构成:

(1)摄像头。用来对实物进行拍摄,并将其转换成视频信号。

(2)照明系统。由于大部分实物本身都不会发光,所以采用实物视频展示台的灯光对所要展示的实物进行照明,以获得足够的亮度。在实物视频展示平台中,照明光源分成透射光源和反射光源两种。其中透射光源用来照亮透明的材料,比如投影胶片等。而反射光源则用来照亮不透明的实物。反射光源照射的角度可以调整,这样可以将一些立体的实物投影出来。

(3)电路系统。该系统主要对摄像头传过来的视频信号做进一步的处理,可以获得提供计算机显示器用的 VGA 信号等。

实物视频展示台的使用通常要与电视机、液晶投影机或平板显示器配合使用。一些展示台还可以将信号输入计算机,以供进一步的处理。

(三)放映银幕

在投影技术中,另一重要设备就是放映屏幕。在条件比较差的地方,可以直接使用白墙或白布作为银幕来进行播放。不过由于这些材料反射光线的能力比较弱,投影出来的影像反差小、亮度低。有条件的情况下,应该使用专用的银幕。目前使用得比较普遍的银幕主要有两大类:金属幕和玻璃微珠幕。

三、电子白板和平板显示技术

(一)电子白板

白板可以分成两大类,这两大类分别是普通白板和电子白板。同普通的白板相比,因为电子白板内部安装有电子线路,可用计算机来控制,所以具备更加丰富的教学应用功能。电子白板可以分成三大类型:

(1)复印白板。这种白板可以将教师板书的内容直接复制打印出来。

(2)外接计算机白板。这种白板通过相应的接口连接到计算机,教师的板书内容可以直接输入到计算机中。

(3)交互式白板。这种白板除了与计算机连接在一起以外,还利用投影技术,将计算机显示的内容投影上去,可以实现更有效的人机交互功能。

电子白板外观上看起来与普通的白板差别不大,但是在电子白板上面安装有一系列外围设备接口。这些接口包括打印机接口、RS232 串行接口、USB 接口等。电子白板可以连接普通的喷墨打印机或激光打印机。另一些类型的电子白板则可以直接插入 U 盘。这样即使不连接到计算机,也可以将白板上面的内容保存起来,节约纸张成本。

目前电子白板与计算机的连接主要还是采用 USB 接口,可以充分满足白板与计算机中的数据交换需求。

电子白板主要采用这么几种技术:电磁感应技术、红外线技术、电阻膜技术、超声波技术、CCD 光扫描技术等。目前红外线技术白板得到广泛的应用。这种红外线技术利用白板四周的红外发光二极管发出的红外线和红外接收装置来定位白板笔的位置,并将白板笔的笔迹扫描下来。这种方式的优点是反应非常灵敏,直接用手指和教鞭就可以进行书写,特别适合于交互式白板的教学应用。另外这种白板价格也比较便宜,可以很方便地连接计算机。

早期的白板普遍使用电阻膜技术。这种电阻膜技术利用了压感原理。如果有白板笔在白板上书写,书写位置就会产生压力,这种压力导致该点输出的电压发生变化,这样电子白板就可以记录下书写的笔迹了。

由于目前大尺寸的液晶显示器价格还比较昂贵,因此使用交互式白板来进行替代是一种比较好的方案。一个交互式白板主要由这么几个部分构成:红外线技术白板、计算机、液晶投影机以及遥控笔等。其中红外线技术白板就像一块大的手写板,可以用来收集教师笔迹。教师可以使用遥控笔或者直接用手指来进行书写和操作。计算机则对白板上输入的信号进行处理。液晶投影机实现了将计算机上的图像投影到白板上的功能。

采用这种白板可以获得面积比较大的画面显示,成本相对来说比较低,缺点就在于无法感受教师书写的压力。而由于使用的是反射式投影,所以投影图像的对比度比较低,必须在适当遮光的课室环境中使用。另外投影灯泡的寿命也比较短。

（二）平板电视

投影技术是发展历史比较长的一种大屏幕显示技术。这种技术的缺点就在于显示的图像质量比较容易受到环境的影响,导致投影出来的画面对比度很难达到平板电视的水平。

另外在高亮度光源技术没有获得突破性发展的情况下,这种技术的发展前景会受到一定的限制。

投影技术还要求投影设备和屏幕必须分开来安装,这对放映空间的要求就比较高了,也给使用带来了不便。

目前的交互式白板使用投影技术,而且还需要特制的交互白板作为屏幕,教师在进行演示的时候还会遮挡住投影的光线,在一定程度上影响了交互白板的使用效果。

同 CRT 电视相比,平板电视的优点则在于比较薄,且画面尺寸非常大。

同投影技术相比,平板电视的亮度和对比度都比较高,不同视角观看的效果都很好。

平板电视在使用的时候,只需要一个独立的设备就可以满足要求了,因此在讲台上腾出一小部分空间就可以安装和使用平板电视。平板电视的安装也非常灵活,可以直接放在专门的机柜上,也可以固定在墙壁上。

平板电视的交互功能是非常强大的。如果在平板电视上安装了感应装置,教师就可以直接在上面进行书写和操控。目前在各地电视台的新闻节目中,已经开始用这种交互式平板电视辅助主持人主持节目。主持人可以采用直接用手指头点击和拖拽的方式对画面的内容进行灵活的控制,就像使用鼠标一样。另外也可以切换到手写模式,直接在屏幕上做标记和进行书写。

同交互式白板一样,壁挂式触摸平板电视的出现,也为取代传统的黑板提供了一种可能。当技术比较成熟,成本有效地降低下来以后,就可以在普通的教室中安装跟目前黑板一样大小的触摸平板电视。这样教师可以直接使用专用的触摸笔或者是手指直接在屏幕上进行板书,也可以在已经制作好的演示文稿上面进行标记。教师对画面的控制则可以采用如同电视台主持人那种触摸的方式对画面进行操控。

目前该技术在教学中的应用基本上已经没有了障碍,这主要表现在以下几个方面:

（1）超大面积的液晶显示器目前已经出现。比如一些公司就生产出了达到 100 英寸的液晶电视,并且已经实现商业化,只是价格比较贵。另外在教学应用的时候,还可以将多块液晶面板拼接在一起,利用计算机控制不同屏幕的显示内容,这可以更加显著地降低成本。

(2)液晶显示器的触摸控制技术也已经成熟。随着技术的发展,目前触摸屏的价格也在迅速下降,在很多电视台的新闻节目中获得了应用。主持人经过简单的练习以后就能够很方便地进行操作使用。

(3)虽然目前平板电视的价格比较高,但相信最终成本会降低下来。这就像 20 世纪 70 年代那样,对于一些普通的中小学而言,一台 CRT 电视机已经是奢侈品。但是现在一些农村学校的课室中,都可以配置这些设备。平板电视的发展趋势也基本上会是这样的。

四、演示文稿的制作

白板投影类媒体在使用的时候可以与计算机进行连接,作为计算机的显示设备。当然,随着今后技术的发展,直接在白板投影类媒体中将计算机集成进去,则是一种更加有效的替代黑板的方式。

目前适合白板投影类媒体播放的主要还是演示文稿之类的文档。可以用微软公司的 Office 系列套件中的 PowerPoint 等工具来完成制作。而如果使用了网络在线文档,则可以更加有效地将课堂教学与网络资源的运用结合在一起。除此之外还可以使用 Flash 动画,当然也可以使用电子白板或平板触摸电视提供的专用软件。目前比较常用的演示文稿制作工具主要有以下几种:

(1)微软公司的 Office 办公软件系列。从 Office 97 开始,PowerPoint 这种工具已经成为其中的一个不可分割的部分。目前的教学过程中使用的演示文稿文档,基本上都是使用微软的产品制作出来的。另外微软的 Office 系统也开始逐渐向网络化的方向发展。其中 Office 10 开始提供 Office 网络应用组件,满足用户利用浏览器的方式来进行在线文档的制作。

(2)金山 WPS 系列办公软件。与微软公司的软件产品相比,金山的办公软件比较适合中国的国情,在汉字处理等方面有其独到之处。WPS 系列办公软件中也包含了一个与微软产品兼容的非常好的演示文稿制作软件。

(3)OpenOffice。该软件是 SUN 公司的开放源代码产品,它与微软的 Office 办公软件是兼容的。其特色在于,该软件几乎可以运行在所有的操作系统上,其中包括 Windows 系统、Solaris 系统、Linux 系统等。

(4)Adobe 公司的 Flash。Flash 是一款非常好的二维动画制作软件。它同时也是一种演示文稿制作软件。利用该软件制作出的演示文稿,可以实现与 Flash 动画的无缝衔接。同时该软件与流媒体技术的整合也非常好。

(5)在线文档。与上述四种软件不同,一些在线文档,比如谷歌文档的功能虽然比较简单,却是可以利用网络来进行创作、共享的工具。这些在线文档工具几乎可在任何能够浏览互联网的操作系统上使用,甚至包括智能移动电话上面。利用谷歌文档制作出来的演示文稿可以下载为微软的 PPT 格式,也可以采用 PDF 或者是 TXT 的文档格式下载到本地硬盘上。当然教师也可以直接利用网络来进行播放而无需借助任何的本地播放程序。除了谷歌文档这种在线文档技术以外,国产软件永中 Office 也推出了在线文档服务。他们将其称为"永中网络 Office"。与已有的在线文档技术不同,永中网络 Office 采用了 JAVA 技术来制作他们的在线文档系统,因此相对于使用 XML 技术的谷歌等在线文档技术而言,其功能更加全面,更能够实现"所见即所得"的文字处理和演示文稿制作工作要求。

软件应用案例 3－1

用永中网络 Office 来制作演示文稿

永中网络 Office 与微软公司的 PowerPoint 2003 等版本，从界面看起来几乎一样，所以很容易使用。但是由于能够利用网络进行编辑和存储，因此永中网络 Office 具备了一些与微软 PowerPoint 不同的功能，这些功能主要表现为如下几个方面：

1. 永中网络 Office 可以在任何一台能够连接上网的计算机上使用。不需使用移动存储设备来进行文件的转移。

2. 采用 B/S 模式，本地机器不需要安装客户端程序。

3. 支持多种操作系统，并能够在各种支持 Java 的浏览器中运行，包括 Windows 和 Linux 等系统，支持微软的 IE 浏览器和 Mozilla Firefox 浏览器等。

4. 可以直接利用浏览器进行播放，不需要专门的播放器。

5. 与微软的 PowerPoint 兼容。可以直接在永中网络 Office 中打开微软的演示文稿，也可以将永中网络 Office 制作的演示文稿以微软的演示文稿格式保存起来。

6. 免费提供。

永中网络 Office 的使用很简单。直接打开浏览器，输入网址：http://www.eioffice.cn，就可登录永中网络 Office 网站。如果计算机中没有安装最新版本的 Java 运行环境软件 JRE，则永中网站会自动下载并安装文件。也可以自行去到 SUN 公司的网站下载。JRE 安装完毕，登录永中网络 Office 网站，就可以看到提示输入用户名和密码。如果还没有用户名和密码，这时候可以利用该网站进行注册。对于互联网个人用户来说，永中网络 Office 是免费的。如果是企业用户，则需要支付一定的费用。

一旦注册完毕，就可以利用注册的用户名和密码进行登录。登录进去就可以看到永中网络 Office 的文件管理器，其界面非常类似于操作系统的"资源管理器"。上面是基本命令按钮，左边是文件夹视图，右边则是所包含的文档。

点击上面"新建简报制作"按钮，就可以新建一个演示文稿文件。这时候将弹出一个新窗口或浏览器新标签，里面是一个空白的演示文稿文档。该文档编辑的界面与微软 Power-Point 2003 基本一致，因此只要会使用微软的 PowerPoint 软件编辑演示文稿，就会使用永中网络 Office 软件。

制作完成的演示文稿可以直接保存在永中网络 Office 提供的 1GB 的网络空间中，也可以直接保存到本地硬盘上。制作完成以后的演示文稿可以直接通过浏览器进行播放。使用起来非常方便。

反思：

1. 永中网络 Office 能否完全取代微软的 Office 办公软件？为什么？

2. 如何在教学中应用在线文档技术？

第二节 白板投影类媒体在教学中的应用

一、投影媒体在教学中的应用

投影媒体在教学中有着广泛的应用,主要有以下几种应用方式:

(一)利用投影媒体播放教学内容

这是一种常用的投影媒体教学应用方法。这种方法通常这样进行:在上课前做好幻灯片、投影片或者是 PPT、Flash 演示文稿,然后在课堂教学过程中边播放边讲解。采用这种方法除了可以在课堂教学中呈现文字和形象生动的图像以外,利用 PowerPoint 和 Flash 等工具,还可以在课堂中播放各种多媒体课件。

例如介绍人教版初三物理课程标准实验教材"重力"方面的内容。在导入新课的时候,可以先采用在课件中插入视频录像的方式,介绍受到重力影响的不同实例。其中包括人造地球卫星的运行、苹果从苹果树上掉下来、跷跷板等视频。通过这些视频的播放,促进学生对重力方面的课题产生兴趣,从而顺利地过渡到有关重力的理论分析。

播放教学内容并不仅限于视频材料,利用 Flash 还可以自制简单的动画。比如在上述课例中,导入新课后,截取视频中比较有代表性的画面单独放在课件的一个页面上,利用"淡入淡出"等幻灯片过渡技术,将该视频画面截图过渡为一个简化的图形,再利用 Flash 动画制作技术,将其转换成可控的动画形式。这样可以促进学生的认知从具体的经验上升到抽象的经验,及时将学生观看视频录像所产生的好奇心转化为积极探索的内部驱动力。

(二)用投影媒体代替板书

在教学过程中,教师可以将透明胶片直接放在投影仪的台面上,边讲解,边进行书写。这是投影仪(OHP)在教学中应用的一种方法。这种方法也同样适合于在实物视频展示台上使用。如果采用多媒体计算机,则可以利用鼠标在 PPT 上进行书写和绘制简单的图形。而在使用了交互技术的投影系统中,教师则可以直接在屏幕上进行书写。

利用早期的光学投影仪(OHP)进行板书,其好处在于使用方便、设备价格低廉,但是功能比较有限。目前利用实物视频展示台则可以直接将实物模型投影到屏幕上,利用普通的签字笔就可以在实物旁边进行书写指示。这样做的好处在于屏幕上呈现的不光有教师板书的内容,也有实物。比如在讲解人教版七年级生物学课程标准实验教材"植物体的结构层次"一课的时候,可以直接将一株已经制备好的油菜实物放一张白纸上,然后通过实物视频展示台投影到屏幕。教师在讲解的过程中,可以直接在油菜实物旁边进行板书,标记出该植物各部分的名称。由于实物视频展示台具备局部放大的功能,可提供学生更加直观具体的经验。而通过文字的形式,则可以有效地促进学生将所获得的具体经验上升到抽象的层次。

随着技术的发展,在课件中进行板书也逐渐成为可能。如果设备配置比较简单,只有鼠标的接口,则可以利用鼠标进行简单的板书指示。比如在语文课讲解课文的时候,在播放状态中的 PowerPoint 课件上,将"指针选项"切换到"圆珠笔"状态,这样就可对所播放重点内容进行提示。也可直接利用鼠标书写一些简单的文字和绘制简笔画。当然如果采用了专用的手写板接口,则可以在课件中书写更为复杂的板书了。

(三)利用实物投影演示实验

实物视频展示台除了能够展示平面的实物以外,还能够展示有一定立体感的实物,比如比较浅的容器等。教师在展示台的台面上完成这些实验,整个实验的过程则可以被放大投影到屏幕上。

对于一些可用透明液体做的演示实验,采用投影仪(OHP)是一种简便易行的方式。比如在人教版普通高中课程标准实验教材必修1"金属的化学性质"的课程教学中,通过在投影仪的台面上放置一个盛了水的浅底烧杯,将金属钠放入其中,这样就可以将整个反应过程,特别是添加了酚酞试液的水的颜色的变化投影到屏幕上,让所有的学生都可以观察到实验的过程。而随着技术的发展,现在则能够采用实物视频展示台来演示这样的实验。与传统的投影仪相比,实物视频展示台不光可以展示透明的液体,也可以投影不透明的物体。在整个演示实验过程中,学生不光能够看到加有酚酞试液的水的颜色的变化,还能够更清楚地看到金属钠的光泽和变化情况。

实物视频展示台的使用是非常灵活的。教师在教学过程中,通过缩短展示台镜头的焦距,引导学生观察对象的整体结构。也可以加长焦距,将局部放大,让学生仔细观察对象的细节。诸如金属钠的颜色,这些在传统的课堂教学中无法进行实物展示的内容,都可以利用实物视频展示台来完成。

又比如有关游标卡尺读数内容的演示,教师先利用实物视频展示台展示游标卡尺的全貌,让学生对游标卡尺的结构以及各部分的功能有全面的了解,然后拉长焦距,这样学生就可以仔细观察游标卡尺上主尺和副尺之间的相对位置关系,进而准确读出游标卡尺上的数值。

(四)批改课堂作业

利用实物视频展示台批改学生的课堂作业。教师的批改过程将同时显示在屏幕上,这样学生能够清楚地了解作业批改的情况,有助于对学生学习效果的强化。而利用课堂多媒体系统将学生微型教学录像呈现出来,提供教师进行评讲,则有助于学生获得更为有效的反馈信息。

例如在人教版小学语文课程标准实验教材四年级上册的"黄鹤楼——送孟浩然之广陵"一课的教学过程中,先让学生自学古诗,并将古诗在作业本上翻译出来。学生完成练习以后,教师将其中几个比较典型的同学的作业放在实物视频展示台上投影出来,然后进行现场批改讲解。通过这种方式,教师能够有效地把握住学生的整体学习情况。同时由于整个批改过程是直接投影到屏幕上的,因此所有的学生都可以准确地了解到问题所在。

(五)连接网络资源

如果将大屏幕投影系统直接连接到互联网上面,就可在课堂中呈现出网络上的资源,在课堂中开展探究性学习活动,提供学习者一种全新的课堂教学环境。

比如在人教版高中历史课程标准实验教材必修3的"文艺复兴和宗教改革"一课的教学过程中,教师通过 Internet 连接到 Google 地球,打开意大利首都罗马的卫星地图,让学生了解意大利现在的城市建设情况。然后通过网络摄像头打开一些罗马街道的街景,让学生获得更加直观的经验和体会。这样的教学过程中,学生所获得的知识不再是抽象的文字表述,而是形象直观的城市图像、街道实景,拉近了学生与所学历史知识之间的距离。

由于互联网的资源非常丰富,在课堂上利用大屏幕投影进行播放的过程,也将营造出师生共同就某些课题进行探究的环境。

比如在讲授人教版普通高中课程标准实验教材必修2的"游褒禅山记"一课时,教师在课堂上通过互联网搜索褒禅山的相关资料、该文的写作背景知识以及不同的人士对这一篇课文的看法,让学生对这一篇课文进行探究,这将有助于解决王安石"然力足以至焉,于人为可讥,而在己为有悔"的问题。

(六)与其他媒体结合起来教学

投影媒体还可与其他的媒体结合在一起,组成一个多媒体组合教学的环境。在这样的环境中,教师除了利用投影媒体来开展教学活动以外,还将使用黑板、白板、扩音机等其他媒体组合起来进行教学,充分发挥不同媒体的教学特点和功能,提高教学效率。

这种教学方法特别适合于高等教育中大班教学的情况。为了节约教学资源,在高等学校中通常会采用合班上课的方式。一堂课上听课的学生达到上百人。传统的方式是利用多块黑板交替使用来解决这样的问题。而使用大屏幕投影技术以后,利用一块放映银幕就可以解决这一问题。再利用无线传声器、功放机等设备将教师的声音扩大。采用无线鼠标、激光笔等设备,将教师从电缆的束缚中解放出来,让他们/她们能够自由地在讲台上走动。

在中小学的教学过程中,与大屏幕投影媒体有效结合的媒体则是普通的白板或黑板。教师在呈现课件的时候使用投影媒体,在需要板书的时候,则可以使用白板或黑板。

比如在讲授高一化学"氧化还原反应"的时候,教师先用课件播放铁与稀盐酸反应的实验过程,并将课件定格在反应结果上,然后在放映银幕旁边的白板上书写出对应的化学反应方程式。这将有助于学习者了解实际的反应过程,同时板书内容可以长时间保留,在获得了足够多的实验结果以后,提供教师总结氧化还原反应原理之用。

案例分析 3-2

40

用实物视频展示台做演示实验

资料引自:俞学诗. 借助视频展示台做演示实验[J]. 中外电器. 2000,(6)

借助实物视频展示平台来做演示实验有两种方法:一种是体积小于展示台面积的,则直接放在展示台上进行操作演示。另一种情况,如果实验仪器体积比较大,则可放在展示台旁边,转动展示台上面的摄像头,对准实验仪器拍摄,并将其投影到屏幕上。

比如介绍游标卡尺的使用,就可以采用第一种方法。游标卡尺的尺寸比较小,直接放在台面上就可在屏幕上投影出来。通过改变展示台镜头的焦距,则可对游标卡尺的局部读数进行放大展示。而要做诸如"摄像机的使用"这样的演示实验,由于专业摄像机的体积比较大,而摄像机面板上的按钮比较小,这时候就采用第二种方法来进行展示。

反思:

1. 上述案例中,能否直接用一个廉价的摄像头来代替昂贵的实物视频展示台?
2. 实物视频展示台在教学中应用有哪些不足之处?

二、电子白板在教学中的应用

电子白板在教学过程中的应用主要有以下几种方法:

(一)小规模的培训

受到成本的限制,目前电子白板还不可能做得很大,要完全取代价格低廉的普通白板甚至是黑板还是有困难的。但是由于电子白板能够将板书的内容打印、保存下来,给教师的教学带来了很大的方便。因此在一些企业的小规模培训之中,这种电子白板的使用比较普遍。在 2008 年底,一些复印和外接计算机白板价格已经降到了万元以内,一般的中小企业都能够承受得起。

比如在企业营销 MBA 研修班中,教师通过电子白板介绍企业营销战略与规划。在授课的过程中,教师与学员充分互动。通过丰富的案例以及深入的研讨分析,逐渐确立企业营销战略规划的目标、方案,并以板书的方式呈现出来。课程结束以后,教师将板书内容实时打印下来分发给学生,提供学生课后复习、完成作业之用。由于打印出来的板书内容比较真实地反映出了课堂教学的整个过程,因此学生使用这些资料进行复习,将能够更加有效地巩固所学的知识。

(二)知识探究和小组讨论

在课堂教学过程中,使用电子白板来开展小组讨论教学,讨论过程中的板书可以被随时打印或者保存下来,提供进一步的分析讨论使用。

在中小学各学科的教学过程中,活动课是一个重要的组成部分。活动课通常以小组的方式来进行组织。面积比较小的复印白板正好适应了这样的需求。比如在人教版小学数学五年级课程标准实验教材上册"多边形的面积"课程教学过程中,教师让学生分组进入学校操场、活动室、花园等地,对不同形状的多边形的面积进行测量。测量结束以后,各小组利用电子白板对自己的测量数据结果进行讨论,探讨其中有什么规律。讨论结束以后,将讨论过程中形成的板书打印下来,然后汇总在一起,由教师总结多边形面积的规律。

在这样的教学过程中,由于学生能够亲自参与到多边形面积的测量过程中,因而获得的知识更加直接。而通过电子白板的方式来进行讨论,则可以培养学生正确表达自己想法的能力,同时也促进了学生之间的相互交流与合作。

(三)代替黑板进行课堂教学

教师在教学的过程中,使用电子白板来进行教学。教学结束以后,可以将板书的内容打印或者保存下来,提供学生课后复习之用。这将有效地弥补黑板的不足。同时也减少了粉笔灰的污染。由于电子白板的使用比较简单,使用方式也类似于传统的黑板,那些对多媒体计算机技术不太熟悉的教师也能够正确灵活地进行使用,因而这将有助于现代教育技术的普及和推广。

电子白板的引入,也引起了教学方法的变化。教师可在传统板书技巧运用的基础上探索新的课堂教学方法。

比如在小学低年级"识字"课程教学过程中,教师让学生走上讲台,在电子白板上按照要求书写汉字。学生书写完毕,教师对该同学书写的汉字进行评价,并将评语写在下面,然后将学生自己书写的汉字实时打印出来,作为对学生的鼓励。

(四)交互式演示文稿

将白板、多媒体计算机以及大屏幕投影技术结合在一起可以充分发挥这两种媒体的教学特点和功能。用多媒体计算机呈现教师事先制作好的演示文稿,教师在演示文稿提供的基本内容作为背景下进行板书,在上面随时添加文字和简单的图形。这样的教学过程使教师和媒体之间有更加充分的交互,教学效果更好,而计算机输出规范的字体,也可以节约教师的板书时间。

例如在讲授人教版高一信息技术课中"微型计算机系统"内容的时候,通过交互式电子白板呈现出机箱、硬盘、主板、显卡等部件,然后利用"拖放"的方式,将这些部件正确地组合在一起,组成一台完整的计算机。通过这种方式有效地促进了学生深入理解计算机的基本组成原理,消除对计算机的神秘感。

案例分析 3－3

用电子白板上课

资料引自:优秀电子白板课例:《观察物体》. 小学数学四年级(北京版教材). 优酷网. http://v.youku.com/v_show/id_XNDcwODAyOTY＝.html. 执教:北京大兴黄村镇中心小学:张烨

在该课例中,张老师使用交互式白板向学生呈现汽车和建筑物不同角度拍摄的画面,在教学过程中,利用了交互式白板的触摸笔对画面进行拖放,这样来突出要显示的内容。另外利用交互式白板课件呈现立体图形,并利用交互功能,在屏幕上翻转该立体图形,让学生可以从不同的方向来观察。

在教学过程中,张老师还利用交互式白板向学生提供形成性练习。直接让学生上到讲台操作交互式电子白板。

另外在教学的过程中还结合了黑板以及实物模型等传统的教学手段来进行教学。

反思:

1. 如果有条件的话,观看这段录像片后,分析交互式白板在整个教学过程中起了什么样的作用。

2. 教学过程有哪些地方可以进行改进?

(五)远程教学

现在市场上的电子白板基本上都有与计算机连接的串行接口。一旦通过这些接口连接到计算机以后,该电子白板就成为像手写板一样的计算机外围设备,随时可将电子白板上书写的内容通过互联网传递出去。这种方式有效地突破了课室的限制,将教学延伸到网络上,实现了远程教学。

比如在对学生进行心理健康网络辅导的时候,利用电子白板可以避免采用枯燥文字的方式所带来的与学生之间交流不充分的困难。同摄像头相比,电子白板的清晰度高,信息的传输更加准确。当然这种电子白板也同样适用于各学科的远程教学辅导。

(六)与其他媒体组合进行教学

电子白板也是一种使用非常灵活的媒体。电子白板尺寸比较小,但是具备了普通的白板以及黑板所不具备的功能,这些媒体功能互补。在教学过程中,小巧的电子白板不会占用太大的位置,这也给其他媒体的安装腾出了空间,并为教学过程中需要灵活利用不同的媒体组合进行教学提供了有利的条件。

例如在人教版高中地理教材第二册(选修)的"水土流失的治理——以黄土高原为例"的课程教学过程中,教师先通过交互式电子白板对黄土高原的概况、地貌类型等进行介绍,然后播放有关黄土高原的电视片,让学生对黄土高原有一个动态的了解;再让学生通过地图以及阅读课本了解黄土高原地貌的比较抽象的知识。这样的教学过程中,电子白板起到一个对知识从不同的角度进行展示介绍的作用。而录像片则满足了学生获得替代经验的需求。查阅地图阅读课本等方式则促使学生将所获得的比较具体的知识上升到抽象的层次。

第三节 用白板投影类媒体促进教师专业发展

一、白板投影类媒体的优点

在促进教师专业发展的过程中,白板投影类媒体具备以下几个方面的特性:

(1)白板投影类媒体能够在课堂中呈现多媒体的信息。与黑板不同,白板投影类媒体不光可以呈现文本信息,还可以呈现其他各种多媒体的信息,整个课堂教学信息的呈现更加丰富多彩。教学变得更加生动活泼有趣。

(2)能够实现充分的交互。利用电子白板和平板电视,教师在教学的过程中,可以实现与媒体的充分交互,直接利用触控的方式来进行演示文稿播放的控制。也可以直接在电子白板或者是平板电视上进行板书,来进行数学定理的证明以及各种公式的推导。

(3)安全环保。电子白板在使用的过程中,一个很重要的特点就是不会产生类似粉笔灰的污染物,这对环境保护做出了贡献。更重要的是保障了整个教学过程中,教师和学生的健康。

(4)能够记录保存教师的板书资料。除了普通的白板以外,各种不同的白板投影类媒体都具备保存教师、专家上课过程中板书资料的能力。这有助于教师接受培训之后进行复习,也有利于教师自己课堂教学之后进行教学的反思和进行一个学期教学工作的总结。

(5)适用于各学科的教学。白板投影类媒体是一种适用面非常广泛的媒体,利用白板投影类媒体不光可以完成语文、数学等主干课程的教学,还可以利用白板投影类媒体来开展音乐、体育、美术等课程的教学。这使得白板投影类媒体具备了更加旺盛的生命力。

(6)能够连接到网络。白板投影类媒体还可以连接到互联网上,这样教师、专家在教师专业发展过程中,随时从网络上下载各种教学的资源,或者将自己的教学材料通过网络发布出去,实现远程教学。这是传统的黑板等媒体所不能比拟的。

(7)安装灵活使用方便。白板投影类媒体的安装非常灵活,既可以采用悬挂到天花板的方式进行大屏幕的投影,也可以将白板直接固定在墙上来取代黑板。而一些比较小型的双面白板,则可安装在移动的支架上,随时从一间教室移动到另一间教室中。

二、白板投影类媒体的不足

在促进教师专业发展的过程中,白板投影类媒体也有不足之处,这些不足之处表现在:

(1)白板投影类媒体价格比较昂贵。目前即便是普通的白板,价格都比黑板要高得多,从而影响了这些媒体在一些条件比较差的学校或培训机构的使用。

(2)多数白板投影类媒体都需要用电。在偏远农村地区,如果电力不能够获得保证,则这些媒体就无法使用。

(3)技术标准不太统一。目前白板投影类媒体的生产基本上处于各自为政的状态。不同的公司按照自己的标准来生产设备。不同的设备标准导致这些设备零件的互换性比较差,一旦出现了故障,维修成本就会比较高。

(4)同黑板相比,使用寿命偏短。与黑板基本上达到几十年使用寿命的要求不同,这些白板投影类媒体的使用寿命都还是十分有限的。即使是普通的白板,使用了一定的时间以后,就要重新烤漆,或进行更换。而大屏幕液晶投影机的寿命则严重地受到灯泡寿命的制约,一般使用了几千小时以后就需要更换灯泡,这在一定程度上增加了教师专业发展的

43

成本。

(5)使用需要一定的技巧。使用这些媒体需要一定的技巧。教师或专家需要经过一定时间的培训或自主摸索以后才能够熟练地使用这些媒体,这给一些不熟悉技术的教师或专家带来了不便。

三、白板投影类媒体促进教师专业发展的策略

(一)提供了全新的教学环境

课堂教学是基本的教学组织形式。任何能够给予课堂教学有效支持的媒体的出现,都是值得重视的。利用白板投影类媒体,教师将获得一个全新的课堂教学环境。在这样的教学环境中,教师的专业成长将会获得新的动力。

比如在传统的课堂教学环境中,由于使用的媒体单一,教师更加注重专业学科知识的学习。而使用了白板投影类媒体以后,教师则可以使用更加丰富的教学媒体来进行教学,教学信息传播的通道更加丰富。教师的专业知识构成方面,不仅限于专业学科的知识,还包括了现代课堂教学媒体使用的知识。这也形成了有别于其他职业的教师专业化的特点。

传统的黑板加粉笔的教学模式中,粉笔灰的污染非常严重。单一使用黑板进行教学,导致教师某些身体器官过分劳累而出现各种职业病,这对于教师的身体健康有不良的影响,影响到教师生理上的成长,自然对教师的整体专业发展也会有不良的影响。而多样化的教学媒体的应用,使得教师在教学过程中可以用各种姿势进行授课。教师在讲台上的活动空间更加充分和灵活。

(二)用白板投影类媒体促进教师改革教学方法

白板投影类媒体是黑板的延续。因此在使用了白板投影类媒体以后,传统的基于黑板的教学方法大部分还是有效的。教师在使用这些教学媒体的时候,即使教学方法不做很大的改变,也同样可以灵活地进行教学,这有利于这一类媒体的推广和使用。

但是白板投影类媒体不是简单地对黑板进行电子化改造,而是赋予了黑板这种媒体更多的新功能。教师在使用白板投影类媒体进行教学的过程中,会不断发现这一类媒体新的教学特点和功能,从而在实践中不断总结出新的教学方法,更加有效地进行教学方法的改革。

比如在使用传统媒体进行教学的时候。一些教师所上的物理课基本上采用"题海战术"的方法,阻碍了学生的探索和创新精神的发扬。采用了现代教育媒体以后,如果还是局限于以往的教学思路和陈旧的教学方法,则变成了利用现代教育技术来实现"题海战术",教学效果并不好。现代教育媒体的应用意味着教师必须改变教学方法,比如通过计算机仿真技术来模拟地球卫星的运行、动量守恒、能量守恒等,让学生在新的环境中主动参与探究。

(三)用白板投影类媒体帮助新入职教师的专业成长

使用了白板投影类媒体以后,可以提供教师多样化的教学手段,使用也更加灵活。备课的时候,教师就在演示文稿中将要呈现的内容设计好,提高了教学的效率。当然在获得更多的成功教学经验以后,这些教师的专业成长也更加顺利。随着现代教育技术的广泛应用,很多青年教师得以脱颖而出,其原因就在于这些教师能够熟练地使用现代教育技术来开展教学活动。

比如对于很多的新入职教师来说,如何充分与学生进行交流是一个难点。在没有课堂教学经验的条件下,这些教师往往将注意力仅仅放在教学内容方面,讲课过程无暇顾及学生的反映。采用了白板投影类媒体以后,这些教师可以在备课的时候将丰富的多媒体材料收

集好,制作成生动形象的课件进行播放。在播放课件的过程中,教师可以走下讲台,进入学生中间,及时了解学生的观看情况,发现教学中存在的问题。这样的教学过程给了新入职教师更多的成就感,促进了教师进一步深入思考教育教学过程中的各种规律,从而有效地促进新入职教师的顺利成长。

(四)用白板投影类媒体帮助教师丰富自己的专业知识

利用现代化教学媒体,有效突破了时间和空间的限制,教师通过这些媒体将获得更加丰富的知识。比如教师可以利用白板投影类媒体来增长自己的现代教育技术应用的知识。而制作演示文稿的过程,则显著地提高了教师计算机应用的能力。通过网络搜索教学资源的过程,则为教师提供了丰富的专业学科方面的知识。

例如对于物理教师来说,采用现代教育媒体进行教学,教师就要思考如何采用演示文稿、Flash 动画、几何画板等方式来展示教学内容,制作物理演示课件。在呈现原子核模型的时候,物理教师可以通过网络搜寻国内外优秀的课件。在搜索引擎上输入关键词的时候,不光可以找到网络上的优秀课件,还可以找到大量的有关原子物理的专业文献资料。在阅读这些文献资料的时候,教师的物理专业知识也不断得以丰富。在制作课件的时候,要让电子按照量子力学的规律运动起来,就需要教师具备计算机动画制作的能力,这又丰富了教师的现代教育技术知识。

(五)用白板投影类媒体帮助教师开展教学研究

随着使用白板投影类媒体的经验越来越多,教师的专业实践经验也会越来越丰富。最终教师能够将自己的实践经验不断上升到理论的层次,对这些媒体的应用进行更加深入的研究,并探索出这些媒体课堂教学应用的新的方法和新的模式。

例如一些地区为了促进教师这方面的教学研究工作,专门举办了各种征文活动[1],这些征文活动目的是要促进中小学信息技术与学科的整合。征文的形式以课件、教学设计方案、论文为主。通过这样的征文活动,教师们将能够更加深入系统地探讨白板投影类媒体在教学中的应用。这说明白板投影类媒体对于教师的教学研究是有很大的促进作用的。

(六)用白板投影类媒体促进教师的教学反思

电子白板具备将教师课堂教学过程中的板书打印出来的功能,这为教师在课后反思整个教学过程提供了重要的依据。大屏幕液晶投影、平板电视等媒体,在使用的时候通常都会同多媒体设备连接在一起,这便于演示文稿的保存和归类。而安装有摄像头等设备的课室,则可以记录教师的教学过程。这些资料有助于教师反思整个学期的教学工作。

例如教师在一个学期课程开始的时候,就为自己所上的这门课建立一个档案袋。这种档案袋在形式上既包括了打印的纸质材料,也包括了计算机文档、视频、程序的电子材料。这些材料可以是教师自己制作的课件、通过电子白板打印出来的板书,也可以是通过网络检索出来的文献和课件资料。在课程的一个阶段结束以后,教师对这些档案进行归类整理,比如将其归类为教学设计方案、课件、课堂教学视频、学生表现、教学心得体会等几大类。在进行归类整理的时候,要注意区分好原创和借鉴其他人的资料。当一个学期的课程结束以后,教师就积累了非常丰富的课程教学材料,这些材料可以帮助自己改进下一学期课程的教学,也可以作为今后的个人教学经验总结,供其他教师分享。

---

[1] 关于举行苏州市互动电子白板实验学校教学竞赛的通知. http://www.sztac.net/viewthread.php? tid=19629 (2009,10 检索)

（七）广泛应用白板投影类媒体进行教学，增强了教师的职业自豪感

社会在不断进步，课堂教学的设备也能够跟得上技术的进步，说明教师这一个工作是充满活力的。与其他的职业相比，教师这一职业研究的东西一点也不落后。这可以显著增强教师的职业自豪感，吸引更多的人加入到教师的行列中来。

例如在外语教学的过程中，利用白板投影类媒体迅速连接到网络上，在课堂中直接连线到巴黎的埃菲尔铁塔、埃及的金字塔、纽约的时代广场。学生在课堂上就能够获得世界最新的资讯，整个教学过程做到与时俱进。教师成为这个数字化时代的建设者和见证者。这样的职业自豪感是传统教学模式下难以获得的。

实验 3－1　交互式电子白板系统的使用

实验目的：

1. 通过实验了解电子白板教学系统的结构。
2. 熟悉交互式电子白板的系统结构。

实验器材： 交互式电子白板系统、多媒体计算机。

实验步骤：

1. 查看交互式电子白板中所使用的设备。
2. 查看交互式电子白板系统的连线，并画出系统的连接图。
3. 启动计算机、投影机。
4. 调节投影机的亮度和对比度。
5. 运行交互式白板软件，并尝试播放教学软件。
6. 使用交互式电子白板提供的各种交互功能，并记录运行的效果。

作业：

1. 绘制交互式电子白板中各设备的连接图。
2. 记录实验过程中交互式电子白板运行的效果，并写出实验报告。

实验 3－2　网络在线文档的制作

实验目的：

1. 利用永中网络 Office 制作网络在线文档。
2. 了解文档制作软件的发展方向。

实验器材： 能连接互联网的计算机。

实验步骤：

1. 在浏览器中输入永中网络 Office 网站的网址：http://www.eioffice.cn/
2. 如果还没有账号，可以先注册一个账号。获得账号和用户名以后，就可以在主页右边的"用户登录"栏目中，输入用户名和密码，进入其中的文件管理器的界面。
4. 利用永中网络 Office 制作一份 Doc 文档，排列好格式，并打印出来。
5. 制作一份演示文稿文档，并进行放映。
6. 制作一份电子表格文档，输入若干学生成绩数据，并进行平均分、总分、方差的计算。
7. 最后将其设置为共享状态，供教师评分。

作业：

1. 通过将文档共享出来，提供教师对作品进行评分。
2. 分析文档制作软件今后的发展方向，写出实验报告。

习 题

1. 投影媒体具备哪些教学特点？在教学中如何应用？
2. 电子白板分成哪几类？运用电子白板可开展哪些教学活动？
3. 如何用白板投影类媒体促进教师专业发展？

第四章

数字音频类媒体与教师专业发展

学习目标

1. 通过本章的学习掌握以下概念：数字音频、数字化广播、非线性音频、MP3、CD
2. 了解音频类媒体的原理和数字音频非线性编辑的知识
3. 探讨数字音频类媒体在教学中的应用方式
4. 探讨如何用数字音频媒体促进教师专业发展

第一节　数字音频类媒体概述

48

一、数字音频的原理

随着计算机技术的迅速发展,数字音频具备了模拟音频所不具备的很多优点,因此目前广泛使用的音频类媒体基本上都是数字化的。

与模拟音频不同,数字音频除了要将声音的机械振动信号转换成电信号以外,还要将该电信号转换成完全的数字信号。

整个数字音频的处理过程可以分成五个环节,分别是:

(1)声—电能量转换。在这个环节中,通过输入换能器件将声音振动的机械能转换成电能,并经过电压放大以后,获得音频信号。

(2)模—数转换。该环节实现的是将模拟音频信号转换成数字音频信号。这是数字音频信号处理的关键环节。模—数转换过程是按照一定的时间间隔对模拟音频信号进行取样的方法来进行。比如在某一个时间段取样测量出来的音频信号电压值为1V,而电压变化范围最大值为2V,用8比特二进制来表示就是01111111B,相当于十进制127(2V则可表示为11111111B,相当于十进制255)。这样就实现了模拟信号到数字信号的转换。

(3)数字信号的处理。一旦转换成了数字信号,就可以充分利用数字信号的处理技术来对其作进一步的处理。包括:存储、压缩、降噪、远距离传播等。

其中数字信号的存储指的是利用价格非常低廉的大容量存储器来保存这些数据。目前可以使用的存储器主要有三种,分别是硬盘、光盘、半导体存储器等。其中硬盘的存储容量最大,但由于采用的是机械运转的方式来进行存储,所以寿命比较短是其缺陷。光盘价格低廉,但也是采用机械传动的方式来进行存储,也很容易出现各种故障。随着时间的推移,刻录在光盘上的数据也比较容易丢失。另外相对于其他的存储设备,光盘的容量比较小也是其缺点。半导体存储器是目前发展得比较快的技术。半导体存储器又可分成两种,分别是动态随机存储器和闪存。其中动态随机存储器安装在计算机的主板上,用来实现与CPU进行高速数据交换。由于需求非常旺盛,闪存技术发展得更快。与动态随机存储器不同,闪存中存储的数据是非易失性的,即数据存储进来以后,即使切断电源,数据也可以长期保存。目前几十 GB 的闪存卡已经出现,一些廉价的笔记本计算机甚至直接用闪存卡来取代硬盘,以达到降低成本、节约电能的作用。

数字信号压缩是数字信号处理的一个重要功能。如果转换过来的数字信号不作进一步压缩,则数字音频文件将非常大。比如按照这样的规格来进行录音:取样频率为44.1kHz,量化比率为 16 比特,如果完全不进行压缩,则录制一分钟的声音将需要:44.1×16×60/8=5292(kB),即大约需要 5MB 的空间来进行存储。而目前采用了 MP3 格式来进行压缩,则这段声音只需要占用大约 500kB 的空间。由此可见,采用了压缩技术以后,可以显著节约存储空间。在网络通信技术发展迅速的今天,很多的音频文件需要通过网络来进行传输,数据的压缩大大节约了网络传输的带宽,为数字音频实时在线广播提供了基本条件。

降噪处理是数字音频技术发展的另一个重要方向。采用数字信号进行处理以后,不再需要使用复杂的梳状滤波电路来对不同频率的信号进行过滤,也不存在波形的整形和改造问题。直接将数字信号输入到计算机中,利用已有的算法对其中不需要的数字进行删减就可以获得我们所期望的声音信号。这是目前很多非线性音频编辑软件常用的技术。

数字信号也同样可以远距离传播。由于采用了数字压缩技术,可以在占用更窄带宽的条件下传送高质量的数字音频信号。比如目前质量比较高的 44.1kHz 取样频率、16 比特量化比率、双声道立体声信号的 MP3 文件,该音乐文件声音质量超过调频立体声广播的声音质量,但 1 分钟只有 1M 字节,折算成频率带宽只有 133kHz。由于数字信号不容易出现相邻电台之间的串扰现象,所以相同频带中可以容纳更多的数字音频广播电台。

(4)数—模转换。一旦数字信号获得进一步处理以后,如需要重新播放声音,则要经过一个相反的过程,即重新将数字信号转换成模拟音频信号。

(5)电—声能量转换。获得模拟音频信号以后,再对其作进一步的功率放大,就可以推动输出换能器件将其还原为机械振动的声音信号。

案例分析 4-1

从街上行人听音乐的技术变迁看音频技术的发展

便携式放音机发明以后,一些新潮人士很快就想到,能否在街上一边行走一边听音乐?这样可以让走路散步的过程变得更轻松一些。于是那个年代我们看到这样的情景,在大街上,一些穿喇叭裤的年轻人手里提着一台日本进口的便携式录放机,一边走一边陶醉于录放机中播放出来的音乐。

当然这种播放音乐的方式并不受欢迎,主要在于录放机的主人为了能够听清楚音乐声,在嘈杂的街道上,不得不将音量开到最大。这当然是非常扰民的。另外录放机也确实太笨重了,专门提着这么一个大设备在街上行走给人一种招摇过市的感觉。所以在那个年代,这样的造型受到主流媒体的批评。

到了 90 年代,随着磁带放音机技术的发展,日本索尼公司推出了一种非常轻便、适合于挂在腰间的微型放音机,他们将这叫做 Walkman。这使得边走边听音乐的方式发生了根本的变化。那个时候,很多的年轻人在街上、在公交车上,从腰间或者是背包中拉出一根耳机线挂在耳朵上,独自沉醉于音乐世界之中,成为当年一道亮丽的都市风景。由于使用高保真的耳机,不再出现噪声扰民的问题,因而大众传播媒体上也就不再出现批评声,相反出现了很多以此为主题的艺术作品。当然用耳机来收听也还是有些问题的,就是一些音乐爱好者为了能够听得更清楚一些,经常将音量开到很大,结果造成耳鼓膜受损的问题,最终不得不去看医生。

随着数字音频技术的发展,后来出现了 CD、MD 等技术。而近几年来的流行趋势则是使用 MP3 和 MP4 播放机。由于采用了半导体闪存技术,播放器的体积变得非常小巧。一些播放器甚至可以直接挂在钥匙扣上面。这给使用者带来了更大的方便。目前在街上我们看到的情况通常是这样,大家基本上都在使用 MP3 和 MP4 播放机,甚至是可以播放 MP3 文件的音乐移动电话,使用 CD 甚至是盒式录音磁带的应该是很少了。

反思:

1. 数字音频技术的发展给我们的生活带来了哪些变化?

2. 在课堂教学过程中,数字音频技术该怎样取代传统的录音机?

二、数字音频广播

(一)数字化广播与模拟信号广播的区别

随着电视以及网络等技术的发展,纯音频的广播市场占有率逐渐减少。不过在一些比较特殊的场合,其他的方式还是无法取代音频广播的。这些场合包括:汽车等移动场合、电力供应比较弱的地区、对设备价格比较敏感的地区、语言教学等。

数字音频广播的英文全称为 Digital Audio Broadcasting,缩写为 DAB,是目前无线电广播发展的一个重要趋势。该标准是 20 世纪 80 年代制定出来的,到了 20 世纪 90 年代,通过尤里卡 147/DAB 计划,才开始逐渐普及开来。到 2007 年的时候,又制定了全新的标准 DAB＋标准,该标准与原先的 DAB 标准不兼容。但是这种 DAB＋标准由于采用了更加先进的 AAC＋音频编码,因此可以在更窄的带宽中提供达到 CD 音质的音频信号传输。

同模拟调频广播相比,DAB 的优点在于:

(1)声音质量好。由于采用数字信号的方式来进行传播,不容易受到外界环境的干扰,声音质量自然就会比模拟的方式要好。

(2)占用频率资源少。随着高压缩比的 AAC＋编码技术在 DAB 中获得广泛应用,目前很多的数字广播电台都可以使用更窄的带宽来传输高质量的声音信号。

(3)成本低。由于在相同宽度的频带中,可以容纳更多的电台,这使得每一个电台的运营成本显著下降。

(4)除了可以传输语音信息以外,还可以传播各种图文数据,比如交通信息、图像等。

(5)高速运动条件下也可以正常接收信号。而在这种条件下,模拟信号则容易受到干扰。

(6)可使用单一频率同时传输多套节目。这得益于数字化技术中各种复用技术的应用。而在模拟信道中,则很难做到这一点。

(7)可实现节目的点播。即按照用户的需求来提供相应的节目。这是模拟方式难以达到的。

数字音频广播除了可以利用目前 87.5MHz～108MHz 的调频波段以外,另一个很重要的波段就是 30MHz 以下的短波和中波波段,对这一频段范围的信号进行数字化可以采用一种叫做 DRM 的技术。与调频波段不同,中波和短波波段的无线电波信号可以传输得很远,特别是对于中国这样一个幅员辽阔的国家而言,这一点显得更为有用。

中波和短波波段信号的数字化也比较容易,设备比较简单,特别是接收机的成本比较低,使之成为数字音频广播的一个重要的应用方向。

当然,由于中波和短波波长比较长、频率低,所以分配给每一个频道的宽度会比较窄,通常只有 10kHz。为了能够在这么窄的频道上传输达到目前调频广播信号的声音质量,采用最新的 AAC 音频数据压缩技术配合 SBR 技术,可以在 20~25kbps 数据传输速率的条件下获得 FM 音频的声音质量。

另外也可以采用网络的方式来进行数字音频广播。这种方式的好处在于,目前互联网的带宽越来越宽,几十 kbps 的数据传输速率只需要占据宽带上网的极小部分带宽的开销。这种方式的缺陷在于离不开互联网,无法像一般的收音机那样灵活地移动。

(二)常用数字化广播设备

常用的数字化广播设备可以分成两大部分:数字化广播的发送设备和数字化广播的接收设备。

数字化广播的发送设备包括信源编码器、信道编码器、复用器、正交调制器等设备。这些设备主要完成信源、信道的编码,数字信号传递的时候,实现信道复用的需求等。

接收设备就是一台数字音频广播接收机。这种接收机外观上来看,同普通的收音机差不多,但是内部采用的是完全的数字电路。另外这种接收机也不同于目前使用得比较广泛的数字调谐收音机。这种数字调谐收音机主要就是对调谐过程采用数字化的技术来进行控制,而信号的发送与接收的过程仍然采用的是传统的调幅或调频的方式。因此这种"数字调谐收音机"从功能上来看,并不是真正意义上的数字音频收音机。

目前制约数字音频广播发展的主要还是设备标准的制定问题。现在已经有了比较好的音频数据压缩技术,但是如何对这些技术进行标准化则还需要一定的时间。同时由于电视这种媒体在一定的程度上覆盖了音频广播的功能,当有了数字电视以后,人们对于数字音频广播的需求也就没有那么急切,这也可能是导致音频广播数字化比电视数字化进程要慢的原因。

三、数字音频录播设备

(一)常用数字音频录播设备

常用的数字音频录播设备主要可以分成两大类,一类是一般家用的数字音频录播设备,另一类则是专业数字音频录播设备等。其中家用的数字音频录播设备包括 CD、MP3、DVD 音频、数字音频收音机、流媒体播放器等,而专业数字音频录播设备则包括数字调音台、非线性音频编辑系统、DAT 等。

(1)DAT。即数字音频磁带,这是一种利用磁带技术来存储数字信号的大容量存储器件。由于 DAT 的容量非常大,所以早期也用来进行大容量数据的存储备份。不过由于目前已经有了更高容量的硬盘以及半导体存储器,因此这种 DAT 基本上很少用来做单纯的数据存储了。目前在专业数字音频的制作过程中,DAT 还有一定的使用价值,但相信被淘汰只是时间的问题。

(2)CD 唱机。CD 的英文全称叫做 Compact Disc,意思是密集型光盘。这是早期数字音频记录的一种比较好的方式,也是数字音频的一种标准。由于 CD 记录下来的声音信号并不像 MP3 音频数据那样,通过简单的复制就可以将所有的声音数据迁移到另一张光盘上,而不会影响到声音的质量,因此使用 CD 来记录音频信号,特别是艺术作品,对知识产权的保护效果更加明显。然而由于有更好的数据压缩技术来处理音频数据信号,CD 技术也还是受到很大的冲击。

(3)MP3 播放机。MP3 是一种音频数据的压缩方式,其全称为 Mpeg Audio Layer-3,

是早期 VCD 视音频压缩方式中的音频压缩编码标准。由于 MP3 压缩音频的性能非常好，所以 MP3 又作为数字音频的一个重要的标准而独立存在。与其他的标准相比，MP3 是通用性最好的一个标准。它可以在任何一个平台上正常播放，其中包括 Windows 系统，也包括全部的 Linux 系统。而 wma 这一类的音频标准则没有这样的通用性。将 MP3 播放机独立出来，做成一个专门的播放硬件设备，这就是我们现在的 MP3 播放机。由于不需要使用光盘，所以 MP3 播放机可以做得非常小。而不使用磁带，使得 MP3 播放机播放音频的方式是非线性的，可以按需要从任何的一段音频文件开始进行播放。另外虽然叫做"播放机"，但是几乎所有的 MP3 播放机都具备录音的功能，录制时间的长短主要受制于内存卡的大小。

(4)DVD 音频。DVD 音频的目的是要通过 DVD 播放机播放高保真的数字音频信号。与 MP3 不同，DVD 音频标准并没有考虑到与视频结合的问题，它是一个音频的独立标准。DVD 音频可以提供从 1 个声道到 5.1 声道的高保真数字音频。其中 5.1 声道中的 0.1 个声道表示除了正常播放 5 个声道的声音以外，还有一个低频声音效果通道。DVD 音频采用不压缩的或者无损压缩的线性 PCM 编码格式。因此 DVD 音频的质量要比 MP3 等高得多。而 DVD 音频的取样频率可达 192kHz，量化比率则为 24 比特(CD 最高为 44.1kHz，16 比特)，因此 DVD 音频的音质要高于 CD 音频的红书。

(5)其他的音频压缩格式。除了上述几个比较典型的数字音频播放设备以外，目前还存在很多其他的数字音频压缩标准。在一些数字音频播放机(如 MP3、MP4、DVD 播放机等)上面获得支持。这些格式基本上都是采用高压缩比的方式，对音频数据进行压缩。其中包括微软的 wma 格式，Real 公司的 ra 格式等。

(二)非线性音频的编辑

数字音频除了让我们获得更高质量的声音以外，还有一项非常重要技术就是非线性编辑制作技术。在磁带录音机获得广泛使用的年代，人们通常将声音记录在磁带上。这种记录了原始声音信号的磁带，被叫做"母带"。母带制作完毕，要进入录音编辑室作进一步的编辑制作。传统的编辑制作方式中，最重要的一个步骤就是从母带上选取合适的声音将其复制到"子带"上。这种复制编辑的技术被称作线性的编辑方式。编辑人员必须通过转动录音磁带，一段一段顺序地收听下去，直到找到编辑点为止，工作量非常大。而声音资料每复制一次，复制出来的声音质量就会下降一点。一般来说，经过了十几代的复制以后，磁带上的声音基本上就听不清楚了。

现在的非线性编辑技术则可以很好地解决这一问题，其原因如下：

首先从名称上来看，这是一种不同于线性卷带方式编辑的非线性编辑方式，在整个编辑过程中，编辑人员可以利用鼠标直接在软件中根据声音波形任意确定编辑点，大大提高了音频后期编辑制作的效率。

其次由于非线性音频编辑是一个完全数字化信号的处理过程，数字信号不会出现因为多代复制而导致其质量下降的问题。因此数字音频的编辑对于原始声音质量的损害非常小。

目前使用比较普遍的非线性音频编辑工具，通常都可以直接安装在多媒体计算机上。这需要多媒体计算机有相应的硬件支持。最基本的需要就是一块高质量的声卡。常用的非线性音频编辑工具包括 CoolEdit、WaveEdit 等。另外在网络上也可以找到很多免费的非线性音频编辑软件。这些软件虽然是免费的，但是功能也十分强大，能够非常有效地对数字音频信号进行编辑制作。由于这些软件的使用非常简单，目前在一些师范院校，不同专业的师范生经过两课时的学习和实践就可以掌握非线性音频编辑软件的操作和使用。

四、数字化语言实验室

语言实验室的数字化是语言实验室发展的重要趋势。利用数字化技术,可以实现在语言实验室中传递多媒体信息。而数字化技术也增强了语言实验室的智能性和交互性。

数字化语言实验室系统完全由多媒体计算机构成,硬件上看跟一般的计算机实验室区别不大,但是在其中安装的是专门的数字化语言实验室的控制软件[19]。软件系统可以采用C/S模式(客户/服务器模式),也可以采用更加灵活的B/S模式(浏览器/服务器模式)。学生可以直接选择从教师服务器上下载材料。与其他类型的语言实验室不同,除了听说读等功能以外,这种数字化语言实验室还可以实现让学生动手写的功能。通过安装在每个学生座位上的多媒体计算机键盘,学生可以在系统中练习打字。

同其他类型的语言实验室相比,数字化语言实验室主要有以下几个方面的改进[20]:

(1)淘汰磁带录音机。数字化语言实验室与传统意义上的语言实验室区别就在于完全抛弃了磁带录音机等设备。所有的声音记录媒体皆采用计算机存储器。这样做的好处在于增加了存储的容量。传统的语言实验室中,一盒磁带只能记录1个小时的声音,而利用多媒体计算机,则记录的声音可以达到上万小时,几乎是无限的。另外采用了这种数据存储技术,资料的搜索也是非线性的。教师可以很方便地搜索和管理硬盘中的资料,随时为教学过程提供音频材料。

(2)利用网线传输数据。传统的语言实验室的线路只能传送语音信号和简单的控制信息,比如控制学生录音机的记录和播放等。而利用了计算机网络技术以后,各种多媒体的信息都可以通过网线向学生机传送,实现随时点播教师存储的材料的功能,学生也可以上传自己的资料。通过计算机网络,还可利用软件实现不同学生机的分组讨论、教师对学生屏幕的控制等功能。更重要的是计算机网络信号的传输,是具备了全球标准的,所以在一个系统中开发出来的软件,在其他系统中也可以正常使用,可移植性相当好。

(3)硬件的标准化。建设数字化语言实验室不再需要特殊的设备,只需要在教师端和学生端安装标准的计算机接口设备即可。这样避免了不同的语言实验室系统中,硬件接口不标准而带来的系列问题。硬件的标准化也意味着整个系统的维护变得更加有效。由于都是标准的设备,一旦其中有设备发生故障,只需到市场上购买该种设备进行更换就可以有效地解决问题。解决传统语言实验室中某些设备出现的故障,一定要该语言实验室制造厂家才能提供替换设备的尴尬局面。

(4)语言实验室的多功能化。在这样的语言实验室中,只需要安装一套新的软件,就可以改变该实验室的功能,实现其他类型课程的教学。比如安装常用的多媒体课室教学平台,再配合相应的课程教学课件,教师就可以利用该实验室来进行不同课程内容的教学活动,提高语言实验室的利用率。

第二节　数字音频类媒体在教学中的应用

一、数字音频广播在教学中的应用

(一)远程授课

利用数字音频广播来进行远程授课,发展了广播远程教学。与模拟广播技术相比,数字音频广播占用的资源更少、声音质量更高。数字音频广播更容易结合数字音频编播技术,广

播教学节目的制作过程变得更加方便和快捷。这种方式特别适合于开放大学中各学科课程的授课。在一些短期培训班中,也可以采用这种方式集中进行收听教学。在偏远地区,网络连接和卫星接收设备都不够健全的情况下,数字音频广播则能够有效地将信号传输进来。

例如外语广播教学辅导中,使用数字音频广播来进行听力理解的教学过程中,先通过数字音频广播播放听力练习的材料,让学生反复收听练习。为了能够营造出一个良好的听力练习的环境,还可以通过数字音频广播向学生传送该段听力材料所配的图形,并适当显示其中的一些关键词。这种声画同步的方式能够有效地满足学习者视听并用的需要。与电视等媒体相比,这种数字音频广播图文信息比较简单,更有针对性,清晰度也比较高,比较适合文本和图形的显示。再利用数字音频广播的点播功能,给学生开设可供点播的频道,满足学生随时复习所学的知识的需要。而如果学生使用的数字音频收音机具备录音功能,则可以让学生一边收听学习一边录音,以备重放复习之需。

(二)移动学习

随着移动技术的发展,移动学习的方式正越来越广泛地被人们所接受。利用数字音频广播来进行学习也是一种常用的移动学习方法。与远程授课的方式相比,远程学习的方式侧重的是学习者的自主学习的过程,学习者可以自主选择数字音频广播频道和节目来进行学习。

比如在中学生物学野外实习的时候,通过数字音频广播向学习者提供野外实习的计划、常见森林植物的鉴别知识、动物标本的制作方法、野外生存技巧的讲解和相关的图文资料等,将有效地减轻学生野外实习携带各种资料的负担。同时结合移动电话等技术,则可按照实习的进展情况,有针对性地提供相关的内容指导。

(三)点播课程

与传统的广播方式相比,数字音频广播具备点播的功能。用户可以通过数字音频广播收音机点播教学节目。这样能够满足那些错过了节目播放时间的学习者学习的需求。也可以利用点播节目的方式来复习所学知识。

例如在课程复习阶段,将一个学期的课程讲授资料都放在数字音频广播中进行点播,学生按照自己的需要对课程教学中的重点和难点问题进行重复收听学习,这样的复习效果比教师单纯给一个提纲的方式要好很多。

(四)获取最新资讯

与文本相比,音频制播更为简单。在一些突发事件中,最先发出的往往是音频材料。同时通过声音的方式来进行传播,也具备更强烈的现场感。

在学校中,学生可以通过自己开设的广播电台,随时播放校园中发生的各种新闻。而对于政治课等时效性比较强的课程,教师可以在平时多注意收听新闻联播节目,将一些与教学有关的新闻随时录制下来,作为学生学习相关理论知识的辅导材料。比如教师平时可以注意收听广州亚运会筹备方面的新闻,在介绍广州 2010 年亚运会知识的时候,这些材料就是非常有用的教学材料了。

(五)辅助课堂教学

在课堂教学的过程中,也可以使用数字音频广播来进行辅助教学。由于数字音频广播具备点播的功能,教师在课堂教学的过程中也能够随时点播所需的节目,在课堂中实时播放。而利用数字音频广播传播距离远、实时性强的特点,在语文、地理等课程教学过程中,播放当地的电台,可以提供给学生更为直接的经验。

比如在沪教版初三语文课文"俄罗斯性格"的教学过程中,利用数字音频广播接收俄罗斯之声汉语广播电台的节目,向课堂中的学生传送发自俄罗斯的声音。这样的教学过程可以显著加深学生对课文的理解。

(六)获得图文资料

利用收音机获得图文资料是数字音频广播的一个重要特色。传统的模拟广播由于受到技术的限制,无法在广播的同时提供图文资料。学习者利用数字音频广播收听节目,则能够在收音机上看到简单的图文提示,这样可以同时满足学习者视觉和听觉感觉器官并用的需求,极大地提高了学习的效率。而采用这种图文资料和声音信息同时传输的方式,也有效地解决了长期以来音频广播教学节目主要局限于语言类课程教学的问题。数学、物理等需要大量图解的课程也可以通过数字音频广播来进行授课,满足学习者学习所有课程的需求。

比如教师可以录制中学数学的平面几何课程讲解音频,并制作相应的图文材料,随数字音频一起广播到学生的数字音频收音机上。平面几何的讲解录音播放到哪里,图形就显示到哪里。利用数字音频收音机的存储和重放功能,学生还能够反复查看平面几何题目的证明过程。

这样学生利用一台收音机就能够完成数学课程的学习。由于数字音频广播占用的频带比较少,无线电波的传送方式更加灵活,数字音频收音机耗电省、便于携带,对于解决偏远地区各学科的教学辅导问题有良好的促进作用。

案例分析 4 - 2

如何有效地利用数字音频收音机来开展教学活动

资料来源:Beacham, N. , Duncumb, I. & Alty, J. (2004). The Role of Media Efficiency during Learning using DAB Radio: An Initial Educational Study. In L. Cantoni & C. McLoughlin (Eds.), Proceedings of World Conference on Educational Multimedia, Hypermedia and Telecommunications 2004 (pp. 4309—4316). Chesapeake, VA: AACE.

同传统的收音机相比,数字音频收音机(DAB Radio)的好处就在于,除了可以收听到广播的声音以外,还可以看到电台传送的图像。一些研究人士专门针对学习天文学基础知识的学生进行研究,他们将学生分成4组,以便对比不同的学习方式所获得的学习效果如何。

第一组的学生只收听声音。第二组学生有时间限制地收听声音,但有图解。第三组只收听声音并有时间限制。第四组收听声音,并有图解。

经过一个小时的学习以后,对学生进行测试,结果表明:

1. 多种媒体与 DAB 教学节目组合在一起,效果很好。

2. 在 DAB 教学节目中,提供视觉材料将有助于提高教学效果。

3. 如果包含了过多的内容不同的视觉材料,则反而会使学习的效果降低。

4. 节目结束以后再进行浏览也还是有一定帮助的,但是效果不及那些使用多种媒体与 DAB 组合进行教学的效果。

反思:

1. 同传统的无线电广播相比,数字音频广播有哪些新的特点?

2. 如何有效地利用数字音频广播来开展教学活动?

二、数字音频录播设备的教学应用

(一)听说对比

在语言类课程的教学过程中,听说对比是一种非常有效的教学方法。利用数字录音笔、

MP3 播放机等设备录制学生的发音,再将学生的发音与标准的发音进行对比,可以及时纠正学生错误的发音。

在外语教学的过程中,这种听说对比教学效果最好。比如在人教版七年级英语课程标准实验教材(上册)"Unit 11 What time do you go to school?"一课的教学中,在课堂上安排教师与几个同学进行对话,并用 MP3 等设备将整个对话的过程记录下来。记录的时候注意 MP3 的录音系统具备自动录音电平控制功能,为了获得比较清晰的录音效果,可以在每一个学生回答的时候,直接将 MP3 播放机交给该学生,学生直接对准 MP3 进行回答。当整个对话过程结束以后,将 MP3 播放机连接到计算机。如果 MP3 播放机是连接到声卡的 Line in 接口上,则可以直接利用 MP3 播放机进行控制播放。如果是连接到 USB 接口,则可以直接双击对应的录音文件,利用合适的播放器软件播放该录音文件。通过录音回放的过程,让学生听到自己的声音,并将自己的发音与其他同学的发音、标准发音进行对比,以了解自己的不足。

(二)记录反馈

数字录音设备的声音记录能力非常强。随着压缩技术的发展,可以在更小容量的存储卡上存储更长时间的声音材料。学习者利用这些数字录音设备将自己的练习、小组讨论等过程真实地记录下来,既满足了获得及时反馈的需求,也满足了作为资料长期保存的需求。

这种方法在训练学生课文朗读能力的时候效果比较好。比如在人教版八年级语文课程标准实验教材(上册)"背影"一课的教学过程中,要让学生有感情地朗读整篇课文。由于这篇课文年代久远,特别是对于城市里的小孩来说,很难体会到作者那种对父亲的深厚感情。这时候利用数字录音设备来帮助学生进行理解。教师在课堂上先播放标准的课文朗读录音,然后让学生自己对着 MP3 进行朗读并录音。由于 MP3 具备的自动录音电平控制功能,如果学生将 MP3 放在嘴边进行录音,该功能能够有效地抑制周围其他同学的朗读声音。因此即使全班的同学一起朗读,每个人手里都有一个 MP3,录制出来的声音还是能够达到比较满意的效果的。

学生录制结束以后,自行通过 MP3 的耳机来收听自己的朗读声音。在实际的教学过程中,应该注意选择那些具备了最大音量限制的耳机,避免过大的音量对学生的耳膜产生伤害。通过这样反复的朗读并比较标准的朗读,学生就能够有效地把握住该文朗读的时候感情运用的要领,进而促进学生对该段课文的理解。

(三)辅助课堂教学

数字音频录播设备也是一种非常有效的辅助课堂教学的工具。在课堂教学的过程中,既可以利用数字录播设备播放标准的课文朗读,也可以播放专家和优秀教师的讲课录音,满足学习者获得更为权威知识的需求。同时在一些课程(如政治理论课、历史课、文学艺术类课程)中,有效地利用数字录音设备还能够提供学生更为真实的情境,促进学生对相关知识的理解。

数字音频录播设备在语言艺术类课程中应用最为广泛。比如在人教版九年级音乐课程标准实验教材(上册)"鼓浪屿之波"的课程教学过程中,教师利用数字录音设备播放《鼓浪屿之波》的合唱录音。利用非线性音频编辑软件将不同的声部分解出来,让学生分别进行收听。在学生练习的时候,将学生的练唱过程录制下来,并重放,再让学生收听自己练唱的效果,体会在合唱过程中个人的作用。

利用数字音频录播设备辅助课堂教学不光适用于语言艺术类课程,在一些自然科学的学科教学过程中也同样有非常好的应用价值。比如在人教版八年级物理课程标准实验教材（上册）"声音的特性"一节内容的教学过程中,教师利用数字音频录播设备,先让学生收听不同频率的声音信号,并在音频制播软件上查看声音振动的波纹,可以看出频率高的声音波纹比较密,而频率比较低的声音信号其波纹则比较疏。紧接着教师让男同学和女同学分别上讲台读一句话,然后查看音频制播软件上男女同学的声音波纹信号的疏密差异。最终全班得出声音频率与音调高低的关系。

（四）扩大教学规模

利用数字音频设备可以有效地扩大班级教学的规模。与模拟技术相比,数字扩音技术能够更好地适应课室环境的变化,灵活地调整声音传播的各种参数,使教师的声音能够更加有效地在课堂中传播。

这种方式主要在高等学校中的合班上课的情况下应用。在中小学中,在召开全校大会、家长会、地震演习、为学生开辟第二课堂等情况下,也可以非常方便地使用数字音频设备来扩大声音或者远距离传播声音。

比如在高等学校讲解《电子技术》课程中的"晶体管放大电路的动态分析"一节内容时,教师有时候面对的是三个班级合在一起上课的情况,学生人数达到120人。这时候采用传统的方式,教室里面没有扩音设备,教师上课的时候就会感到比较吃力。一些教师会采用比较多的板书的方式来代替口头的解说,在整堂课上,教师书写了大量的板书,并不断擦拭黑板。两个课时结束以后,教师原来的有颜色的衣服也快变成了白色的衣服。这成了传统的《电子技术》课程教学的一种非常有趣的现象。如果采用数字音频设备,在教室中安装5.1声道的功放机,给教师配置无线传声器,将教师的声音有效地扩大,教师只需要按照正常讲课的音量就可以顺利地完成课程的教学。由于无线传声器不需要电缆连接,所以教师还能够在讲台上灵活地走动,甚至直接走到学生的座位上,查看学生对课堂教学内容的理解情况。当然学生也可以利用MP3等设备录制教师的课堂讲课录音,以备课后复习所需。教室中还可以安装大屏幕液晶投影机,利用动画的方式来演示晶体管放大电路是如何转换成微变等效电路的。如果投影机有足够高的亮度,则可将投影图像放大到更高的倍数,以满足后排学生的观看需要。

又比如在小学六年级体育篮球课上,由于学生的活动范围比较大,这时候利用数字录音、扩音设备,将会使教师的声音传得更远,使所有的学生都能够清楚地听到教师的指导,课堂教学变得更加有组织有秩序。

（五）促进教学改革

由于数字音频录播设备是一种全新的设备,在课堂教学中进行应用将促进教师思考如何对传统的教学内容进行变革。比如在音乐课程教学过程中,可以增加数字音乐方面的知识。外语教学中,则可以增加外语新闻点读的内容等。另外数字音频录播设备的教学应用,也会引起教学方法的改革,促进教师在教学实践过程中不断创造出新的教学方法。

例如上初二英文写作课,让学生写一篇回忆一件往事的英文短文,利用数字音频播放设备播放英文歌曲"Yesterday once more",优美的歌曲在课堂中营造出了一种往事回忆的情境。然后利用数字音频播放设备播放一些有关过去的关键词、不同的动词的时态,让学生从语感上来体会英语单词的应用。再结合学生已学过的知识,让他们/她们说出包含了这些关键词和正确时态的动词的句子。最后让学生在纸上将这些句子写出来,并整理成一篇英语短文。同传统的写作教学方法相比,这种利用了数字音频技术的写作教学方法更加生动有趣,学生能够更好地把握住英语写作的特点。

（六）提供学生新的课外作业形式

由于数字音频的记录和处理非常方便,学生可以利用这种技术来完成课外作业,使得课外作业的形式更加多样化,提高了学习者的学习兴趣。学生可以将自己的录音利用计算机文件的形式传给教师,也可以结合博客等方式,在网络上进行共享,满足相互之间交流的需求。

例如在小学音乐课"红蜻蜓"这一首歌的教学过程中,虽然歌词比较简单,但是由于其主旋律起伏大、音域比较宽,在课堂上一些学生难以把握这首歌的演唱要领。这时候安排学生课后利用录音机、MP3 或者是计算机等设备自己在家里练唱,并将自己唱得最好的一段歌曲录制下来,以磁带或文件的形式交作业。对于有条件的学生,还可让其在网络上建立一个博客,将自己的演唱文件上传到博客上,并写下自己演唱这首歌的心得体会。教师则可通过浏览博客来书写评语。通过这种方式来完成作业,既可以让学生有更多的机会来体会这首歌曲优美的旋律以及对童年时光的美好回忆,也给了班级中所有同学充分的表现机会。

（七）与计算机媒体结合

数字音频是多媒体计算机的一个重要组成部分,因此数字音频媒体也很容易与计算机以及计算机网络有效地结合在一起。在教学过程中,既可利用单独的 MP3 播放机来播放相关的音频材料,也可直接利用多媒体计算机来进行播放,给教师的教学工作带来了极大的灵活性。而随着计算机非线性音频编辑技术的发展,教师和学生录制的原始音频材料也能够在计算机中获得进一步的处理,有效地提高了教学材料的质量。

计算机媒体能够呈现更为丰富的多媒体信息,适合于所有学科的教学。例如在人教版高中语文课程标准实验教材（必修 3）"老人与海"的课堂教学过程中,教师通过数字音频设备播放课文的标准朗读,然后通过计算机播放"老人与海"的电影片断,再通过计算机播放练习,让学生在课堂中巩固所学的知识。在这样的教学过程中,数字音频设备起到给学生提供听觉方面的信息,让学生能够发挥自己的想象力,随着课文的朗读而不断进行思考。而计算机呈现的多媒体信息和练习,则可以提供补充知识来帮助学生对课文的理解。

三、数字语言实验室的教学应用

利用数字语言实验室来进行教学应用可以从以下几个方面着手:

（一）基本英语课程教学

这是语言实验室最常用的一种教学方法,所有类型的语言实验室都可以满足基本英语课程教学的要求。

例如在人教版初中英语课程实验教材"Unit 8 How was your school trip?"的语言实验室教学过程中,教师先通过教师机向全体学生播放句子朗读,然后通过多媒体计算机上安装的数字语言实验室系统向学生播放课本第 48 页的填空题和选择题,然后学生用键盘和鼠标完成课堂练习。在课本第 50 页 Section B 中,根据句子的意思,学生可以用鼠标点击屏幕上对应正确答案的图画,并将其拖动到题目后面的空格中。

与传统的课堂教学不同,在数字语言实验室教学过程中,学生回答问题的情况可以即时传到教师机上。通过这种方法,教师对自己所教班级的学习情况会有一个比较客观的认识,并及时改进自己的教学方法。在其后的听力练习中,教师则可以将整段对话的录音复制到学生机上,让学生反复多听几遍,然后完成教师传过来的练习题。

与使用旧的语言实验室系统相比,数字语言实验室具备了同时呈现各种多媒体信息以及高速处理数据的能力,使得在听力练习的过程中,学生不光可以听,还可以获得视觉方面的信息。学生能够视听并用,提高了教学的效率。另外计算机高速的数据处理能力也让教师在整个课堂教学过程中,能够有效地把握学生的理解情况,及时对教学内容和方法进行调整,使之适应学生学习能力的需求。

(二)口语练习

利用听说对比型、视听比较型以及数字化语言实验室可以满足口语教学的需求。

在数字化语言实验室中,教师可以非常方便地利用计算机语言实验室软件,将学生分成若干个小组,让学生在小组中用外语进行讨论。而利用计算机屏幕呈现视频,则可以给学生提供比较好的口语练习的环境。

例如在练习中学英语口语的时候,通过多媒体计算机给学生提供英语绕口令:A tidy tiger tied a tie tighter to tidy her tiny tail。然后通过计算机动画的形式演示一条爱干净的小老虎如何捆紧一条带子来清洁自己的尾巴。学生看到这样的动画,再来读这样的绕口令就不会觉得枯燥了。

(三)阅读练习

利用视听比较型和数字化语言实验室,还可以满足学生阅读练习的需求。教师通过显示器向学生提供阅读材料。学生阅读之后,利用语言实验室的交互功能完成形成性练习,从而提高学生的阅读能力。

比如在人教版高中语文第三册(必修)"孔雀东南飞"一课的教学过程中,教师将课文内容传到学生的计算机上,让学生打开阅读。学生在阅读的过程中找出其中的一些能够触动自己的诗句,采用复制粘贴的方法将其粘贴到一个新建的文档之中。结束之后,学生用这些收集到的诗句在语言实验室中进行朗读,整个朗读的过程可以记录下来。朗读结束以后,通过与标准的课文朗读进行对比,学生将从另一个侧面加深对课文的理解。而在学生朗读的过程中,教师通过系统监听部分学生的朗读情况,并选择其中比较好的朗读录音播放给全班的同学。由于是同学或自己的朗读,学生会觉得比较亲切,获得的经验也更加直接。

(四)写作打字练习

利用数字化语言实验室可以培训学生的写作打字能力。现在已经有很多专用的打字练习软件提供学生完成打字的练习。也可以利用系统将学生的作业上传到教师的服务器中,作为写作课的课堂作业。

比如在小学英语打字课上,教师可以利用打字软件,提供一段英语短文。该软件下面还有一个模拟的键盘。当学生按下了一个按键以后,屏幕上的模拟键盘上对应的按钮也会被按下,这样学生可以逐步适应盲打的要求。而打字软件也提供学生打字计时功能,通过该计时器,学生可实时了解自己的打字速度。

除了利用专门的打字软件训练学生的盲打技术以外,教师还可通过语言实验室提供学生写作的练习机会。比如在人教版 PEP 英语五年级上册"Unit 3 What's Your Favorite Food?"单元教学中,教师除了在课堂上提问学生,让学生就插图集体作答以外,还可以让学生通过键盘,直接将自己想说的句子打出来。教师则可以通过屏幕监控等方式,来查看每一位学生的回答情况。这样一方面巩固了学生英文打字的能力,另一方面也培养了学生的写作能力等。教师则可以通过监控学生的屏幕,了解到每一位学生的学习情况,准确判断教学中出现的问题。

(五)录音对比

除了听音型语言实验室以及早期的听说型语言实验室以外,其他类型的语言实验室都具备让学生进行录音对比的功能。通过这种功能,能够让学生在短时间内提高外语发音的准确度。

在早期的 AAC 型语言实验室中,主要通过双声道的录音机来实现这种录音对比。教师先通过语言实验室的信号传输系统将单词的标准发音复制到学生录音机上面的一个声道上,然后学生跟随该标准的单词发音进行跟读。学生的跟读发音可以记录在录音机的另一声道上。这样学生录音机的磁带上就同时记录了标准的单词发音和学生跟读录音。然后将磁带自动倒带到标准发音的起始位置,重复播放,学生将同时听到标准发音和自己的发音,起到一个将标准发音与自己的发音进行对比的作用。在现在数字化语言实验室中,已经没有了磁带录音机,取而代之的是计算机录音软件。而录音软件的操作和使用比录音磁带更加可靠和方便,学生只需要点击鼠标就可以完成录音和重放对比的过程。

(六)利用网络教学平台进行在线和离线教学

由于数字化语言实验室的基础是计算机网络,数字语言实验网络可以直接连接到互联网上,获取互联网上丰富的资源,将语言实验室的教学延伸到课室之外。目前使用的比较广泛的网络教学平台,比如像 Moodle 教学平台等,都可以在这样的语言实验室中获得应用。这样教师既可以在课堂教学中利用这些教学平台来实现在线同步教学的要求,也可以让学生在放学之后登录该教学平台,实现离线异步教学需求。

例如在人教版高中英语课程标准实验教材(必修 3)的"Unit 1 Festivals around the world"教学过程中,教师先在互联网上利用 Moodle 教学平台建立一个专题学习网站。在该网站中,教师放上所搜集到的世界各地的不同节日的资料,这些资料部分是文本的,更多的则是图像、音频、视频等多媒体材料。另外教师还通过该网站提供网络上相关参考资料的链接并设置东西方节日讨论区。在课堂教学之前教师先让学生通过网络登录 Moodle 平台浏览这些资料,并在讨论区中留言讨论。在课堂教学的时候,教师就可以打开讨论区中的话题,对学生所关心的问题进行有针对性的讲解和作答。在课堂教学的过程中教师可通过该平台向学生提供多媒体材料。课堂教学结束以后,学生则可将自己的学习体会在 Moodle 平台的讨论区中书写出来,做进一步的复习与巩固。而通过该平台提交作业的方式,则给学生提供了完成英语作业的一种新的形式。

(七)小组讨论

利用语言实验室可以很方便地对学生进行分组,针对特定的问题进行讨论。在学生讨论的过程中,教师可以有选择地加入到某些学生的分组中,进行适当的指导。

例如在人教版高中语文(必修)第三册"纪念刘和珍君"一文的教学过程中,教师在语言实验室中将学生分成 4 个小组,分别讨论这篇文章的写作背景、感情线索、叙事的方法以及爱国青年的革命精神。学生在讨论的过程中,让小组长将讨论的结果记录在 Word 文档中。当讨论结束以后,让每一个小组的组长通过系统向所有的同学陈述该组讨论的结果。最后所有的讨论记录汇总到教师机,由教师做最后的陈述。

同传统的方式相比,使用数字语言实验室来进行教学便于学生进行灵活的分组。同时由于语言实验室提供一种个别化学习环境,学生与学生之间不容易产生相互干扰,每个学生都可以安静思考、认真讨论。教师则不需要离开讲台就可以参与到任何一组的学生讨论中去。而数字语言实验室还可以提供多媒体计算机的环境,利用这样的环境,学生对讨论过程进行有效的记录,并进行分析和综合,能满足学生视听并用的需求,提高教学的效率。

第三节 数字音频类媒体促进教师专业发展

一、数字音频类媒体的优点

在促进教师专业发展的过程中,数字音频类媒体具备以下几个方面的特性:

(1)数字音频媒体能够真实完整地对声音信息进行录制。诸如专用的录音笔、MP3 播放机等,甚至目前一些移动电话都具备了这种录制声音的功能。

(2)数字音频媒体能够长期保存声音资料。利用硬盘、光盘以及半导体存储技术,可以将数字音频资料存储下来,并长期保存。目前半导体闪存技术发展得很快,其容量也达到了128GB 以上,用几个这样大容量的半导体存储器来存储声音资料,其存储的声音长度可达到上万小时,几乎可以将教师教学生涯中每一节课的讲课录音全部保存下来。

(3)数字音频媒体能够以多种方式播放声音。比如在课堂教学过程中,可以使用功放机将声音扩大,然后通过扬声器播放出来,在扩大课堂教学的规模。而利用耳机等形式,则可以提供学习者个别化学习的机会。

(4)数字音频媒体能够远距离高保真地传递声音信息。随着数字音频广播技术的发展,无线电广播又重新获得用户的青睐。与传统的模拟广播不同,数字信号的音频广播声音质量更高、电台数量更多,甚至还能够满足用户点播节目的需求。

(5)数字音频媒体能够灵活地对声音信息进行编辑和制作。目前数字音频都是采用非线性的方式来进行编辑和制作的。这种非线性编辑和制作的技术使得整个音频编播的过程更加简单。而灵活的数字音频的处理方式,也为教学中音频素材与其他图像、视频等素材的整合提供了保证。

二、数字音频类媒体的不足

数字音频类媒体也有不足之处,这些不足之处表现在以下几个方面:

(1)数字音频类媒体只能传递音频方面的信息。虽然数字音频广播可以传递一些图片和动画,但是对于大多数的数字音频媒体而言,基本上还是以音频播放为主。在教学的过程中,通常需要很多的视觉方面的信息来满足学习者的学习需求。所以数字音频类媒体在教学应用的时候,需要与其他的媒体结合在一起使用。

(2)目前由于受到电视等媒体的竞争,导致数字音频广播技术的发展比较缓慢。虽然数字音频广播技术比数字电视技术要简单一些,但是因为电视观众的面非常广,所以很多的国家都将大量的精力放在电视的数字化上面,导致数字音频广播技术的普及比较缓慢。目前在国内通过收音机基本上还只能够收听到模拟的调频广播。数字音频广播技术发展得比较缓慢,也将会影响到数字音频广播在教学中的应用。

(3)数字音频的非线性编播需要一定的技巧。音频的播放不如视频播放那么直观,要准确地定位到自己想要的资料,通过一般的 MP3 播放机来进行搜索比较困难。一种比较好的方法就是利用非线性编播软件来给所录制的音频文件添加索引信息。这需要一定的技巧才能够完成,从而在一定程度上也会影响数字音频在教学和教师专业发展中的应用。

三、数字音频类媒体促进教师专业发展的策略

(一)对语言、艺术类课程教学提供支持

数字音频媒体对于语言、艺术类课程的教学能够提供非常有效的支持。利用数字音频

媒体,可以记录学生的发音,并将其与标准发音进行对比,这样可以实现听说对比的功能,提高学生发音的准确度。而利用数字音频媒体播放标准的课文朗读,则有助于外语的阅读和听力教学。

与传统线性播放的磁带录音机相比,数字音频媒体的声音播放是非线性的,因此教师可以随时找到需要播放的段落,适时进行播放,真正达到按需播放的要求,大大提高教学的效率。

对于音乐舞蹈课程来说,则可以使用数字音频类媒体播放高质量的音乐素材,供学生分析和欣赏。而在没有这些数字音频媒体之前,要达到同样的效果则需要非常昂贵的设备。

目前在这些课程的教学过程中,熟练使用这些媒体已经成为了教师所需具备的基本教学技能之一。

例如目前我国农村偏远地区的音乐教育比较落后,音乐教师缺乏[1],其原因在于这些农村偏远地区的教学设施严重不足,教师的专业知识没有办法获得进一步的更新,导致教学方法呆板等问题的出现。如果采用了数字音频媒体,则可以在一定程度上解决这些问题。首先,数字音频媒体的使用可以显著改善学校的音乐教学设施。随着数字化技术的发展,数字音频媒体的价格也在迅速降低。比如早期 MP3 播放机价格高达几千元,而现在一个 MP3 播放机只需要几十元。其次,通过数字音频广播、MP3 音频文件、网络音频流媒体等,能够向这些教师提供最新的音乐教学的资讯和课堂教学用材料。教师通过这些资料可以提高自己的专业知识和教学能力,也可利用这些资料改进课堂教学。

(二)帮助教师提高教学技能

利用数字音频媒体对声音的记录和回放功能来提高教师的教学技能,就像在微型教室中进行技能训练一样,将自己的讲课过程录制下来,并对录音进行分析反思,查找教学技能运用的时候可能出现的各种问题等。

例如教师在上一门新课的时候,在课堂教学的过程中,打开 MP3 播放机的录音功能,利用 MP3 能够长时间录音的能力,将整个课堂教学的过程录制下来。课后将 MP3 播放机切换到播放状态,播放录音文件,发现教学过程中存在的问题,并提出改进的措施。

录音的时候应该注意使用好 MP3 播放机的录音功能。由于 MP3 播放机并非专门为录音而设计的,所以直接使用这些 MP3 播放机机内传声器的效果不太好。如果有可能应该尽量使用机外传声器。如果没有的话,也可以请懂电路的教师直接拆开 MP3 播放机的电路板,将机外电容式传声器焊接上去。这样教师就可以将 MP3 播放机放置在口袋等比较隐蔽的地方,然后将机外电容传声器固定在胸前,获得比较高质量的录音质量,提高教学反思的效果。

(三)满足远距离播放的需求

随着数字电视技术在全球范围的普及,数字音频广播技术也将获得推广,越来越多的数字音频电台将会建立起来。就像数字电视在教育教学中有着广泛的应用价值一样,数字音频广播在教学中也同样可以获得广泛应用。通过数字音频广播来更新自己的知识也将成为教师获得专业发展的一条重要途径。

利用数字化音频广播,教师的专业发展将有效地突破时间和空间的限制,特别是对偏远

① 杨德江. 浅谈我国农村偏远地区的音乐教育现状及相应解决对策[DB/OL]. http://www.mc.e21.cn/mcjky/ShowArticle.asp? ArticleID=4649(2009.10检索)

地区教师的专业发展有极大的促进作用。比如对于偏远地区的高中物理学教师，由于各种获取信息的设施不够齐全，教师往往难以了解最新的资讯，更新自己的知识，导致这些地区的教师知识无法跟上学科知识的发展。通过数字音频广播的形式，就能够为这些教师及时补充最新的知识，比如诺贝尔物理奖的获得者、新能源、新技术等方面的信息。这些信息对于物理教师扩充自己的专业知识以及提高教学能力都是非常有帮助的。

（四）作为记录教学反思的有效工具

目前的 MP3、MP4 播放机等都具备录音的功能。随着半导体存储技术的迅速发展，MP3 播放机的容量也越来越大，通常 8GB 大小容量的 MP3 播放机可以保存 CD 音质的音乐达到 80 小时。而如果用来录制高质量的语音信号，则可以达到 300 多个小时。因此在教学的过程中教师可以随时对课堂教学情况进行录音记录，以便课后进行重听，反思整个教学的过程。

例如在人教版九年级物理课程标准实验教材（全一册）"浮力"的教学过程中，教师对于整个教学过程效果把握不准。虽然从以往的教学经验来看，课堂教学所有的知识点都介绍到了，学生也完成了所布置的练习，但是很多的学生还是对实验操作过程中物体所受到的浮力的计算过程不理解。这时候教师可以在重新上这门课的时候，将整堂课的讲授过程用 MP3 播放机录制下来。课堂教学结束以后，把自己转换成学生的角色，重听一遍录音，反思整个教学过程中可能出现的问题，并深入探讨问题出现的原因所在。由于 MP3 播放机录音的效果比较好，能够比较真实地还原课堂教学的场景，教师在重复收听的过程中，就像重新置身于课堂教学过程之中，这就比单纯靠记忆来进行反思要好很多。

另外 MP3 播放机录音的功能也可以跟网络有效地结合起来。比如可以在一些著名的门户网站上开设教学反思博客，将自己的课堂教学录音连同教案上传上去，并以博客的形式书写这一堂课的心得体会，达到同时提供听觉和视觉方面信息进行反思的目的。而利用博客作为一种资料管理的工具，也能够长期保存这些反思材料，以备今后的教学使用。

（五）提供教师获取知识的一条新途径

数字音频媒体的出现，给教师获得和更新自己的专业知识提供了一条新的途径。与其他的媒体不同，MP3 等数字音频设备非常轻便，携带方便。人的视线也不会受到音频媒体使用的影响。因此利用数字音频媒体来获取知识的过程是一个随时随地的学习过程，有效地突破了时间和空间的限制。

例如对于中小学校长等行政人员来说，经常性的外出开会调研等工作，使得他们很难抽出专门的时间来进行学习。这种情况下，采用数字音频媒体可以提供给他们一条非常有效的更新自己知识的途径。

比如在出外的旅途之中，可以使用数字音频广播收音机接收最新的教育方面的资讯，收听教师专业发展节目。在繁忙的会议中，利用 MP3 播放机则可以将整个会议以及讨论的过程全程记录下来，以便会后回顾反思之用。而在校长培训班等专业发展课程培训中，通过扩音等设备，则可以有效地扩大教育规模，使更多的校长能够获得非常宝贵的培训机会。

（六）促进教学方法的改革

新媒体的出现和应用，将促使教师反思已有的教学方法，并对旧的教学方法进行改革。数字音频媒体的出现，使得教师在教学过程中使用的音频媒体种类更加多样化。数字音频媒体录播的非线性，则让教师改变了媒体的使用方式。磁带录音机中不可能实现的操作方法，现在都能够在数字音频媒体中获得应用。这就意味着教学方法将发生深刻的变化。

例如在人教版小学语文课程标准实验教材二年级（上册）"植物妈妈有办法"的课程教学过程中,传统的方法通常是按照导入新课、朗读课文、交流讨论、背诵课文、指导作业等步骤来进行教学。如果在语言实验室中进行教学,教师就可以探索新的教学方法。比如利用多媒体设备播放形象直观的视频材料、让学生收听标准的课文朗读、通过语言实验室系统进行分组讨论等。当然教师还可以制作适合于学校实际的校本教学课件,探索具备校本特色的语文教学方法等。因此数字音频媒体在教学中的应用,为教师进行教学方法的改革提供了坚实的物质基础。

（七）增强教师与他人的交流

数字音频类媒体种类繁多,既可以记录声音信号,也可以远距离传播信号。因此数字音频类媒体为教师提供了多种交流的渠道,促进了教师与教师、教师与学生、教师与社会之间的充分交流与合作。

例如教师在对学生进行家访之前,先利用数字音频媒体录制一些课堂教学的实况,特别是该学生在课堂回答问题的录音。这样家长对自己的小孩在学校学习的情况会有一个更加直观的了解。另外在进行家访的时候,利用数字音频媒体将整个过程录制下来,起到代替文字记录的作用,便于在家访以后对整个访谈的过程进行总结。这种方式同传统的家访相比,由于使用了现代的数字音频媒体,教师与家长之间的交流更加充分,更有助于促进家校之间关系的融合。

（八）促进教师相互之间的理解

由于数字音频类媒体记录的不光是语言信号,其中还包含了丰富的非语言信息,包括音调的变化、声音大小的变化、语气等。这些对于正确理解对方所表达的意思是非常重要的。因此通过音频媒体来进行沟通和教学,其效果比纯文本的方式要好得多。

例如在日常教学过程中,经常会有一些研讨会。限于条件,并非所有的教师都能够参加。这时候利用数字音频媒体将会议的过程记录下来,通过网络或者数字音频广播等形式直接向其他教师传达,让教师们更加充分地了解会议的讨论情况,准确理解会议所传达的精神。这有助于消除教师之间的一些不必要的误解,增强教师之间的相互合作。

实验 4－1 非线性音频编辑软件的使用

实验目的：

1. 通过该实验掌握用计算机进行录音的技巧。

2. 通过实验掌握利用 MP3 采集声音素材的技巧。

3. 能够利用非线性音频编辑软件进行声音的编辑和伴音的合成。

实验器材： 多媒体计算机、电容式传声器、耳机、音频非线性编辑软件（如 CoolEdit 等）。

实验步骤：

1. 直接在实验室通过计算机录制解说声音。

2. 利用 MP3 采集户外的其他声音。

3. 在多媒体计算机上利用非线性编辑软件对上述声音素材进行剪辑。

4. 将剪辑好的声音与背景音乐声合成在一起。

作业：

1. 上交 1 分钟左右的作品。

2. 记录整个操作过程,并完成实验报告。

习　题

1. 声音类媒体的发展经历了哪几个阶段？各阶段有什么特点？

2. 数字音频与模拟音频有何区别？非线性音频编辑与传统的音频编辑方式相比，优点在哪里？

3. 语言实验室可以分成哪几类？与其他类型的语言实验室相比，数字化语言实验室的优点如何？

4. 数字音频类媒体对教师专业发展有哪些促进作用？

第 五 章

数字图像视频类媒体与教师专业发展

> **学习目标**
> 1. 通过本章的学习掌握这些概念:视频类媒体、数字视频、数字电视、非线性视频编辑、DVD
> 2. 了解数字图像视频类媒体的特点和分类、能够用非线性编辑软件对视频进行后期制作处理
> 3. 了解数字图像视频类媒体在教学中的应用
> 4. 探讨如何用数字图像视频类媒体促进教师专业发展

第一节 数字图像视频类媒体概述

一、数字图像视频类媒体与白板投影类媒体的关系

由于能够同时呈现运动的图像、声音和视频,数字图像视频类媒体在教学中有着广泛的应用。从概念上来看,数字图像视频类媒体的一部分覆盖了本书第三章所介绍的白板投影类媒体。比如从原理上来看,白板投影类媒体中的实物视频展示台就是一个电视摄像、电视信号传输与播放系统。而触摸电视则是视频类媒体中的播放设备,也是视频类媒体今后发展的重要方向。

然而从功能上来看,白板投影类媒体主要实现课堂教学信息的呈现和播放。这里所说的数字图像视频类媒体则侧重于提供以下几个方面的功能:

(1)提供图像、视频信号的处理功能。

(2)提供运动图像的处理和播放功能。

(3)提供视音频信号的处理和播放功能。

(4)实现交互式视频以及立体视频的处理和播放功能。

在教学方面,白板投影类媒体是黑板的延伸,而数字图像视频类媒体则一方面是白板投影类媒体的补充,另一方面则为课堂教学信息提供了全新的信息呈现方式。比如立体视频图像的呈现等。当然可以预见,随着技术的发展,这些新的技术也会更加广泛地应用到课堂教学过程中,白板投影类媒体与图像视频类媒体的界限也会更加模糊。

二、数字图像视频类媒体的种类

从播放技术来看,这里将数字图像视频类媒体分成以下几大类:

(1)用来拍摄静止图像的数码照相机。

(2)用来拍摄运动图像的数码摄像机。

（3）用来播放电视信号的电视机。

（4）用来随身携带的 MP4 播放机。

（5）用来存储播放视频的 DVD 播放机。

从信号的传播方式来进行划分，数字图像视频类媒体则可以划分为以下两大类：

（1）有线传输方式的数字图像视频类媒体。包括有线电视等。

（2）无线传输方式的数字图像视频类媒体。包括无线电视以及卫星广播电视等。

三、数字电视和卫星广播电视

（一）数字电视与模拟电视的区别

数字电视是电视技术发展的重要趋势。目前全世界都在进行电视的的数字化，模拟电视最终将全面退出历史舞台。

数字电视技术中最重要的一项技术就是对电视信号进行数字化。与音频信号数字化一样，经过数字化的视频信号，可以采用数字化的方式进行存储、处理、压缩和远距离传播。

数字信号的传播过程一般要经过以下几个环节：

第一，在电视台这一端通过摄像机将光学图像信号转换成视频电视信号。由于目前广播级的摄像机等都是采用 CCD 器件的，因此转换出来的视频信号仍然是模拟信号。

第二，对该视频信号进行模数转换，获得高质量的数字视频信号。

第三，对数字视频信号进行压缩处理，可以将一个频道的电视节目信号压缩到 6.5MHz 以内，小于普通模拟电视信号的频道宽度。同时也可以在同样的频道宽度中传输高清晰度电视节目信号。

第四，将经过压缩以后的数字视频信号调制到高频无线电载波上，通过有线或无线的方式发射出去。因为要调制的是数字信号，所以数字电视的调制方式并不仅局限于调频的方式，可以采用调幅（QAM、VSB）、调频（COFDM）、调相（QPSK）等多种方式来进行，以便提高信号调制的效率。另外如果要通过直播卫星的方式来进行发送，则还要通过上变频器将该信号进一步调制到更高频率的无线电波信号上，才能发射到同步通信卫星的转发器中。

第五，接收端通过专门的机顶盒接收机将数字电视信号接收下来，对其进行解调，获得已经压缩的数字视频信号，然后对该信号进行解压缩，并进行数模转换，这样就可以重新获得模拟的视频信号。

第六，普通的电视机通过复合视频和音频输入端口，从机顶盒中接收到电视节目。

从数字电视信号传播的过程可以看出，真正实现数字化信号传输的只是其中的一部分。比如图像和声音信号的数字化以及数字信号的调制和解调等。而图像的拍摄以及图像的播放目前还是采用模拟的方式。这样做的好处就在于可以实现跟旧的设备的有效兼容。即在不需要抛弃旧设备的同时，使用新的技术。

不过即便是这样，同模拟技术相比，数字电视技术还是从根本上改变了电视信号的传播和处理方式，使得模拟电视传播的低质量低清晰度的图像变成了高质量高清晰度的图像，电视信号的单向传输转变成了信号的双向传输，普通的单项传输电视节目转变成了可以点播的互动节目，从仅提供视音频服务转变成了可提供高速宽带上网的服务。

数字电视信号目前使用的压缩技术标准主要为 MPEG－2 和 MPEG－4。其中 MPEG－4 的压缩标准受到了广泛的重视，采用这种压缩技术能够获得比 MPEG－2 高出好几倍的压缩率。我们国家采用的是具有自主知识产权的 AVS 标准，该标准跟 MPEG－2 标准完全兼容，其压缩率可以达到 MPEG－2 的 2 到 3 倍。另外我国的 AVS 标准同时兼容 MPEG－

4 AVC/ H.264 国际标准基本层。

数字电视的传输可以采用有线和无线两种方式。对于一般的数字电视节目,目前基本上还是使用普通的 VHF—I、VHF—III 和 UHF 几个波段。由于数字信号经过压缩以后,每一个频道的电视节目带宽有效减少了,因此在相应的波段中,可以容纳更多的电视节目。比如以往这三个波段可以同时传输的电视节目大约也就是几十个,而使用了数字电视技术以后,同样的波段就可以传输上百套电视节目,并且还可以满足用户高速上网的需求。

采用无线方式来进行发送和接收,是数字电视应用的另一个重要的方向,这可以解决一些偏远地区电视的收视问题。过去采用模拟信号来进行传输,由于信号在无线传播的过程中很容易受到环境的干扰,导致信号质量下降。其中最严重的问题就是色彩的失真,导致出现了三大彩电制式,即 NTSC 制、PAL 制以及 SECAM 制。这三大彩电制式互不兼容,给使用和交流带来了极大的不便。现在在采用了数字电视技术以后,由于数字信号在传输的过程中,即使受到了严重的干扰,但只要成功地将数字信号解码出来,就可以获得高质量的图像,因此数字电视信号特别适合于无线传播。

数字电视信号也适合于采用卫星广播的方式来进行传播。目前利用一个直径 30 厘米左右的反射式天线,就可以有效接收同步通信卫星转发的电视信号。为了适应卫星信号传输的需求,目前这种所谓的"直播卫星"主要采用约 12GHz 的 Ku 频段电磁波来传输数字电视信号。

数字电视技术中的另一个重要技术就是数字电视信号的存储方式。在电视台这一端可以直接采用硬盘等方式来进行存储,而在用户这一端,则由于相关的需求并不多,电视节目的存储还是采用模拟的方式来进行,比如通过数字电视机顶盒将数字电视信号转换成模拟的复合视频和音频信号,然后直接通过模拟录像机等方式进行记录。也可以将模拟的视频和音频信号重新数字化,刻录到 DVD 光盘中,但信号的质量会有明显的下降。不过随着技术的发展,纯数字方式的传播、存储将成为数字电视技术中的一项重要技术。

综合了视音频压缩、信号的调制和传播等技术以后,就形成了不同的数字电视方案。这些方案如果被一个国家或组织规定下来作为一个必须遵循的规范或标准,就形成了数字电视的标准。

就像当年彩电制式一样,目前世界上又形成了多种数字电视的标准,这些标准包括:美国使用的 ATSC 标准、欧洲使用的 DVB 标准、日本使用的 ISDB 标准。我们国家目前地面数字电视的国家标准为 DTMB 标准(GB20600—2006)[21]。

(二)数字电视机顶盒

数字电视机顶盒是一种能够实现数字电视与模拟电视相互兼容的设备。由于模拟电视机的使用已经相当普及,一些家庭中甚至有好几台电视机。为了能够满足这些用户顺利地转换成数字电视用户,采用了专门的数字电视机顶盒来完成数字信号到模拟信号的转换工作。

从结构上来看,机顶盒主要由以下几个部分构成:

(1)高频头。这部分功能完成高频无线电波信号的接收和放大,并将其中的数字视音频信号解调出来。

(2)信号解压缩。在这部分,主要实现对解调出来的数字视音频信号进行解压缩和做进一步的处理。

(3)数模转换电路。这一部分电路实现数字视音频信号的数模转换功能。这样才能够获得模拟电视能够接收的模拟复合视音频信号或 S—Video 信号。

（4）信号输出电路。用来向电视机的相应端口输出模拟信号,这样电视机就可以正常收看数字电视节目了。

由于增加了一个数字机顶盒,给用户的使用带来了一些不便。为了方便用户的使用,避免用户同时使用两个遥控器,现在的机顶盒遥控器都有学习或复制的功能。即可以通过机顶盒遥控器上面的可供复制的按钮,按照机顶盒使用说明书上的操作说明,将原来的电视机遥控器上面的功能复制到机顶盒遥控器对应的按钮中,这样用户在收看数字电视的时候,只需要使用一个遥控器就可以了。

相信今后完全的数字电视接收机将出现,这将给数字电视的使用带来极大的方便。

（三）卫星数字电视接收系统

卫星数字电视系统在教育中有着广泛的应用价值。卫星数字电视接收系统是相对于地面数字电视接收系统而言的。卫星数字电视目前主要使用 11.7GHz～12.2GHz 的 Ku 波段和 3.4GHz～4.2GHz 的 C 波段来传输信号。由于该频率远高于地面电视信号的传输频率,所以在信号发送和接收的时候都要经过变频器的变频。其中接收端的卫星天线上面有一个下变频器,其作用是将接收到的卫星数字电视信号转变成地面数字电视的载波频率信号,然后通过卫星接收机顶盒将该信号转换成普通的视音频信号,供模拟电视机使用。

卫星数字电视接收系统由三个部分构成：

（1）天线。目前使用的卫星天线主要有 C 波段接收天线和 Ku 波段接收天线。因为 C 波段的信号频率比较低,所以用来接收 C 波段信号的天线直径都比较大,旧的天线直径达到 5－7 米,而随着卫星转发信号的功率不断增加,目前已经可以使用 1.5 米的天线来接收 C 波段的信号。而 Ku 波段的信号功率大、频率高,一个直径 0.3 米的天线已经能够非常有效地接收该波段的信号了。也可以不经过反射,直接用一个平面天线就可以接收 Ku 波段的卫星电视节目。对于 Ku 波段而言,更大直径的天线并不能显著提高信号接收的质量。这是因为对于这个波段的无线电波信号而言,虽然物理上来看,更大面积的天线能够汇聚更多的信号,但是随着天线实际面积的增大,其有效反射面积并不能随之显著增大。

卫星接收系统使用的天线材料也很简单,一般能够反射电磁波的金属材料都可以胜任该项工作。过去有日本的工程师甚至试验过用中国的铁锅来完成卫星信号的接收。

（2）高频头。高频头完成的是将接收到的高频无线电波信号进行下变频工作。即将接收到的高频 C 波段或 Ku 波段的无线电波信号做一个频率变换,将其频率降低到地面数字电视信号的频率范围,即 VHF－Ⅰ、VHF－Ⅲ 以及 UHF 波段的无线电波频率范围。

（3）卫星数字电视机顶盒。该机顶盒的工作原理与地面数字电视机顶盒的工作原理基本相同,都是为了将经过调制以后的数字电视信号转变成模拟电视机能够接收的模拟视音频信号。这样普通的电视机就可以正常接收卫星电视的信号了。

四、数码相机与数码摄像机

（一）数码相机

最早的照相机发明于 1825 年,法国的 Joseph Nicéphore Niépce 发明了能够永久记录影像的照相机,从此摄影技术得到了迅速的发展。

从结构上来看,一台照相机主要由镜头和机身两个部分构成。现代照相机的镜头一般由镀膜的透镜组构成。之所以使用镀膜的透镜组而不是单独的一块凸透镜,原因在于一片凸透镜的成像质量比较差,而光线通过这些镜片的时候也会因为光学玻璃的透射率比较低而有所损失。通过不同材料的透镜来进行补偿,可以提高镜头成像的质量。而采用镀膜技术,则可以提高透镜的光线透射率。

照相机的机身是一个全封闭的暗盒,外面的光线不能够透射进来,以保证胶片或电子感光器件能够获得正确感光。

在上个世纪 90 年代以前,人们普遍使用的是胶片感光的照相机。随着数字技术的发展,目前数码相机已经开始取代胶片照相机,成为照相机的主流产品。

数码照相机也是由镜头和机身两部分构成。不过由于数码相机的感光器件可以做得很小,所以数码相机的镜头直径要比胶片照相机的镜头直径小,同时照相机的镜头制作工艺也很灵活,这为低成本数码相机的普及提供了可能。

按照焦距来进行划分,数码相机使用的镜头主要可以分成以下几种:

①广角镜头:这种镜头能够拍摄出超出一般人的视角范围的景物。

②标准镜头:这种镜头拍摄出来的图像效果跟人眼的视角差不多,比较符合人的视觉习惯。

③远摄镜头:这种镜头能够将远处的景物放大拍摄下来。

目前数码相机的镜头都具备变焦功能,焦距从短到长进行变化。在照相机的取景器中,就可以看到在焦距发生变化的时候,景物大小发生了变化。

数码相机中的变焦主要有光学变焦和数码变焦两种方式。光学变焦是真正意义上的变焦。即在焦距发生改变的时候,拍摄出来的景物的清晰度不会产生变化。而对于数码变焦来说,则是通过牺牲图像的清晰度来达到目的的。比如一台数码相机能够达到 1000 万像素的清晰度,而拍摄的时候,只取其中的 1/9 画面,则其清晰度只有 300 万像素,但是图像却可以被放大 3 倍。这就是数码变焦。

数码相机的机身比胶片相机的机身要复杂得多。在数码相机的机身中,包括了感光器件和数字信号处理与存储的电路。

感光器件主要有两种,分别是 CCD 感光器件和 CMOS 感光器件。CCD 感光器件直接将光学信号转换成模拟的电信号。这种转换方式历史悠久,技术成熟,所以目前在高质量成像技术中使用得非常广泛。不过这种 CCD 感光技术比较复杂,且生成的模拟信号要转换成数字信号,还需要专门的外围电路,因此今后极有可能被 CMOS 感光器件所取代。CMOS 感光器件则是感光器件的新技术。利用这种技术,可以通过与镜头整合在一起的 CMOS 感光器件直接输出数字信号,大大降低了数码相机的成本。目前在移动电话等对图像质量要求比较低的设备中,CMOS 感光器使用得很普遍。

数码相机中的电路主要完成数字信号的转换与处理等工作。如果使用的是 CCD 感光器件,则需要专门的电路来实现模拟信号到数字信号的转换。如果使用的是 CMOS 感光器件,则由于感光器件输出的已经是数字信号,所以电路就可以直接对该数字信号进行处理。

最重要的一种数字信号处理方式就是对图像数字信号进行压缩。目前使用得最为普遍的压缩标准是 JPEG。JPEG 是一种有损压缩技术,即图像数据经过压缩以后,清晰度会有一定程度的下降,并且压缩以后就不可能恢复原图像的质量。

数码相机图像文件的存储目前主要使用半导体闪存技术。其中使用得最广泛的是所谓的 SD 卡。这种卡又分成两种,一种是面积稍大一些的普通的 SD 闪存卡,其容量达到几个 GB 以上。另一种是体积作了删减的 Mini-SD 卡。这种卡的面积只有普通 SD 卡的 1/6 左右,卡的容量与普通 SD 卡相同。所有 SD 闪存卡的内容都可以用读卡器通过计算机 USB 接口读取出来。另外还有其他的一些闪存卡标准,比如 SONY 公司生产自己标准的记忆棒,这些记忆棒与标准的 SD 卡是不能够互相兼容的,从而造成了数据交换的不便。

而数码相机与其他设备进行连接,比如计算机等,目前一般采用 USB 接口。不同数码相机的 USB 接口标准是不太一样的。不过由于目前的数码相机中,SD 卡一般都可以很方便地取出来,所以直接将数码相机连接到计算机的机会并不多,这些 USB 接口一般使用得比较少。

除了 USB 接口以外,一些数码相机还有视音频接口,满足直接将数码相机连接到电视机等设备的需求。而高速的 IEEE1394 接口也正成为很多数码相机必备的接口。

另一个对数码相机的使用有重要影响的是数码相机使用的电池。如果没有电源供应,数码相机将无法工作。而由于每一台数码相机都是一台计算机,内部需要处理大量的数据,所以需要消耗很多能量,导致数码相机使用的电池容量都会比较大。数码相机主要有两种使用电池的方式:一种是使用标准的 AA 型电池,另一种则使用专用的蓄电池。

使用标准电池的数码相机体积一般比较大,但是选用电池的方式比较灵活,可以使用一次性电池,也可以使用不同类型的蓄电池。在缺少电力的地区,只要能够买到对应的电池就可以正常使用相机。

而使用专用蓄电池的数码相机,则体积比较小,携带起来很方便。目前这种数码相机一般使用的都是锂离子电池,其容量大、使用寿命长,可是必须采用专用的充电设备。由于使用专用电池,如果没有专用充电器,则在数码相机没有电的时候,可能会遇到一些麻烦。

(二)数字图像的处理

经过数码相机拍摄以后,就可以获得高清晰度的照片。如果需要在教学中使用这些数码照片,还应该对这些照片做进一步的处理。

如果仅仅是对画幅面积的大小进行处理,则可以采用 Windows 画图板、Photoshop 等工具来进行处理。另外一些门户网站也提供网络相册功能,这些网站可以自动对用户上传的图像进行缩放,以满足网络传输的要求。

如果需要对数字图像作更深入的艺术加工处理,这时候可以使用 Photoshop 等专业图像处理工具来完成。

目前 Photoshop 等工具能够完成图像处理的功能包括:

(1)基本的图像大小、亮度、对比度的调整。

(2)文字的添加以及艺术字体效果的设置。

(3)图像的剪切、复制、粘贴、抠像等功能。

(4)各种滤镜效果的添加。

(5)图形图像的绘制。

(6)不同格式的图像压缩方式。

由于发展的历史较长,因此 Photoshop 软件的操作使用方式已经成为了图像处理的一种标准的操作模式,使用起来非常方便。

(三)数码摄像机

数码摄像机是一种用来记录运动图像和声音的工具。虽然从功能上来看,一般的数码相机也可以拍摄运动的短片,但是数码相机并不能够取代数码摄像机。这是因为数码相机主要是针对静态图像的拍摄而设计的,其中的对焦装置反应速度不可能做到像数码摄像机那么快。而精度非常高的镜头对于拍摄运动画面来说,又太过浪费了。当然,数码摄像机也不可能完全取代数码相机。因为针对运动物体的拍摄进行优化的数码摄像机,如果用来拍摄静止的画面,那么效果就比较差了。

数码摄像机从结构上来看与数码相机类似。一般数码摄像机由三个部分组成,分别是镜头、机身、走带装置。

数码摄像机使用的镜头一般都是具备自动变焦功能的镜头,这样便于拍摄者在使用的时候能够灵活地调整景别的范围,同时镜头也应该具备高速自动对焦的能力。这样在镜头移动的时候,摄像机能够始终获得高清晰度的图像。

摄像机的机身主要包括摄像机的信号处理电路以及控制面板等。数码摄像机的信号处理电路,主要完成信号的模数转换和信号的处理等功能。数字信号的压缩是其中的一项重要功能。而控制面板则提供用户操作控制整个摄像机。

对于使用磁带或光盘的数码摄像机,还会有一套比较复杂的走带机构。这是一种纯机械方式的机构,满足磁带、光盘的走带或扫描所需。

不过随着硬盘以及半导体存储技术的发展,目前一些数码摄像机已经开始直接使用硬盘或半导体闪存卡来存储数码影像。这种方式能量消耗少、运行平稳、故障率低,是今后数码摄像机发展的趋势。

目前数码摄像机主要可以分成三大类:家用数码摄像机、专业数码摄像机、广播档数码摄像机。家用摄像机一般清晰度比较低,但是体积小、重量轻、操作简便,使用和携带比较方便。专业摄像机一般在现代教育技术中心等对拍摄画面质量有一定要求的场合中使用。广播档摄像机则主要在电视台等场合中使用。

数码摄像机使用的标准是跟数字电视的标准一致的。我国的数码摄像机标准应该遵循DTMB标准。

五、DVD 视频和 MP4

(一)数字视频的存储和播放

数字视频的存储和播放技术是非常重要的技术,它反映了数字视频技术的最新进展情况。早期的视频存储主要采用磁带的方式来进行,这种方式最早是开盘式的,即像电影片一样,供片盘和收片盘分开来放置。到了上个世纪 60 年代,随着盒式磁带的发明,人们开始使用盒式磁带录像机来进行记录。那个时候出现了 3/4 英寸专业摄像机用的磁带和 1/2 英寸家用录像机用的磁带。其中松下电器制定的 VHS 格式的录像磁带使用得最为普遍。而发展到了数字视频技术以后,就出现了专用的数字视频(DV)磁带。这种 DV 磁带虽然仍然使用了磁性记录的技术,但所记录的信号却是数字信号,因此具有信号失真小、记录时间长等特点。

随着光学、硬盘以及半导体存储技术的发展,磁带记录技术面临着被淘汰的危险。

光学存储技术是使用激光束对光盘进行刻录的方式来记录的。早期使用的是 LD 格式,这种格式能够在一张直径约 30cm 的光盘上面记录长达一个小时的高清晰度视频。而取代 LD 技术的则是对视频采用 MPEG－1 这种压缩方式的 VCD 格式。与 LD 相比,VCD 光盘直径只有 12cm,一张光盘可以容纳 650MB 的数据,播放大约一个小时的视音频材料。

为了进一步提高光学存储器的容量,人们又制定了更加先进的 MPEG－2 视频压缩方式,同时提高了光盘记录数据的密度,使得一张光盘上可以记录高达几个 GB 的数据,播放 2 个小时的高质量影片。这就是 DVD 视频格式。

然而随着硬盘存储等技术的发展,光盘存储的缺点也表现了出来,由于采用机械运转的方式,盘片暴露在空气中,所以其记录密度很难进一步提高。而硬盘技术则不同。目前的硬盘轻易就可以达到 200GB 的容量,相当于 100 张 DVD 盘片。且硬盘的数据存取速度也远远超过了光盘数据的读取速度。目前一些摄像机开始采用硬盘技术来直接存储数字影像文件。

当然目前来看，最有前途的数字视频存储技术是半导体存储技术。采用 32GB 的 SD 闪存卡，可以存储按 MPEG－4 格式压缩的影片长达 64 小时，这样的时间长度远远超过了 DV 磁带的存储长度。

（二）数字视频存储的格式

早期的 DV 磁带摄像机存储的视频格式是专用的 DV 格式，这种格式数据压缩率比较低，压缩后的文件大，比较适合磁带的存储使用。

而在硬盘以及光盘等存储器中广泛使用的数字视频格式则包括 AVI、MJPEG、MPEG－1、MPEG－2、MPEG－4 等格式。

其中 AVI 本身又包括了很多不同的标准，常用的 DV 格式也采用 avi 的文件扩展名，但是如果没有相应的解码器，则并不能够在其他能够播放 avi 文件的播放器中播放。

MJPEG 的意思是运动 JPEG 的压缩方式。这种压缩方式通常只对每一帧画面按照 JPEG 的方式进行压缩，将所有的这些 JPEG 格式的静止画面连接起来，就变成了动态的视频图像了。这种方式压缩率比较低，但是由于每一帧画面单独进行压缩，所以非常适合于视频的非线性编辑，图像质量也比较高。

MPEG 是使用得最广泛的视频压缩存储的方式。这种方式的优点在于标准统一，所有的系统都能够播放这种格式的视频。另外，MPEG－4 是目前流媒体技术中最主要的一种视频压缩方式，并且正在成为数字电视视频压缩的重要标准之一。

除了上述这几种格式以外，目前还有微软公司的 wmv 视频格式以及 Real 公司的 rm 视频格式。这两种格式的视频目前主要在 Windows 操作系统中使用得比较广泛。

（三）DVD 播放机

DVD 播放机主要用来播放 DVD 格式的视频和音频。然而随着技术的发展，目前的 DVD 播放机已经超越了仅仅播放 DVD 碟片的功能。现在市场上出售的 DVD 播放机通常都具有 USB 接口，可以直接插入 U 盘或读卡器，读取半导体存储器中存储的文件。现在的 DVD 播放机通常都能够支持 JPEG、MJPEG、MPEG－1、MPEG－2. MPEG－4、wmv 等视频文件的播放。另一些 DVD 播放机还能够支持 rm 格式视频文件的播放。

因此从功能上来看，DVD 播放机已经超出了原先录像机、LD 播放机、VCD 播放机单一功能的限制。

从播放机结构上来看 DVD 主要由四个部分构成：

第一个部分是光盘运行机构。在该机构中，光盘绕转轴高速转动，激光头发射的激光束照射到光盘的数据记录轨道上，并反射回来，被光电二极管所感应，转换成电信号。

第二部分则是数字信号处理电路。在该电路中，主要完成数字信号的解码。对于 DVD 盘片播放出来的信号，解码器要完成 MPEG－2 格式视频的解码。如果是通过数据光盘或 U 盘读取的 MPEG－4 文件，则将调用其中的 MPEG－4 解码器对该文件进行解码。解码的结果就是要获得视音频信号。

第三部分则是信号的输出部分。该部分通过相应的端口输出视音频信号。由于 DVD 播放机播放出来的视频图像清晰度很高，所以早期在家用录像机中使用的复合视频端口很难满足要求，现在 DVD 播放机的输出端口中，除了仍保留旧的复合视频端口以外，还包括 S－Video 端口、色差信号输出端口以及 VGA 信号输出端口。

第四部分是 DVD 播放机的控制部分。这一部分主要由遥控器以及遥控器信号接收电路构成。用户通过遥控器可以对 DVD 播放机进行播放、快进、快退等的基本操作。

(四) MP4 播放机

顾名思义,MP4 播放机就是能够播放 MPEG－4 格式视频文件的设备。MP4 播放机的功能目前在很多的 DVD 播放机中已经能够实现。不过与 DVD 播放机不同,MP4 播放机体积小,自身带有一块液晶显示器,所以不需要连接电视机就可以观看视频播放的效果。还有一些 MP4 播放机具备直接连接到电视的复合视频和音频输出端口,通过该端口将其连接到电视,实现 DVD 播放机的部分功能。

由于 MP4 播放机的芯片目前集成度非常高,很多的移动电话系统中也包含了这一功能,所以 MP4 播放机又有跟移动电话结合的趋势,这样在实现视音频播放的同时,还可以实现数据的远距离传输。

目前在 MP4 播放机中使用的主要是 3GP 格式的文件,该文件格式采用的是 MPEG－4 文件压缩方式,可是更加适合于在比较小的屏幕上播放视频。

(五) 其他视频格式的存储与播放

MP4 播放机主要支持的是 MPEG－4 格式的视频文件。一些 MP4 播放机也支持 wma 以及 rm 等文件格式。若需要获得对所有格式视频文件的支持,则最好是使用台式计算机或笔记本计算机来进行播放。目前采用 MPEG 的压缩方式,在网络上都有免费的编码和解码软件可供选用。但是微软的 wma 和 Real 公司的 rm 编码器则是要收费的,这在一定程度上影响了其的进一步推广和使用。

六、数字视频的制作

(一) 数字视频制作的一般步骤

数字视频制作一般包括如下几个步骤:

(1)制定制作计划。数字视频的制作应该有一个比较完善的计划。由于数字视频的制作涉及到多方面的因素,漫无目的地去制作数字视频,只会浪费时间。一个比较好的数字视频制作计划,包括确定好适合于用视频的方式来表现的主题、确定好观众对象的需求、制作过程所需的时间、计算需要投入的人力和物力、需要拍摄的素材等。

(2)文字稿本的编写。由于视频作品是一种视觉艺术,一般人并不习惯这种视觉的思维方式,所以在拍摄之前,利用文字来描述一下整个视频所要拍摄的内容还是非常有意义的,这可以提高数字视频制作的效率。

(3)分镜头稿本的编写。分镜头稿本是用来直接指导拍摄的稿本,其中包含了在拍摄的过程中所涉及到的每一个镜头的拍摄要求。目前很多的非线性视频编辑软件具备直接利用故事板的方式来进行编辑制作的功能。分镜头稿本对于一个高质量数字视频的合成具有很重要意义和作用。

(4)拍摄。一旦形成了分镜头稿本以后,就可以进行实地拍摄了。利用数码摄像机进行拍摄通常可以采用两种方式。一种是直接在户外进行拍摄。这种方式要求不太高,可以利用自然光线进行拍摄,也非常灵活。另一种是在演播室中进行拍摄。在演播室中拍摄需要注意灯光照明的要求,否则会严重影响到拍摄的效果。随着虚拟演播室技术的发展,使得我们可以在演播室中虚拟出丰富的现实环境,突破时间和空间的限制,带来非常好的效益。

(5)后期制作。拍摄阶段拍摄的主要是视频素材,将这些素材按照分镜头稿本的要求组接在一起,合成出完整的视频,就是后期制作的工作要求。后期制作包括视频的非线性编辑以及配音等工作。

(6)评价。制作完成以后,按照电视教材的评价指标对视频教材进行评价,发现各种问题,并及时进行修改。这是最后一个阶段的重要工作。

(二)数字视频文字稿本和分镜头稿本的编写

文字稿本和分镜头稿本的编写是电视教材编导中的重要环节[22]。利用数码摄像机进行拍摄的时候,一个完善的分镜头稿本是高质量录像教材的保证。在电视教材的制作过程中,通常会涉及到多种稿本,其中电视教材稿本主要有两种,分别是"文字稿本"和"分镜头稿本"。

文字稿本相当于电影电视剧中的"剧本",主要用来描述电视教材的主要内容。文字稿本的格式比较灵活,可以采用讲稿式,也可以采用声画对应式。文字稿本一般由专业教师来完成。

不过由于电视教材在拍摄过程中,还涉及到一些电视特有的艺术表现手法,所以一般情况下,还要将文字稿本改编成分镜头稿本,这样才能够直接指导整个电视教材的拍摄。电视教材的分镜头稿本一般由电视教材的导演来进行编写。当然随着数字视频制作技术的普及,一般教师也可以编写这种电视分镜头稿本。

1. 电视分镜头稿本中涉及到的相关概念

在电视教材分镜头稿本编写过程中,主要涉及以下一些概念:

(1)镜头。镜头有两个含义,一种指的是相机或摄像机的光学镜头;另一种则是计量单位的含义,指的是摄像机从开机到关机所拍摄下来的一段连续画面。镜头的组合要用到蒙太奇的方法。蒙太奇的概念引自建筑学,指的是构成、装配的意思。虽然使用的基本建筑材料都是相同的,但是不同的建筑结构形成了不同形状、不同功能的建筑物。在电影电视中也是这样,虽然我们用的是相同的镜头素材,但是这些镜头不同的组合方式,就可以构成不同的电影电视的故事情节。

(2)景别。在电视画面的拍摄过程中,景别指的是镜头中画面的大小。按照被摄主体(一般是人物)在镜头中占据空间的不同,可以将景别划分为:远景、全景、中景、近景、特写、大特写。

(3)镜头的运动。除了被摄物体会运动以外,在电视摄像的过程中,摄像机也可以运动。不同的摄像机运动方式,在屏幕上就产生了不同的镜头运动的效果。在电视摄像中,镜头的运动方式可以分成推、拉、摇、移、跟等五种基本方式。另外按照拍摄的要求还可以有其他的一些运动方式,包括升降、甩等。

(4)镜头的组接。将两个镜头连接在一起,就是镜头的组接。最基本的镜头组接方式为切换。在电影胶片中,进行切换非常简单,直接在剪接点,将上一个镜头的胶片剪断,然后将上一个镜头的胶片与下一个镜头的胶片粘贴在一起,就将两个镜头组接起来了。在电视录像中,要实现镜头的切换也很简单,在第一个镜头结束的时候,直接断开开关,切断信号,然后接通第二个镜头的开关,将第二个镜头的信号播放出来,这样就将两个镜头用切换的方式组接在一起了。

这种切换的方式使用得最为普遍,不过在一些场合中,这种切换的方式会产生视觉上的不良效果,所以应用的时候要慎重一些。比如上下两个镜头主体相同,景别相同,但是主体人物的位置有所不同,两个镜头用切换的方式组接在一起,在组接点上就会出现镜头跳动的现象。这时候就应该采用有技巧的组接方式来解决所出现的问题,比如淡入/淡出、叠化、划变等方式。

(5)镜头的长短。镜头长短的单位是时间。通常以1分钟为限,小于1分钟的镜头叫做短镜头,超过1分钟的镜头被称为长镜头。一般影视剧中,广泛使用短镜头。而在电视教材中,为了便于学生更加仔细的观察,一般更普遍使用长镜头。

2. 分镜头稿本的格式及编写

按照应用条件的不同,分镜头稿本可以是比较简单的方式,也可以更加专业一些。

如果制作比较简单的电视教材或拍摄比较简单的短片,这时候可以采用声画对应的方式来编写分镜头稿本。其中稿本的一边用文字或者简单的图形的方式,写出或标记出要拍摄的画面内容,在稿本的另一半则书写解说词等。

另一种更为专业的方式,就是按照目前比较普遍使用的分镜头稿本的格式来编写。这种分镜头稿本一般包括镜头的号数、摄像机的号数、景别、运动和组接技巧、时间、画面内容、解说词、伴奏音乐、音响效果等栏目。

在编写分镜头稿本的时候,可注意以下几点要求:

(1)拍摄的时候不一定按照镜头的顺序进行拍摄,镜号是一个非常有效的标志,以提供电视节目后期制作参考。

(2)在拍摄的时候可能会有多台摄像机同时进行拍摄,这在演播室中经常会用到。

(3)镜头的运动方式通常和镜头的组接技巧合在一起书写。

(4)编写画面内容的时候要以镜头为单位。另外由于电视教材的分镜头稿本专业性非常强,不直接面向学生,所以分镜头稿本文字是否优美并不重要,关键是要能够说明画面要拍摄的具体形象是什么,尽量少用形容词,多用名词和动词。

(5)解说词的编写要与画面互相配合。一般对于汉语来说,1秒钟解说3个汉字是比较合适的速度。通常可以根据解说词的长短来决定画面的长度。另外编写解说词的时候应尽量选用响亮、琅琅上口的词汇,忌用长句子。

(6)效果指的是效果声,比如风声、雨声、敲门声等。

案例分析 5－1

电视教材分镜头稿本的编写

下面是由专业教师写作的文字稿本:

画面	解说词
拍摄一台液晶投影机的全景,然后介绍投影机的控制面板上的按钮。 首先介绍电源按钮的位置和使用方法。	大屏幕液晶投影机是多媒体教室中的主要设备。对液晶投影机进行控制,可以通过按下液晶投影机面板上的控制按钮来实现。 其中电源开关按钮是大屏幕液晶投影机中最重要的按钮。

上述文字稿本只是一种对画面的描述,并没有落实到每一个镜头上,所以还不宜直接用来指导拍摄。

经过教师或电视教材制作人员将其改编成分镜头稿本以后,就变成了如下的形式:

镜号	景别	技巧	时间	画面	解说
1	全	移	9"	白色实验台上，一台液晶投影机，镜头绕液晶投影机移动拍摄一周。	大屏幕液晶投影机是多媒体教室中的主要设备。
2	全—特写	推	6"	镜头移动到液晶投影机的后面，推至液晶投影机的控制面板。	对液晶投影机进行控制，可以通过按下液晶投影机面板上的控制按钮来实现。
3	特写—大特写	推—移	6"	继续推至每一个按钮，从下面的按钮逐个拍摄。	
4	大特写	移—推	10"	电源按钮。	其中电源开关按钮是大屏幕液晶投影机中最重要的按钮。

反思：

1. 在编写分镜头稿本的时候可以采用多种形式，能否用比较简单的声画对应的方式来编写这个稿本？

2. 电视教材分镜头稿本与文字稿本有何区别？

（三）数字视频的非线性编辑

与数字音频的非线性编辑一样，数字视频也可以使用非线性编辑技术来完成后期制作的工作。目前常用的数字视频非线性编辑工具很多，使用得比较普遍的主要有 Adobe 公司的 Premiere 和微软的 Windows Movie Maker。相比较而言，Premiere 这种非线性编辑制作工具功能完善，制作出来的效果非常专业。该工具也支持多种视频格式的编播，且操作使用也很简单直观。不过这种软件是收费软件，价格比较昂贵，适合专业的影视制作工作室使用。

微软的 Windows Movie Maker 以及"Windows Live 影音制作"是 Window XP 以上版本操作系统中的非线性视频制作工具。由于在功能最简单的 Windows xp 家庭基础版中已经包含了这些软件，因此对于 Windows 用户而言，这些非线性编辑制作软件是免费的。

Windows Movie Maker 以及"Windows Live 影音制作"软件的使用非常简单直观，只需要进行简单的拖放就可以完成数字视频的非线性编辑和制作。

无论是 Premiere 还是 Window Movie Maker，最基本的操作都有两个视图，这两个视图分别是故事板视图和时间线视图。而为了简化用户的使用，"Windows Live 影音制作"则取消了"时间线视图"，仅仅采用"故事板视图"来满足没有非线性编辑专业知识用户的使用需求，非常适合学科教师编辑制作简单教学视频资料之用。

故事板视图提供一种非常直观的镜头预览功能。用户可以浏览按照一定时间间隔截取出来的静止图像来了解视频素材中每个镜头的特点以及对编辑点进行正确的选择。

时间线视图则利用时间作为单位来提供用户对编辑点的更加准确的选择。

故事板视图和时间线视图二者可以相互配合在一起使用。

（四）虚拟演播室

虚拟演播室技术是近几年来发展起来的一种全新的视频制作技术[23]。虚拟演播室技术源自早期的"抠像"技术，即利用一块蓝色的屏幕作为背景，然后在计算机中利用其他地方拍摄的景物来替换蓝色的背景，这样就可以把演播室拍摄的景物与户外拍摄的景物叠加在一起。之所以使用蓝色作为背景，其原因在于一般我们看到的前景、中景等，蓝色的成分比较少，这样可以避免在"抠像"的时候出现漏洞。

与过去简单的"抠像"技术不同，目前的虚拟演播室技术可以达到随着演播室中摄像机镜头的移动，背景图像也会随之而运动的效果。在虚拟演播室技术中，这种背景运动的方式需要比较复杂的技术来进行处理。目前主要采用三种技术，它样分别是：

（1）软件运动追踪技术。这种技术利用纯软件的方式来完成背景画面随着演播室摄像机的运动而运动。这种方式比较简单，另外技术更新的速度也比较快。

（2）硬件传感器追踪。这种方式利用摄像机上面安装的红外线传感器来感应摄像机的运动，包括摄像机的移动和变焦过程。然后用传感器接收到的数据控制背景图像的移动。

（3）软硬件相结合的方式。这种方式既能够发挥计算机软件控制技术灵活的优点，同时又可以更加准确地利用硬件传感器来追踪摄像机的变化，是目前使用得比较普遍的一种虚拟演播室的技术。

虚拟演播室结构上由 5 个部分组成，分别是：

（1）安装有蓝布背景的演播室。这是整个系统的最基本组成部分。在这个演播室中，蓝色的背景将用来叠加背景图像。

（2）摄像机以及追踪系统。这是为了使背景图像适应摄像机运动的系统。这一系统主要采用红外线传感器来感应摄像机的运动，并利用软件技术来控制背景图像运动。

（3）主控设备。用来控制整个系统设备的运行。

（4）图形工作站。提供用来合成的背景图像。

（5）色键合成器。该部分功能完成演播室图像与背景图像的合成。

第二节　数字图像视频类媒体在教学中的应用

一、数字电视和卫星电视在教学中的应用

数字电视和卫星电视目前在各方面都得到了广泛的应用[1][2][3]。在教学中则有以下几种应用方式。

（一）扩展电视远程教学的功能

电视远程教学是开放大学中使用的比较普遍的教学形式。在英国的开放大学以及中国的中央广播电视大学中，电视这种媒体都获得了广泛的应用。目前已经形成了非常成熟的利用广播电视来开展远程教学的理论。随着数字电视和卫星数字电视的应用，电视远程教学的功能也会不断得到加强。

数字电视技术的引入，主要在以下几个方面拓展了电视远程教学的功能：

（1）提供了更高清晰度的电视节目。高清晰度电视节目有助于向学生传送具有更丰富细节的教学材料，满足更多学科通过电视这种方式来开展远程教学活动。

（2）更准确的色彩还原。长期以来，困扰模拟电视技术的一个问题就是信号在传输的过

① 刘亚峰.浅谈交互式数字电视的应用及其发展[J].电脑知识与技术.2008,4(3):722～723.
② 林建俊.浅谈数字电视机顶盒及其在国内的发展[J].世界宽带网络.2003,10(10).
③ 李华.卫星数字电视广播发展与远程教育[J].电化教育研究.2002,(8):33～35.

程中出现的颜色失真问题。早期采用了多种方法来解决这一问题,并因此形成了三大彩电制式。采用了数字电视技术以后,这一问题已经不复存在了。更准确的色彩还原,意味着对于化学、美术等这些对颜色的显示有比较高要求的学科教师,也可以放心地将自己的教学材料交由数字电视节目远程播放出去。

(3)高保真的音频。数字电视技术带来的不光是图像质量的提高,利用数字音频技术,数字电视同时也传送了更高音质的音频。在教学中高保真的音频对于音乐等艺术类课程的教学是非常重要的。

(4)更丰富的功能。同模拟电视相比,数字电视具备更加丰富的功能。如何有效地开发这些功能,将有助于新的教学方法和教学模式的实现。

(5)提供多种节目加密模式。数字电视提供了更加可靠的节目加密的方法,这为一些机构有目的地向学生传播特定的节目提供了可能。

比如在电视远程教学课程《教育史》"教育的起源"一章的教学过程中,首先采用了高清晰度的数字电视以后,可以提供更高清晰度的原始资料。由于电视节目录制的时间有比较严格的限制,教师对于学生所感兴趣的内容并非能够完全把握。通过高清晰度的电视画面,可以让学生暂停下来,对某些局部画面进行仔细的观察。比如山顶洞遗址的"鱼上眶骨化石"的录像中,学生看不清楚,如果采用了数字高清晰度电视,学生可以在这个位置暂停下来,放大局部画面对其进行仔细观察。

其次采用了高清晰度数字电视以后,教师在电视中还可以提供更多的文本资料。因为数字高清晰度电视无论在画面的分辨率,还是扫描的频率方面,都能够达到阅读文本的要求;这样在教学的过程中,一些课堂教学中常用的教学方法也可以顺利地在数字电视教学中获得应用。

再次,可以在教学节目中提供与学习者互动的内容。比如介绍了原始社会中国教育发展的历史以后,可以通过数字电视向学生呈现形成性练习题目。而如果在模拟电视技术中,这种方式是不太可取的,原因在于模拟电视清晰度不够,闪烁比较严重;另外让电视节目暂停下来给学生完成形成性练习,也会导致电视节目制作的成本上升。而采用了数字电视技术以后,学生可以利用数字电视存储画面的功能,将教师提供的形成性练习画面固定住,仔细思考如何解决这一问题,以便及时巩固所学的知识。

(二)教学节目的点播(VOD)

利用数字电视教学节目点播的功能,可有效地改善模拟电视技术中教学节目转瞬即逝的问题。学生按照自己的学习需要有针对性地点播节目,达到学习和巩固所学知识的目的。

例如在人教版高中语文第四册(必修)"林教头风雪山神庙"一课的教学过程中,教师通过数字电视 VOD 节目点播系统,点播电视连续剧《水浒传》第七集,在课堂上给学生播放。由于一集电视剧放映的时间比较长,所以教师要有选择地进行点播。而除了播放该集电视剧外,教师还可以点播该集电视剧前几集以及后几集有关内容,让学生更好地把握该篇课文所描述故事的发生、发展和结束的过程。

(三)教学节目指南

数字电视都具备提供节目指南的功能。在数字电视教学应用的过程中,利用该功能向学生提供教学节目的向导。

对于自由选修课程的开放大学学生来说,这种教学指南的方式有助于学生准确地了解自己应该选修哪些课程,该课程的教学目标、教学要求等基本课程信息。

例如在电大"小学教育专业"的课程教学计划中,由于涉及到不同专业背景的学生,需要安排多门选修课程。采用数字电视技术以后,可通过数字电视的节目指南功能,提供不同类型选修课程的介绍,让学生能够按照自己的实际情况,灵活地选择相关的课程来进行学习。

(四)存储教学录像

一些数字电视机顶盒还具备存储视频录像的功能。这种功能类似于模拟技术中的录像机。由于采用了完全的数字技术,机顶盒录像的功能是非线性的。学员能够灵活地对所录制的节目进行播放。这种功能既有利于那些没有在规定的节目播放时间进行学习的学生学习新课之用,也有利于那些按照规定时间学习的学员重放教学内容,进行复习巩固之用。

例如在北师大版小学一年级上册"品德与生活"课中的"第二单元 祖国的生日"课程教学过程中,教师课前观看国庆阅兵以及各地庆祝国庆的新闻时,利用机顶盒的这一功能,将这些场面录制并收集起来,然后在课堂教学中播放这些视频材料,将可以提供学生更加直观具体的有关"国庆节"的概念。

(五)学员资料管理

利用数字电视技术还能够实现学员资料的有效管理。数字电视采用了IP网络技术,学员的个人资料能够集中存储到数字电视网络的专门服务器中。而学生通过数字电视进行学习的过程,也可以被准确地记录在服务器中,便于学生资料的动态更新管理。这解决了模拟电视技术中信息只能单向传送的问题。

例如在电大课程"教学设计"的教学过程中,由于该课程的教学需要学生广泛的参与,如果采用模拟电视技术,只能够通过电大各地辅导站集中面授辅导的方式来进行授课。而采用了数字电视技术以后,则可以通过IP技术及时了解学生收看电视直播教学节目以及点播节目的情况。教师也可以组织学生进行教学讨论,针对教学设计中涉及到的一些实践性非常强的内容进行专题讨论学习。教师通过数字电视的互动功能,让学生尽可能多地参与到课程的教学过程中,并准确记录学生参与的情况。再利用计算机网络技术整理归类学生的学习资料,实现对学生更加全面和客观的评价。

(六)满足偏远地区课程教学需要

数字电视能够满足偏远地区教学的需求。在使用模拟技术的条件下,偏远地区的有线电视和无线电视图像质量都比较差,能够接收到的节目数量也比较少,专门为偏远地区开设的教育频道也就更少。而采用了数字电视和卫星数字电视技术以后,这一问题可以获得较好的解决。

同模拟电视技术不同,只要能够接收到信号,数字电视图像的清晰度都是最高的。因此在偏远地区现有频道资源的条件下,可以传输更多的数字电视节目。而采用了卫星数字电视接收系统以后,则这些偏远地区能够接收到的电视节目数量将成倍增加,给满足这些地区电视教学的需求打下了坚实的基础。

例如大学本科课程《分子生物学》的教学,对于偏远地区的学生来说,最大的困难就在于无法获得该学科领域的最新的资料。教科书以及电视课程播放的内容只是该门课程的基础性的知识。采用了数字电视和卫星电视技术以后,教师可随时通过数字电视系统,向学生传送图文信息。由于这些图文信息不需要专门的制作技术,任课教师就可以按照学生的需要从各种途径获得,并制作成图文电视材料向学生播放,从而加快了信息更新的速度,即使偏远地区的学生也可以获得该学科最新的资料。

二、数码相机和摄像机在教学中的应用

数码相机和摄像机具备了即时存储影像和声音的能力。在教学实践中,教师可以利用这些设备将身边发生的事情记录下来供教学使用,将取得非常好的教学效果。数码相机和摄像机在教学中有以下几个方面的应用:

(一)录制课堂教学过程

教师在教学过程中,利用数码摄像机等设备将整个课堂教学过程录制下来,提供学生复习只用或满足教师改进教学所需。随着数码摄像机技术的发展,其价格也在迅速降低。一般的家庭都可以购买得起,使得这种方法逐渐被教师和学生所接受。

例如在人教版九年级化学义务教育课程标准实验教材(上册)"制取氧气"一课的教学过程中,教师在课堂演示了氧气的制取过程。在课堂演示实验中,教师先在试管中加入过氧化氢溶液,这时候将带火星的木条插入试管,木条不会复燃。而在试管中加入了少量的二氧化锰以后,再将带火星的木条插入试管,木条则会复燃。整个实验过程持续的时间并不长,一些学生由于观察得不够仔细,会造成遗漏的现象出现,不能够有效地总结出这一个实验所包含的规律所在。

如果利用数码摄像技术,将教师的课堂演示过程摄录下来,在完成实验以后,即时在课堂中重放录像,则将有助于教师总结这个实验过程,也有助于让学生了解科学实验的特点。下课以后,有条件的学生还可以将这段录像拷贝回去,与家长一起观看复习。

(二)作为活动课的记录工具

在中小学校,如果能够利用摄像机记录活动课的教学过程,将有助于学生回顾总结所学的知识,促进学生之间的相互了解,帮助教师更深入地去了解自己的学生。

例如在小学英语教学活动课上,教师组织小学生与外国语学院的大哥哥大姐姐以及外国专家一起联欢。数码摄像机和数码照相机成了这样的联欢会不可缺少的记录工具。活动课结束以后,将所记录下来的录像以及照片刻录成光盘或者直接将数字视频或图像文件放在网络博客之中,这些材料将成为学生心目中永久的回忆。

(三)提供新的作业形式

就像数字音频设备一样,数码摄像技术也可以提供学生一种新的作业形式。与数字音频设备不同,数字图像视频类设备不光可以录制声音,还可以录制形象直观的视频图像,这种形式的作业将更加生动有趣。

通过这种作业的形式,还能够满足一些学生充分进行自我表达的愿望(这些学生通常不善于采用语言文字的方式来表达自己的想法)。

在教学过程中,经常存在的一个问题就是一些理科课程学得比较好的学生语言表达能力不足,为了促进这部分学生也能够充分地表达自己的愿望和想法,教师可以考虑让这些学生以上交摄像作品的方式来完成作业。比如在高一物理牛顿运动定律的学习过程中,一些数学能力比较强的学生能够正确地运用这些定律来解题,但是让他们用语言来解释牛顿三大运动定律,则出现表述不准确等问题。这时候可以让学生利用实验装置按照牛顿运动定律的要求完成实验,并将实验过程用数码摄像机拍摄下来交给教师作为作业。对于这些学生,用这种方式来表达自己的看法可能会容易一些。在此基础上,再逐渐引导其用语言来表述牛顿运动定律的正确含义,将有效地促进他们语言能力的发展。

(四)提供课外辅导材料

利用数码摄像机或数码照相机所具有的拍摄视频的功能,将课堂教学过程中重点难点

知识的讲解过程录制下来,或者用数码相机将教师的板书内容拍摄下来,然后用这些视频和照片制作教学辅导材料,将能够满足学生课后复习所需。

例如在人教版七年级义务教育课程标准实验教材《思想品德》(上册)"学会调控情绪"一课教学结束以后,教师发给学生包含有钢琴演奏、健美操、太极拳、瑜伽等内容的教学录像片,让学生在自己情绪比较紧张的时候,尝试通过收听优美的音乐、练习舞蹈等方式来调控自己的情绪,从而达到巩固课堂教学中所学知识的目的。

(五)制作适合本地情况的音像教材和课件

目前我国各级中小学使用的基本上都是统编教材,而各地区的差异却非常大。为了取得更好的教学效果,各级学校都应该制作一些具有本地特色的教学材料提供课堂教学之用。数码照相机和数码摄像机使用方便,比较适合于制作这类具备本地特色的教材。

例如广州地区学生学习人教版八年级历史义务教育课程标准实验教材(上册)"从封邦建国到一统天下"一节内容,可以利用数码摄像机到广州的南越国历史博物馆拍摄丰富的南越国历史资料,并结合《史记》中记载的史料,将其拍摄制作成一个具有南方特色的音像教材。由于教材的制作过程可以让学生充分参与进去,学生既是观众,又是演员和导游,通过这种方式所获得的经验更加直接,自然学习效果也就比较好。

(六)提供学生获得自我反馈的需求

利用数码相机和数码摄像机能够有效地记录人的行为表现、动作技能的运用过程等。通过观看这样的录像,学生可以获得即时反馈信息,并对学习过程进行调整。

例如在师范生教学技能技巧培训中使用的非常广泛的"微型教学法"就是这样的一个例子。在微型教学的过程中,由3到5个人组成的师范生微型教学训练小组进入微型课室,在该课室中安装有数码摄像机,能够准确地记录学生的训练情况。在微型课开始的时候,由一名学生以"教师"的角色在讲台上训练一种教学技能,其他的学生则在讲台下面扮演"学生"的角色,配合"教师"训练教学技能的运用。整个教学过程被数码摄像机录制下来。微型课结束以后,重放该段录像,让所有的学生都来评价教学技能运用的情况。实践证明,这种微型教学法对于师范生教学技能技巧的训练有着积极的促进作用。

除了在师范生教学技能技巧的运用中可以采用数码摄像机等媒体以外,在其他的技能技巧训练的课程中都可以广泛地采用数码摄像机、数码照相机等来进行教学,以满足学生获得反馈信息的需求。比如在音乐、舞蹈课的教学过程中,摄像机已经成为了非常重要的一种教学工具。随着数字图像视频类媒体的价格不断降低,在体育课、科学实验课等课程的教学过程中,摄像机也将获得广泛的应用。

(七)结合计算机网络媒体

数码摄像机和数码照相机是多媒体计算机网络中视频、图像材料的重要来源。目前网络上绝大部分的视频和图像资料都是通过数码摄像机和数码照相机拍摄并上传到网络上的。

一旦结合了计算机网络媒体,数码照相机和数码摄像机的教学应用功能也将获得更大范围的拓展。这些功能包括:

(1)用作展示和交流。将数码照相机和摄像机拍摄的照片或录像片输入计算机,通过移动存储设备或电子邮件发给其他教师,或者将拍摄出来的数码照片冲洗出来,作为学校、教师之间的作品展示或交流之用。

(2)放在网络上。比如将照片或录像片放在教师自己的博客中,作为博客内容的一个部分。在上传照片或录像短片的时候要注意,原始的照片文件比较大,通常都可以达到1000万像素,远远超过了显示屏的面积,给浏览带来了很大的不便,这时候需要减少照片的面积,降低一张图片所包含的像素。

(3)制作课件或做其他的艺术处理。这种情况下数码照片或录像短片成为了课件的一个重要的构成元素,其地位就像课件中的文字表述一样。此时除了对图片的画幅作缩减处理以外,还需要对整幅图像的显示效果做进一步的处理。

例如在小学数学"找次品"的课程教学过程中,教师制作一个"找次品"的课件[①],该课件中包含了这样一段录像片:一个小学生在一堆矿泉水中找一瓶已经喝过的矿泉水。为了能够贴近学生的生活,教师决定自己拍摄这段录像片。如果采用模拟的摄像机来进行拍摄就会碰到一个如何将视频导入到课件中的问题,因为这需要专门的设备。而教师采用了使用SD存储卡的数码照相机,利用其中的短片拍摄功能拍摄了大约1分钟左右的录像短片。利用"Windows Live 影音制作"软件,将这些短片合成在一起,并加入各种过渡效果。形成了完整的视频以后,再将这段录像片添加到所制作的课件中,与 Flash 动画结合在一起,就完成了一个内容丰富的多媒体课件,在教学中应用以后取得了良好的教学效果。

(八)满足知识探究的需求

利用数码照相机和摄像机也可以满足学生知识探究的需求。在各种科学研究中,数码照相机和摄像机正扮演着越来越重要的角色。

目前很多的学校都非常重视学生科学研究能力的培养,在一些城市中还专门为小学生开展了"科学小星星"等科学研究活动,让学生们参与研究自然界的规律。在这些研究过程中,广泛使用了数码照相机和数码摄像机等设备。

比如广州市第4届科学小星星专题探究成果二等奖"大闸蟹保持身体平衡的秘密"[②],小学生们在教师的指导下,利用数码照相机拍摄大闸蟹在水中的不同姿态,然后利用这些照片来进行研究,可以避免无法长时间定格观察实物某种姿态所带来的问题。

三、数字视频制作播放设备在教学中的应用

同模拟的播放设备相比,数字视频播放设备功能更多、交互性更强,在教学中可以获得更加广泛的应用。数字视频制作播放设备在教学中主要有以下几方面的应用:

(一)课堂播放教学

利用数字视频制播设备实现课堂播放教学的功能。这是一种常用的数字视频媒体在教学中应用的方法。与早期在课堂中使用模拟电视机进行播放教学相比,数字视频制播设备的教学功能更加丰富。教师在教学的过程中,不光能够播放音像教材,还能够在播放过程中,对所播放的视音频材料直接进行非线性编辑加工处理。

例如在人教版八年级英语义务教育课程标准实验教材(下册)"Would you mind turning down the music?"的教学过程中,使用非线性视频制播系统,教师先通过系统向学生播放课程对话的录音,让学生理解"Would you mind (not) doing ..."句子结构的特点,以及如何应用。在学生听读完成以后,教师根据学生的学习情况,利用"Windows Live 影音制作"系统等工具实时将不同的对话录像、录音组合在一起,提供给学生进行练习。

① 找次品(课件). 执教:崔婉婷(广州市三元里小学),制作:简子洋(广州市方圆实验小学)

② 石浩然、陈钊峰、伍梓婧、涂洲、周予晟、程怡馨、杨鼎阳、张茗荃. 大闸蟹保持身体平衡的秘密(指导教师:黄凌苹、陈石彬)

与直接采用视频播放设备来进行播放教学相比,这种利用非线性制播系统来进行播放教学,除了可以实现视频播放设备的所有功能以外,还能够根据课堂教学的实际情况,灵活地给学生提供不同的教学材料。

（二）提供优秀资源

利用数字视频制播设备可以很方便地对数字视频进行编辑制作。随着数字视频制作技术的自动化程度越来越高,普通教师都可以利用这些设备自行完成教学节目的制作。优秀教师的讲课、专家讲座等现场视频都可以被迅速制作出来,成为促进教师教学的优秀教学资源。由于采用了非线性编辑软件以后,教师采用非常廉价的计算机就可以制作出以往需要很专业的设备才能够完成的视频作品,因此这都为提高教学资源的质量提供了物质基础。

例如高中物理中各种知识之间都是有相互联系的,如牛顿运动定律、万有引力、行星的运动、动量守恒定律、机械振动等。采用传统的教学方法,学生要经过多个学期才能够学习到相关的知识。一些学生学到后面的知识,就开始遗忘前面的知识了。通过非线性制播系统,教师将每个学期自己的讲课过程用数码摄像机录制下来,然后对每个学期自己讲课录像中有关联的内容进行剪辑合成,再播放给学生看。由于这些录像都是学生亲身经历的内容,因此重新播放的时候将更容易让学生回忆所学的知识,并和现在所学的知识结合在一起,起到融会贯通的作用。

（三）改革教学内容

视频非线性制作过程就像是利用文字来进行写作。目前中小学课程教学内容以语言文字为主,学生的作业也基本上都是文字符号的形式。在今后非线性视频编辑制作技术获得进一步发展的情况下,中小学的教学内容可以适当考虑增加视觉语言表达、视频制作方面的内容。这样学生可以利用数码摄像机或数码照相机对各种景物进行拍摄,然后按照图像视频编辑的要求,灵活地组合这些图像视频资料,借助视觉语言的方式向其他人表达自己的观点。

这样的教学内容改革是很有必要的。随着技术的发展,一些学生在拥有了数码图像视频设备的情况下,通过自学的方式,已经能够通过视频制播软件制作一些简单的视频,并将其上传到网络上。但是在这方面很多的中小学生还不够成熟,审美观也存在一定的缺陷,结果拍摄制作出一些让人不安的视频,并被上传到网络上[1],这已经引起了教育界人士的注意。事后证实其中一部分视频只是学生之间的一场表演。但是这也说明,即便是初中的学生都已对采用视觉语言的方式来表达自己的想法有了浓厚的兴趣。

（四）利用虚拟演播室开展课堂教学[2]

虚拟演播室在教学中有着非常广泛的应用。随着技术的发展,虚拟演播室技术也能够在课堂教学中发挥作用。比如在一些艺术类的课程教学过程中,利用虚拟演播室可以虚拟出各种场景,促进学生对艺术作品的理解。

当然,虚拟演播室同样也可以在其他科目的课程教学中获得应用。利用虚拟演播室技术可以将教师或学生的讲课或讨论、表演过程实时叠加外部的背景,让学生在课堂中就可以获得身临其境的感觉。例如在讲授北师大版小学二年级语文课(2004.10,第三版)"青青的山"一单元课程教学的过程中,利用虚拟演播室技术,教师在讲台上安装一块蓝色的背景布,

---

[1] 初中生群殴飞踹同学拍照片称很好玩. http://news.sina.com.cn/s/p/2009-10-12/030618810035.shtml
[2] 涂涛,叶永沛. 虚拟演播室技术在教育教学中的应用[J].中国电化教育,2004,(5):83～85.

利用摄像机拍摄教师的讲解,并将摄像机以及追踪系统输出的信号传送到主控设备,然后利用色键合成器将教师的讲课过程与图形工作站中的武夷山背景图像合成在一起,并传回到教室中。

教室中安装了至少两台显示器,一台大屏幕的显示器直接面向学生,用来向学生播放合成以后的教师讲课视频。另一台小一些的显示器则面向教师,让教师把握好自己在武夷山背景图像中的位置。

这样的教学过程可以让学生仿佛置身于武夷山的风景之中,老师则是一个导游,不断向学生介绍相关的知识。而虚拟演播室技术的应用,则可激发学生对科学技术的兴趣。

(五)利用虚拟演播室促进远程教学[①]

随着虚拟演播室技术的发展,在利用数字电视、计算机网络开展的远程教学活动中,采用虚拟演播室技术来进行节目的制播已经成为了发展的趋势。采用了虚拟演播室技术以后,教师在演播室中就可以添加任意的背景图像。这对于一些有现场实景展示内容的课程教学是非常有效的。

例如在电大课程"中国民俗文化"的教学过程中,采用了虚拟演播室技术以后,教师就能够在演播室中走进傣家竹楼,给学生介绍傣家竹楼的结构、功能和传说等。当然,在介绍完了傣家竹楼以后,镜头一转,教师马上又可以进入上海民居,给学生介绍上海民居的特点。这样的教学节目制作要求是传统的演播室无法达到的。

(六)制作多媒体课件素材

数字视频制播设备的另一个应用就是多媒体课件素材的制作。随着多媒体计算机以及计算机网络在教学中应用的不断深化,课件的制作成为了很多教师感兴趣的内容。但是很多教师制作出来的课件多媒体性比较弱,基本上采用的是一种文字教材搬家的方式。造成这一问题的原因就在于视频制作的过程比较复杂,且需要非常专业的设备,这都是一般的教师所不具备的。而随着数字视频制播技术的发展,利用普通的多媒体计算机就可以完成数字视频的制作,这为教师丰富自己制作的多媒体课件内容提供了非常好的条件。

例如在人教版高中化学第二册(必修加选修)"原电池原理及其应用"的教学过程中,教师期望通过课件的形式来向学生展示原电池的原理。如果仅采用 PowerPoint 或 Flash 的方式,教师只能够向学生提供比较抽象的图形或动画演示,与真实的原电池的原理演示实验有一定的差距,且制作这种动画需要比较复杂的技术。这时候教师可以考虑直接采用数字视频的方式来进行展示,既可以节约制作课件的时间,也可以给学生更加直观具体的经验。

在制作的过程中,教师先利用数码摄像机或数码相机的短片拍摄功能将整个实验过程拍摄下来。为了在后期制作的时候有更多的可用素材,教师应该多拍几段,这可以给视频制作带来方便。

拍摄了足够的素材以后,教师利用"Windows Live 影音制作"软件将这些素材合成在一起,形成完整的视频。然后插入到 PowerPoint 或 Flash 课件中,和课件中的动画结合在一起。在课堂播放的时候,由于课件既可以提供抽象的文本和图形动画,也可以提供形象生动的数字视频,能够充分满足学生采用多种方式来获取知识、提高教学效率和质量的需求。

85

① 秦新利. 虚拟演播室在现代远程教育中的应用[J].第四军医大学学报,2002,(23):87～89.

第三节 数字图像视频类媒体对教师专业发展的促进作用

一、数字图像视频类媒体的优点

数字图像视频类媒体具备以下几种应用特性：

(1)能够提供静止或运动的图像。利用电视可以在课堂上播放图像和视频。随着课堂播放媒体的广泛应用,现在能够以更低的成本在课堂中呈现数字图像和视频。

(2)能够记录和回放静止或动态图像。数码照相机能够拍摄静止画面和运动的短片。数码摄像机则能够拍摄运动的数字视频。这些设备目前使用起来越来越方便,教师和学生都可以灵活使用,记录各种校园生活的片断。

(3)记录方式多种多样。数字图像视频类媒体技术发展得很快,可以使用多种方式来进行记录,包括数码相机、数码摄像机、移动电话、摄像头、DVD 刻录机、录像机等。这些记录设备可以安装在走廊、教室、办公室中,使用起来灵活方便。

(4)能远距离传播视音频信息。一些数字图像视频类媒体具有远距离传播信息的功能。利用地面数字电视、卫星数字电视等技术,则能够将图像视频信息从一间教室传到另一间教室,从教室传到办公室、从教育局传到学校……。教育信息的交流得到空前的发展。

(5)便于携带和移动。数字图像视频类媒体另一个重要的发展方向就是便携性和移动性。现在的 MP4 播放机,利用大容量的半导体存储器,能够存储几十小时的数字视频内容。一个 MP4 播放机只有手掌大小,携带起来非常方便。

(6)具备比较强的交互性。目前的数字图像视频类媒体也突破了以往只能进行单向信息传播的特性,教师在使用的时候,还可以灵活地与这些媒体进行交互。比如现在的数码摄像机,在拍摄的时候,教师可以一边拍摄一边添加镜头组接的各种技巧。另外也可以对整个画面添加视频、动画的效果等。电视机屏幕带有触摸功能以后,教师就可以灵活地进行播放和交互,充分满足教学的需要。

二、数字图像视频类媒体的不足

数字图像视频类媒体在教师专业发展中的应用也有一定的局限性,这些局限性表现在:

(1)图像视频并不像文本那样能够呈现给观众比较准确的含义。一幅图像,观众站在不同立场来理解是不相同的,差别非常大。自然对于这种媒体传播效果的把握就比较困难了。

(2)数字图像视频的制作技术比较复杂,需要教师对视觉艺术的表达方式有深入的理解,并不是所有的教师都能够做到这一点的。因此给这一类媒体的推广和应用带来了一定的困难。

(3)目前一些数字视频媒体的标准不够统一,数字视频的播放需要专门的解码器,这给资料、作品的交流带来了一定的不便。

(4)对于农村偏远地区而言,这些数字视频设备价格还是贵了一些。同沿海发达地区教师相比,要让这些地区的教师充分享受这些媒体带来的好处,还需要做很多的工作。

(5)电力供应和信号的强弱也影响了这些媒体的应用。在一些偏远的地区,由于电力供应不够稳定,无法达到正常使用这些媒体的要求。在农村地区,连接 Internet 的设施不齐全,导致这些地区不能有效地通过网络获取数字图像视频资料。而在一些城市中,高大的楼宇遮挡住了卫星信号的传播,影响了卫星数字电视接收的效果。

三、基于数字图像视频媒体的专业发展环境

利用数字图像视频类媒体可以构建出以下几种专业发展环境：

（一）课堂教学观察和自我评估的环境

在教室中安装摄像头等装备，将教师的整个教学过程记录下来，教师在课后可以及时调用这些教学过程的录像资料，来对教学过程进行自我评估和反思，提高教学的效果。由于目前数字视频压缩技术已经能够达到非常高的压缩比，在这样的环境中，利用硬盘存储器来存储教师的教学录像，一个小时的教学过程只需要占用几百兆字节的容量，教师利用 U 盘就可以很方便地将这些录像资料拷贝回自己办公室或家里的计算机中。

（二）远程交流与合作的专业发展环境

利用数字电视远程传播信息的特点，可以构建一个远程交流与合作的专业发展环境。具体的做法是，将一个学校或一个地区的所有学校利用地面数字电视系统或计算机网络进行联网。优秀教师的教学录像以及专家讲座等形式的内容可以通过这个系统传播出去。也可以利用双向系统，实现点对点的数字视频传播，实现学校之间的交流与合作。

这里使用的地面数字电视系统可以是有线电视系统，也可以充分利用数字频率资源，由相关单位直接划拨无线数字电视资源给教育系统，设置专门的教师交流与合作频道。随着计算机网络带宽的不断增加，这样的地面数字电视系统也可以利用网络的方式来进行传输。

（三）校本培训研讨室

利用数字视频媒体构建校本培训研讨室，在传统的研讨室中增加各种数字图像视频类媒体，将能够在整个研讨室中形成一种多媒体的研讨环境，教师不光可以通过语言的方式来进行研讨，还可以将自己在教学实践过程中拍摄的照片、录像等材料在研讨过程中进行展示，这样的教研过程将是一个气氛非常活跃和具备创新精神的研讨过程。

四、数字图像视频类媒体促进教师专业发展的策略

（一）运用数字图像视频类媒体提高教师的教学能力

运用数字图像视频类媒体能够真实地记录教师的教学行为，提供教师教学反馈信息，帮助教师了解自己在教学过程中存在的问题，有效地促进教师提高自己的教学能力。在教师专业发展的过程中，教师可以通过安装在课室中的摄像头记录下自己的教学过程，也可以通过专门的微型课室，制定系统的训练计划，有目的地训练自己的教学能力。

例如一些新入职的教师由于教学经验不足，课堂教学过程中无法有效地应用各种教学技能和技巧。这时候可以考虑采用数字图像视频类媒体来提高自己的教学能力。如果学校中有专门为提高青年教师教学能力而设置的微型课室，就可以采用微型教学法专门对自己没有把握好的教学技能进行集中训练。而如果没有安装这样的专用课室，也可以在普通的教室中利用数码摄像机或摄像头将自己的教学过程记录下来，提供课后分析之用。当然，青年教师也可以在自己的家里利用家用数码摄像机或网络摄像头来进行训练。

（二）促进教师的反思

数字图像视频类媒体也是一种非常有效的反思工具。教师可以利用数码照相机、数码摄像机将自己的教学过程拍摄下来，供课后教学反思之用。在数字图像视频媒体迅速发展的今天，教师不光可以布置书面作业给学生，也可以布置图像和视频作业。让学生动手拍摄下自己看到的内容，进行归类、分析、总结，促进教师对整个教学过程进行反思。

87

传统的教学反思过程通常则是采用文字的方式来进行,这种方式的好处在于记录教学过程,分析问题比较方便,也有利于总结前一段时间的教学工作。但是不足之处在于没有现场的图像辅助分析,随着时间的推移,教师对自己当时教学过程的回忆遗漏比较多。如果能够结合其他的媒体,特别是数字图像视频类媒体来进行反思,教师在文字分析的基础上,发现有新问题的时候可以重放课堂教学录像,采用慢放和定格的方式,更加深入、准确地找出存在问题的原因,进而对教学提出改进方案。

(三)促进教师的交流与合作

由于数码照相机、摄像机,甚至摄像头等,都能够将形象直观的照片和录像记录下来,这为教师之间的相互交流提供了一条新的途径。

例如在很多具备了条件的学校中,经常会组织教师出外旅游。旅游是教师专业发展的一种非常有效的方式。随着数字图像视频类媒体的普及,教师们出外旅游的时候都会携带数码相机或数码摄像机等设备。利用这些设备可以将教师出外旅游过程中所见所闻摄录下来。一次旅游结束以后,学校将教师在各地所拍摄的照片或录像片集中起来,综合整理。由于有非常丰富的照片和录像材料,除了满足教师对自己所拍摄的照片或录像进行反思以外,还可以观看其他教师拍摄的照片和录像片,分享他们/她们的旅游心得体会,促进教师之间的相互交流与合作。

(四)学习优秀教师的教学经验

在教师专业发展过程中,其他教师的教学经验对于提高教师的专业能力是非常有帮助的。用传统的方式来学习优秀教师的经验,通常是采用集中培训或公开课的方式来进行。教师需要去到很远的学校学习和交流。现在可以直接通过地面数字电视系统或者录像交流的形式,来获得优秀教师的教学经验,促进教师专业能力的提高。

例如像广州从化这样比较偏远的山区,教师需要更新自己的知识,往往采用集中培训的方法来进行。但是在教学过程中,培训机构也发现还是存在一些难以解决的问题。整个从化市面积达到一千九百多平方公里,占到广州市面积的1/4。一些山区交通不便,给这些地区的教师参加集中面授带来了不便。如何确保所有的教师都能参加培训,成为每个培训班面临的一个比较大的问题。如果采用数字图像视频类媒体,则可以在自己所任教的学校甚至是在家里观看专家和优秀教师教学录像的方式来进行专业发展。视频录像则可以通过数字电视、宽带计算机网络的方式传输过去,这样既满足了教师专业发展的需要,也解决了专家学者、优秀教师如何去到这么远的地方授课的问题。

(五)提高教师的现代教育技术应用能力

能够在教学过程中运用数字图像视频类媒体,是现代教育技术基本能力的重要组成部分。教师在使用这些媒体的过程也是一个不断提高自己现代教育技术应用能力的过程。在使用数码相机和数码摄像机的时候,教师需要了解摄影构图的知识。使用非线性编辑系统对视频进行编辑,则是一个熟悉使用软件的过程。在不断的硬件和软件的使用过程中,教师也就逐渐掌握了现代教育技术在教学中应用的方法。

例如在高等院校量子力学课程的教学过程中,很多的教师往往觉得这样的课程难以采用现代教育技术开展教学活动,一些教师甚至对现代教育技术是否能够有效地促进教育教学效率和质量的提高产生疑问,满足于黑板加粉笔的传统教学的模式。这时候可以通过观看其他教师如何用现代教育技术来开展量子力学课堂教学活动的录像,分析这些教师在教学过程中如何采用现代教育技术进行教学,有哪些比较好的经验,存在哪些问题等。这对于促进教师现代教育技术运用水平的提高有比较显著的效果。

（六）促进教师改进课堂教学方法

将数字图像视频类媒体应用到一门课程的教学过程中，意味着在这门课程的教学过程中，教师的教学内容、教学方法也将随之而发生变化。实践证明，一种新媒体的引入，总是能够有效地引起教学内容和方法的有效变革，数字图像视频类媒体的应用也不例外。

例如在人教版八年级物理义务教育课程标准实验教材（上册）"看不见的光"一节内容教学过程中，采用传统的方法通常是就先给学生看一下这些光线在光谱中的位置，然后分别从理论上介绍红外线和紫外线的特点。这些知识对于学生来说比较抽象，学生学习以后印象也不深刻。如果采用数字图像视频类媒体，教师就可以改变传统的教学方法，通过普通摄像机和红外摄像机拍摄相同的景物，让学生仔细观看比较所拍摄的图像之间的差异，让学生认识到这些看不见的光线在日常生活中是普遍存在的，从而获得有关这些知识的更直接的经验。

（七）促进校园文化建设

数字图像视频类媒体的应用，也同样丰富了校园文化生活。教师们之间的情感交流不再局限于面对面、通过电话等方式来进行交流。通过数字图像视频类媒体，教师还可以互相分享出外旅游、进修所拍摄的照片和录像片，也可以在校园的网站上放上更多的形象直观的图像和视频短片。

一个学校校园文化建设得好，则能够更加有效地促进全体教职员工的专业发展，而数字图像视频媒体则在校园文化的建设过程中起到信息交流的作用。例如在一些新成立学校中，由于各项建设都处在起步阶段，教职员工相互之间看到的都是新面孔。在这样的一个环境中提升校园文化的管理水平，促进校园文化的建设，可以采用多项措施。这些措施包括准确地对校园文化建设进行定位、探究校园文化建设中可能遇到的各种问题、寻找切实可行的解决方案、确定校园文化的核心内容、进行行动研究等。在每一个环节中，学校都可以广泛采用数字图像视频类媒体，将校园文化建设中的各种先进事迹记录下来，校园文化建设小组和教师对照片和录像资料进行综合分析，不断深入反思，最终形成一个积极进取、和谐发展的校园文化环境。

（八）增进教师与学生及学生家长之间的交流

通过数字图像视频媒体，也可以增进教师与学生以及学生家长之间的交流。学生可通过照片、录像短片的形式完成作业，家长也可以通过教师提供的照片和录像片了解学校的交流情况。家长还可以将自己一家人出去旅游的照片和录像片提供给教师观看，了解学生在家里的学习和生活情况。

例如幼儿园教学中，幼儿新入幼儿园，对于家长来说都是一件非常重要的事情，很多家长非常关心自己的子女在幼儿园的生活和学习情况。但是限于条件，也为了培养幼儿独立精神，新生入园，无法让家长全程关注自己的小孩在幼儿园的生活情况。这时候通过在幼儿园区安装摄像头的方式，来向家长提供幼儿学习活动的实况。家长可以通过互联网，按照幼儿园提供的网址，打开幼儿园的摄像头，幼儿在园区活动的情况也就一目了然了。在幼儿放学以后，家长还可以与幼儿一起观看摄像头的录像回放图片，一起总结如何适应幼儿园的生活问题。

与传统的方式相比，由于对幼儿园的教学情况有更全面的了解，家长就能够针对幼儿上学过程中存在的问题协助教师一起来解决。另外，让家长充分了解到幼儿园的教学情况，也有助于消除一些家长对幼儿园的误解,增进家园互动,共同促进幼儿教育的发展。

实验 5—1   数码相机的使用

实验目的:

1. 通过该实验掌握数码相机的基本使用方法。

2. 熟悉基本的摄影构图知识。

实验器材:数码相机、读卡器、闪存卡、计算机

实验步骤:

1. 数码相机的开启和关闭、基本按钮的操作。

2. 用数码相机取景。

3. 分别针对静物、人像、运动物体、远景,利用数码相机的不同拍摄模式进行拍摄。

4. 用读卡器将所拍摄的照片复制到计算机硬盘中。

作业:

上交不同拍摄模式的摄影作品。

实验 5—2   数码摄像机的使用

实验目的:

1. 通过本实验掌握数码摄像机的基本使用方法。

2. 掌握景别、镜头的运动等概念的具体运用。

实验器材:硬盘数码摄像机、数据线、计算机、三角架

实验步骤:

1. 实验前写出约一分钟长度的分镜头稿本。

2. 熟悉摄像机的基本按钮,并能进行简单的操作。

3. 利用手持、三角架等方式进行拍摄。

4. 利用数据线将录像素材输入计算机硬盘。

作业:

上交一分钟左右的摄像素材。

实验 5—3   Photoshop 图像处理

实验目的:

1. 通过实验了解数码相片处理的基本要求。

2. 掌握 Photoshop 的基本使用方法。

实验器材:安装有 Photoshop 的计算机

实验步骤:

1. 用 Photoshop 打开实验 5—1 所拍摄的数码相片。

2. 对照片的亮度、对比度进行处理。

3. 利用 Photoshop 的工具命令,将景物的照片和人像的照片合成在一起。

4. 给照片添加一至两个滤镜效果。

5. 给照片添加文字。

作业:

上交一至两幅经过 Photoshop 处理的照片。

实验 5－4　用 Windows Live 影音制作软件合成素材

实验目的：

1. 通过本实验了解视频非线性编辑的基本知识。

2. 掌握 Windows Live 影音制作软件的基本使用方法。

实验器材： 安装有 Windows Live 影音制作软件的计算机

实验步骤：

1. 打开 Windows Live 影音制作软件。

2. 将实验 5－2 拍摄的多段视频素材导入到 Windows Live 影音制作软件之中。

3. 给相邻两个镜头之间适当添加过渡效果。

4. 添加片头片尾。

5. 给中间的某段画面添加字幕。

6. 将编辑好的视频输出为 wmv 文件格式。

作业：

1. 上交经过编辑的视频文件，要求时间严格控制在 1 分钟。

2. 在上述 4 个实验完成以后，写一份实验报告。

习　题

1. 分析数字图像视频类媒体有何特点，今后的发展方向如何？

2. 如何用数字图像视频类媒体来促进教师的专业发展？

第六章

多媒体计算机网络类媒体及其教学应用

学习目标

1. 名词解释：多媒体、计算机网络、数字化时代、数字化生存、OSI 参考模型、TCP/IP 参考模型、多媒体课件、虚拟教室、WebQuest、博客、网络教学平台、网络化管理信息系统、网络教育资源、移动学习
2. 了解多媒体计算机网络、多媒体课件、移动技术的知识
3. 能区分不同网络平台的功能，了解网络平台在教学中的应用
4. 掌握网络信息管理系统的知识，熟悉几种常用的网络信息管理系统
5. 能够通过搜索网络教育资源来促进课堂教学
6. 探讨移动技术在教学中的应用

92

第一节　多媒体计算机网络类媒体概述

一、数字化时代与数字化生存

信息化的一个重要标志就是数字技术的大量应用。多媒体计算机处理的是数字信号，计算机网络传输的也是数字信号。人们也将现在这个时代称为数字化时代。如何适应这样一个充满了数字技术的时代，就涉及到一个"数字化生存"的问题[24]。

数字化时代具有以下几方面的特点：

1. 二进制数字是数字化社会的基石

与生物体相比，二进制数字就像 DNA 中的"碱基"一样，多个 1 和 0 组合在一起，就可以构成一串二进制数字。而不同的二进制数字组合在一起，就构成了某种数字技术的"基因"。比如静态图像处理技术的二进制数字具有自身的一套规律。我们可以通过 JPEG 压缩算法对所有的数码相机拍摄出来的图像进行压缩。而数字视频的处理，则得益于我们对数字视频规律的了解，因此可以通过 MPEG－1、2、4 等技术对其进行压缩和传播。汉字字符的编码，则是文字符号的数字"基因"，通过汉字字符的编码，我们才有可能利用 MS Word 等文字处理工具来处理文本。由这些数字基因生成的数字技术，就构成了我们现在这个社会所赖以生存的数字化环境。

2. 信息流在整个社会的发展过程中起着越来越重要的作用

在如月球、火星等这样的无生命的星球上，主要是物质流在支配着整个环境的发展和变化。信息在其中的传播非常微弱，比如光线明暗的变化，可能会影响到一些物质的物理和化学性质发生变化。这些都是通过物质的相互作用而发生的。而一旦有了生物以后，信息流

的作用就开始变大了。比如植物中,一些微量元素作为信使会影响到植物的新陈代谢作用。这就是信息的传递对植物生长的影响。到了动物系统,这种信息的作用就更大了。比如动物体内的激素变化对动物的行为有着重要的影响。而动物之间通过声音、肢体动作则更是可以传递敌人到来的信息。这说明越高级的生命体,将越严重地依赖信息的传播才能更有效地生存下去。对于人类来说,虽然远古的时候人类信息交流的工具比较原始,但是即便在这个时期人类社会对信息流的依赖程度,也已经远远超越了动物界用简单的声音和肢体动作来传递信息的层次,这使得人类在整个进化的过程中占据了绝对的优势。而到了数字化时代,信息技术达到了一个空前的发达程度。各种数字化技术的出现,使得信息的传播变得更加有效率。人类社会也向前迈进了一大步。在这样的社会中,人类对信息的依赖也同样达到了一个前所未有的程度。信息流对于整个社会的发展和促进作用自然也变得更加巨大。

3. 人类变得比任何时候更需要合作

在数字化时代,由于通信技术的迅速发展,地球上人与人之间的距离被拉得更加近了,以往受到地理环境限制的合作,现在完全可以有所突破。在互联网上,国界的限制基本上消失。一个地处中国偏远农村地区的小女孩,通过互联网也可以浏览到哈佛大学的网站。而在商业应用过程中,这种无国界的限制,使得一个中小企业也可以通过互联网将自己的分支企业拓展到万里之遥的其他地区。这样发展直接导致的结果就是,如果一家公司仍然固守于传统的小农经济的模式,不参与到这种全球化的进程中去,则很容易面临被淘汰的危险。对于个体来说,同样也面临着这样的问题。

4. 每个人总是可以找到自己的伙伴

网络的发展,也使得我们更容易找到与自己价值观相同的人士。面对几十亿人的网络,任何一个有自己想法的人,通过网络,总可以找到一个与自己持相同观点的人,从而促进了人与人之间的相互交流。

5. 世界的虚拟性以及虚拟现实技术

网络是一个虚拟的世界,在这个虚拟的世界中,人们可以从事各种商业、教育、科技的活动。而随着技术的发展,一种全新的虚拟现实技术的出现,则使得这种虚拟的环境更加逼真。借助这种虚拟现实技术,人们将进入一个更加逼真的环境,在这个环境中,可以完成现实世界难以完成的科学实验。

6. 多媒体环境

随着网络带宽的迅速增加,在网络上不仅仅可以传递文本信息,同样也可以传递图形、图像、声音、视频等的多媒体信息。因此在网络上人们的交流方式更加多样化,每个人都能够找到适合于自己的交流方式。

7. 每个人可以更加充分地表达自己的意见

网络是一个平等的环境,一个知名人士可以通过网络发表自己的博客,而一个普通人也可以在同一个网站上发表自己的博客和观点。

8. 数字化环境中也受到法律的约束

尽管数字化环境是一个虚拟的环境,但是在这个环境中,现实世界中的法律仍是适用的。即如果在网络环境中,利用网络来从事犯罪活动,也必将受到法律的惩罚。

9. 提高信息交流的效率

数字化环境能够有效地提高信息交流的效率。因为使用了数字化技术,信息可以通过先进的压缩算法进行压缩,然后通过宽带网络来进行传输,确保了信息传递的质量和速度。

93

而随着多媒体技术的发展,我们则可以通过更多的途径来进行交流,这是一种更加有效的交流方式。

如何在数字化的环境中有效地生存下来,则是一个必须严肃考虑的问题。以下几点仅供参考:

1. 人类的生存环境发生了变化

要在这样的一个数字化的环境中生存下来,首先要意识到,自己的生存环境已经发生了变化,所以不能够以不变应万变。环境变化了,意味着我们必须改变自己的生活方式,来适应环境的变化。

2. 全球化导致必须分工合作

数字化时代是一个全球化的时代。在数字化时代中,人们更需要明确的分工合作,所以在数字化时代中,要学会如何与人进行充分的合作和交流。

3. 在网络环境中寻找适合于自己的群体

互联网提供了相互交流的环境,也给了人们更多的选择。所以在这种环境下,人们能够更容易地找到志同道合的人,这样对自己的事业发展、专业成长将有非常大的促进作用。

4. 不光通过文字的方式来获取信息和知识

在数字化时代,不光要具备比较强的文字运用能力,以便与其他人进行交流,还要学会使用其他的方式,如图像、视频等来与其他人进行更加充分的交流。

5. 善于利用网络来表达自己的情感

在网络时代,网络提供了一个人与人之间充分交流的环境,能够更好地满足人的情感的需求。一个教师如果能够利用好网络来表达、宣泄自己的情绪,对自己的成长是有利的。

6. 善于利用网络来进行学习

传统的学习方式通常是进入学校进行学习。这种学习方式受到围墙的限制,学习过程有诸多不便。而通过网络的方式来进行学习,则不会受到学校围墙的限制,且学习方式非常灵活,特别能满足终身学习的需求。因此,善于利用网络来进行学习是网络时代生存的一项非常重要的技能。

7. 将虚拟世界与现实世界结合起来,用虚拟世界补充现实世界

虽然网络的力量非常巨大,但是网络传递的是信息流。以目前的技术,网络上不可能生长出大米,也不可能直接传送一个面包过来。几乎网络上所有东西都是虚拟的。因此在数字化时代生存的时候,还要善于在虚拟世界和现实世界之间灵活地切换角色,利用网络虚拟世界对现实世界进行有效的补充。

8. 不应该排斥网络,应该消除对网络的错误看法

在数字化时代,排斥网络是一种愚蠢的行为。因为网络是数字化生存的基础。虽然网络也可能会带来一些丑陋的东西,但是这就像现实世界中也同样存在犯罪现象一样,只要完善相关的法律建设,就必然可以营造出一个健康向上的网络虚拟环境。

9. 学会利用网络提高生活的质量

在数字化的时代,有了网络以后,就可以充分利用网络提供的便利,来提高自己的生活的质量。包括利用网络来补充自己的知识;利用网上商务活动,来实现网上购物,不出门就可以购买到自己所需要的商品。当然,还可以充分利用网络来丰富自己的文化生活等。

10. 利用网络节约能源

尽管整个互联网的运行需要消耗大量的能源。但是我们也要看到,正是因为有了互联网,使得信息的交流更加充分,各种节能减排的知识可以更加有效地进行共享,这将有助于提高环保技术的水平，来达到节约能源的目的。

11．遵守各种法律和各种规章制度

在网络上同样也要遵守各种法律和规章制度。网络虽然是一个虚拟的环境，在这样的一个环境中，现实世界中的法律依然是有效的。所以不做违法犯罪的事情，是一个数字化时代公民的义务。

二、多媒体计算机与计算机网络

（一）多媒体计算机

多媒体计算机是能够呈现文本、图形/图像、声音、动画、视频的计算机。早期的计算机由于处理器运算速度的限制，处理视频文件需要占用大量的资源，因此标准定得都比较低。随着超大规模集成电路技术的发展，目前的微处理器已经能够轻松处理比较复杂的 MPEG－4 视频压缩算法。在计算机完成其他工作的同时，利用富余的计算资源就可以完成视频的解压缩与播放。

从 CPU 技术的发展来看，在 Intel 公司推出了奔腾系列处理器以后，就开始在 CPU 之中加入额外的多媒体指令。利用这些多媒体的指令，可以实现以更少的指令周期来执行一些常用的多媒体数据处理的任务，比如图像数据传送、视频数据的播放等。目前 CPU 多媒体指令已经发展到了 SSE4 的版本。由于英特尔公司在提出了 MMX 多媒体指令以后，就开始注意知识产权的保护，因此后续的多媒体指令的发展，Intel 公司就和 AMD 公司走了不同的道路。AMD 公司开发了自己的 3D－Now 技术，而 Intel 公司则开发了 SSE 技术。不过从本质上来看，这两家公司的多媒体技术其内涵基本上是相同的，都可以获得各种软件及操作系统的支持。

光有 CPU 还不能够独立运行，还需要计算机主板的支持。目前计算机主板都采用了高度集成的技术，在计算机主板上主要有两块超大规模集成电路的芯片，再加上一些外围的电路构成，这些芯片就叫做计算机主板的芯片组。目前很多公司生产的芯片组基本上都采用了南北桥的结构。其中北桥芯片使用的是最新的计算机芯片技术，它是同 CPU 技术共同发展的。也就是说，一旦推出一款新的 CPU 或者新的总线结构，北桥芯片技术就要随之而发展。之所以北桥芯片技术这么重要，是因为其担负了最重要的 CPU 到内存以及显示卡数据传输的桥梁的作用。所以一款芯片组的推出，都是按北桥芯片来进行命名的。

与北桥芯片相对应的就是南桥芯片。南桥芯片主要实现总线跟外围比较慢速设备数据传输的管理需求。比如软盘控制器、硬盘控制器、PCI 总线、USB 总线、网络控制器等。由于这些外围技术速度方面的要求比较低，且生产厂家数量繁多，所以在技术上发展得不是很快。故一般来说，南桥芯片技术方面都是比较稳定的。

通过这些芯片组，CPU 实现了跟所有外围设备的连接和数据交换，从而实现了计算机的基本功能。

多媒体计算机的另一个重要技术就是显示数据传输局部总线技术。早期直接使用 PCI 总线，计算机到显示卡连接的数据速率受到严重的制约。为了提高主板到显示卡数据传输的带宽，后来发明了 AGP 技术。该技术的中文名称叫做高速图形端口，意思是这并不是一种新的总线技术，使用的还是旧的技术，但专门为内存以及 CPU 到显示卡提供了一个通道。这样能够满足显示卡对数据带宽的需求。目前 AGP 技术已经逐渐被淘汰，取而代之的是速度更快的 PCI－Express 总线技术。

与显示数据传输局部总线相关的就是显示卡技术。显示卡是显示出高清晰度、色彩逼真的多媒体图像和视频的基础。对于一些操作系统,比如 Windows Vista 等系统,为了能够获得理想的显示效果,必须配置支持最新显示技术的显示卡,才能完全使用操作系统的功能。

目前一块显示卡的价格已经同计算机主板的价格差不多。每一块显示卡就像是一块计算机的主板,上面的核心器件就是其中的 GPU。GPU 的中文含义是图形处理器。从功能上来比较,GPU 比 CPU 要单一一些。但是正因为其功能上比 CPU 简单,所以在制作集成电路的时候,GPU 的集成度非常高,运算速度也比一般的 CPU 速度要快。目前生产 GPU 的厂家主要有两家,一家是 AMD 公司,它生产 ATi"镭"系列 GPU;另一家是 nVidia 公司,它生产 nForce 等系列 GPU。

除了硬件上能够获得足够的支持以外,软件方面的支持也同样重要。为了能够获得更加逼真的显示效果,在操作系统中还要安装所谓的 Direct X 图形加速软件。这种图形加速软件提供了程序员设计 3D 动画以及视频解压缩播放所需的接口。这样具体的硬件对于程序员来说,就是完全透明的了。目前为了获得非常逼真的显示效果,皆要求所安装的显示卡应该达到能够支持 Direct X 9.0 以上版本的要求。

除了微软公司的 Direct X 系统以外,在 Linux 等系统中,图形加速软件则比较多地使用 OpenGL。目前在 Windows 系统中也同样可以支持 OpenGL 图形加速,不过使用得非常少。

显示卡输出的信号通过模拟的 VGA 接口或完全的数字接口 DVI 输出给显示器,就可以显示出丰富多彩的多媒体信息。目前多媒体计算机的显示器主要采用的还是 LCD 宽屏显示器。不过由于技术方面的问题,为了获得更高质量的图像显示,在某些场合还必须使用 CRT 显示器。但是随着技术的发展,相信 CRT 显示器的最终被淘汰只是一个时间问题。

除了显示系统以外,多媒体计算机系统还要有数字音频方面的支持。具体来说,就是在多媒体计算机中应该安装有声卡。早期的声卡非常复杂,价格也非常昂贵。然而随着 CPU 技术的发展,CPU 的速度越来越快,目前利用少量 CPU 空闲的计算机资源就足以完成数字音频的处理。所以目前几乎所有的计算机都不再安装独立的声卡了,而采用集成在主板南桥芯片中支持 AC97 标准的软声卡来完成数字音频的处理工作。

从声卡中输出的音频信号,直接输出到带功放机的音箱中,就可以听到多媒体计算机播放的声音。

(二)计算机网络

1. 计算机网络的层次

计算机网络是一个比较复杂的系统,计算机网络的研究通常采用层次划分的方法。利用各层次功能的独立性,以及上下两层次之间的服务与被服务之间的关系,可以对复杂系统进行简化,更为有效地促进各专业之间的相互合作与交流。

计算机网络通信同人与人之间的信息传播有密切的关系:一方面大众传播可以借助计算机网络来实现;另一方面计算机网络通信在原理上与大众传播又有很多类似之处。在 20 世纪 40 年代末,数学家香农(Claude E. Shanon)发表了《通信的数学理论》,总结出了电报传播的模式,后来他又给这一模式增加了反馈通道,并很快将其应用到了大众传播领域,这正说明大众传播同机器通信之间的密切联系。

2. OSI 参考模型

OSI 参考模型包含了七个层次,这七个层次分别为:物理层、数据链路层、网络层、传输层、会话层、表示层和应用层。

在 ISO 提出 OSI 参考模型以后,很多公司开始采用比较系统的层次化模型来设计计算机网络。因为网络层次化使得各层次都能独立工作,所以在设计一个层次的时候就不用考虑其他层次对它的影响。比如以太网卡,就处于 OSI 参考模型中的最下面两个层次。而在以太网卡这个层次上面,可以组建不同的计算机网络,如基于 IPX/SPX 的 Novell 网、基于 TCP/IP 协议的因特网等。当然也可以组建基于 OSI 参考模型的计算机网络。

由于 OSI 参考模型太过复杂,目前在实际运行的计算机网络中并没有采用该模型,而是使用了 TCP/IP 四层次模型。

3. TCP/IP 四层次模型

TCP/IP 四层次模型的出现比 OSI 参考模型还要早。与 OSI 参考模型不同,TCP/IP 参考模型更加简单,且在实践过程中经过了检验,随着 Internet 在全世界范围被普遍接受,TCP/IP 四层次模型成为了一种事实上的网络标准。

TCP/IP 四层次模型与 OSI 七层次模型相比,缺少了表示层和会话层。在网络层下面,OSI 参考模型还有物理层和数据链路层两个层次,而 TCP/IP 四层次模型中只有一个"网络接口层"。也就是说,TCP/IP 四层次模型中,最下面的一个层次定义没有 OSI 参考模型那么严格。所谓"网络接口层"其意义也不是特别清楚,既可以是以太网也可以是令牌环网等。而以太网也并非一个协议,要了解该模型最下面的"网络接口层"的含义,必须通过其他的标准来进一步扩展,比如 IEEE802 系列标准。其中所谓的以太网对应了 IEEE802.3 标准。不过在 TCP/IP 层次模型中,以太网并不完全等同于 IEEE802.3 标准。

在 TCP/IP 四层次模型中,"网络接口层"的作用在于提供一种主机到网络的接口服务。这样网络层就不必关心具体的物理规范以及数据帧的格式,集中力量来解决路由选择以及数据包的存储转发问题。

在网络层中最重要的一个协议就是 IP 协议。该协议包含了所要转发的数据包的源 IP 地址以及目的 IP 地址、数据包的生命周期等信息。网络层及其以下部分通常叫做通信子网。

TCP/IP 的传输层主要提供应用层到下面的通信子网的接口,用来屏蔽通信子网的通信细节,让应用层看起来整个通信过程好像发生在一条固定的链路中。

最上面一层就是应用层。它包括了为用户的各种应用程序提供服务的协议。

4. 协议

通俗地说,协议是通信双方事先的一种约定。这里我们以 SMTP 协议以及 TCP/IP 协议为例来说明协议的工作原理。

应用层的 SMTP 的全称为简单邮件传输协议。它是在把电子邮件发送给对方时必须遵循的一个协议。各种电子邮件客户端程序(比如微软公司的 Outlook)都会按照这一协议的要求来处理用户要发送的电子邮件。而通信的另一方,即邮件服务器,也必须按照 SMTP 协议的要求来处理客户端程序发过来的数据,这样双方的通信过程才能顺利地进行下去。如果在这一通信过程中,有一方没有按照协议要求来处理数据,那么整个通信过程将被中断。

对 SMTP 协议进行规定的文件是 RFC821。其中 RFC 的英文全称为 Request for Comments,意思是"请求注释",RFC 文档是 Internet 工程任务组的正式文档。从 1969 年开始,作为最初 ARPANET 项目的一个重要部分,RFC 文档就开始陆续被发布出来。而这些文档也就成为了 Internet 标准的文件。其中包括规定了如何制定 RFC 标准的 RFC2026 文档、最早的规定 SMTP 协议的 RFC821 文档、规定了 HTTP 协议的 RFC2068 文档以及规定了 FTP 协议的 RFC959 文档等。

当然对于 Internet 用户来说，这些协议都是透明的，虽然某个用户可能对网络知识一窍不通，更不知协议为何物，但是他也可以正常使用 Internet 来获取自己想要的资源。随着技术的发展，现在各种网络应用软件都可以自动帮助用户来完成协议的参数配置，一般用户对于协议知识的了解就更不需要了。这方便了更多不同专业的人士参与到网络的建设中来。

5. 局域网

局域网是使用得最广泛的计算机网络。从计算机网络的体系结构来看，局域网位于 TCP/IP 四层次模型的"网络接口层"。局域网通常在比较小的范围之内联网，比如在一间办公室内把所有计算机连接起来就组建成一个局域网。目前使用得比较广泛的局域网往往采用星型或总线结构，构成这种星型结构局域网的硬件通常称作以太网。早期以太网的速度比较慢，只有 10Mb/s，这种慢速以太网在一些场合还有应用，而随后发展起来的快速以太网的传输速率可以达到 100Mb/s。更快的以太网的传输速率可以达到 1Gb/s 和 10Gb/s，即所谓的千兆位以太网和万兆位以太网。当把学校的所有计算机都以这种以太网硬件连接起来以后，通过一些很简单的通信软件就可以实现计算机文件、打印机的共享等。其中最常用的就是基于 Windows 操作系统的对等网，可以实现文件的打印与共享。

局域网的种类非常多，按照拓扑结构来划分，可以分为总线结构、星型结构和环形结构；按照信息的传递方式来划分，可以分为竞争方式和环形令牌方式；按照传输媒介来划分，可以划分为双绞线组网、同轴电缆组网和光纤组网三种方式；按照信号传播途径来划分，可以划分为有线局域网和无线局域网两种。

影响比较大的局域网的标准是美国电机电子工程师协会制定的 IEEE 802 系列标准，其中包括了对各类局域网的定义。在这些标准中，以太网使用的是 IEEE 802.3 标准。目前 IEEE 802.11、IEEE802.16 标准所对应的无线局域网和无线城域网正引起人们的广泛重视。

三、多媒体课件

（一）多媒体课件的概念

多媒体课件源自 CAI 课件。早期计算机速度慢，单色显示器无法显示多媒体信息。导致早期 CAI 课件功能单一，呈现的内容以文字为主。但是早期 CAI 课件已经能够实现计算机辅助教学的很多功能了。随着多媒体技术的发展，CAI 课件的呈现形式也发生了重大变化，就是用丰富的多媒体信息取代了单色的纯文本信息。随着多媒体计算机速度的迅速提升，各人工智能技术在课件制作中也得到了广泛的应用，多媒体课件功能更加丰富，教学效果越来越好。

与旧的 CAI 课件相比，多媒体课件具备两方面特性，一是课件性，反映了早期 CAI 课件的特点，能够实现在教学中的各种应用，包括提供训练与练习的功能、个别辅导的功能、模拟与游戏功能等。二是多媒体性，多媒体课件呈现的信息是多媒体信息，与旧的 CAI 课件相比，多媒体课件呈现的信息更加丰富，更适合于学生的学习。

1. 多媒体课件的课件性

对课件有多种不同的理解。一些人士认为，所谓课件就是具备教学功能的计算机程序，另一些人士则认为，课件是一种按照教学大纲的要求，利用教学设计的方法而设计的课程软件。国外的定义则包括：(1)电子形式的课程，包括了经过特别的设计用来支持学习的软件[1]。(2)狭义的理解就是在教学中使用的计算机软件，广义的理解就是指所有的可用来支

---

[1] http://www.netc.org/openoptions/appendices/glossary.html

持学习的教学材料①。(3)基于 Web 服务器的教育软件包,该软件包能够让教师发布课程材料、教学日历、测试题等②。

从上述不同的理解中可以看出,首先,课件是一种软件。狭义地理解,就是计算机程序。广义地理解,就是所有的材料,既包括计算机程序,也包括录像带、光盘等。其次,课件具备课程的性质。这些狭义的软件或广义的材料等都应能在课程教学中获得应用,可以是支持教师课堂教学的,也可以是支持学生自主学习的。

另外,课件的制作要经过比较特殊的教学设计的过程,即要经过"分析——设计——开发——实施——评价"等多个环节,才能够在课件中实现教学的要求,实现部分教师的功能。

课件的形式多种多样,包括了演示型、训练练习型、个别辅导型、模拟游戏性、探究型、电子书籍等多种类型。另外课件也不局限于单机运行,还可以是网络运行的。这种在网络上运行的课件也可称之为网络课件。

2. 多媒体课件的多媒体性

在多媒体的含义中,计算机控制是核心。计算机发明之前,文本、图形/图像、声音、视频、动画等五种信息已经存在。缺少计算机的控制,这些图像、视频只能独立播放,要进行组合必须通过人工的方式来进行,这样给教学和应用带来了不便。计算机技术则能够实现这五种信息的有效整合。在多媒体系统中,文本、图像和视频等材料的地位是平等的。

多媒体课件也应体现出这样的多媒体性,即多媒体课件不应简单地呈现文本和图形信息,应充分发挥多媒体信息的特点,在合适的位置使用合适的媒体,以便能以最大的效果呈现教学材料。

综上所述,我们给多媒体课件做这样的一个定义:所谓多媒体课件,指的是采用了多媒体计算机技术,利用多媒体著作工具、平台、程序设计语言,制作出来的能够用来支持教师的教,促进学生个别化学习、合作学习、探究性学习的计算机程序。

(二)多媒体课件的设计与制作

多媒体课件的设计制作包括以下几个环节[25]:

1. 课件的教学设计

课件的教学设计是对课件所要实现教学功能的设计。综合 ADDIE 模型以及 Dick 和 Carey 模型,这里总结的课件的教学设计包括了这么几个环节:教学需求的分析、教学任务的分析、学习者分析、教学目标设计、媒体设计、教学内容结构设计、教学评价的设计等。

其中课件的教学需求分析主要是分析课件完成以后,是否能满足实际教学的需要。这些教学需求可能来自多个方面,包括教师的需求、学生的需求、教学内容的需求等。在教学过程中,教师的需求体现在教学的过程中,教师认为需要使用多媒体课件的形式提高教学的质量和效率。而学生的需求则来自学习者认为通过多媒体课件的形式可以获得更加丰富的学习方法,能够满足自己的个别化学习的需要,能够促进自己的知识的理解等。来自教学内容的需求则意味着教学内容通过传统的媒体难以有效地进行表达,这时候需要采用多媒体课件。

学习者分析主要分析学习者已有的知识水平、学习者的学习能力等。

教学目标的设计,则是要对课件须达到的教学目标进行设计。按照教学设计的要求,教学目标的设计方法有很多,包括了布卢姆的教学目标设计方法、常用的 ABCD 结构的教学目

---

① http://www2.plymouth.ac.uk/distancelearning/course/glossary.doc

② http://people.bu.edu/johndesz/SEDTL512/documents/glossary.html

标设计方法等。

在多媒体课件的教学设计中,媒体的设计确定了在多媒体课件中各知识点的媒体表现的形式。在多媒体课件的设计过程中,各种媒体信息都是通过计算机技术来进行控制的,并被有效地整合在了一起。所以用不同的媒体用来呈现不同知识点的内容,它们之间是有内在的联系的,决不是孤立地呈现的。

教学内容结构的设计是要合理安排好各种教学内容在课件中的结构以及信息呈现的逻辑关系。早期的 CAI 课件制作技术比较落后,需要使用比较抽象的程序设计语言,因此那个时候课件内容结构的设计基本上都是通过手工的方式来完成。而现在很多的课件著作工具都实现了图形化界面的操作,一些人工智能技术也获得一定程度的应用,因此现在可以通过计算机辅助设计的方法,来完成教学内容结构的设计,提高课件教学设计的效率。

课件教学评价的设计包括两方面的含义,一是课件中所提供的各种评价的题目,比如形成性练习、诊断性评价、总结性评价题目等。另一含义是对课件教学设计的评价,即课件在完成了教学设计以后,返回第一个步骤,查看整个教学设计过程是否完善,课件是否能够真正满足教学的需要等。如果有不足之处,还可以进行仔细的修改。

2. 课件的软件设计

课件的软件设计是一个纯技术性的过程,它是课件教学设计完成以后的另一个重要的步骤。课件的软件设计可以借鉴商业化程序设计的思路,这对于大型课件的软件设计是非常有效的。这里要注意的是,软件设计(Software Design)并不是程序的编制(Programming),软件设计的目的是要给出程序的整体结构和模块,并给出各模块的功能。所以软件设计人员并不需要直接去了解课件程序编制使用的工具是什么,他/她只需要给出程序的框架即可。而我们目前一些教材中所说的程序设计指的是程序的编制,即 Programming。

用美国软件设计协会的定义来表述[26],所谓的软件设计指的是"所有计算机理论的交叉:硬件和软件的工程、程序编制、人的因素,这是一个研究人、机器以及与之有联系的不同的接口——物理的、传感器的、心理的"。

课件的软件设计包括以下六个步骤:

(1)根据教学设计的要求,确定软件的开发目标。即在教学设计的基础上,已经获得了课件基本教学功能方面的要求,然后将该要求落实到软件的开发目标上面。软件的开发目标不同于教学目标,软件开发目标指的是软件开发完成以后需要达到的基本要求,包括软件应该实现那些功能、软件如何使用等。

(2)进行软件设计的可行性分析。一旦软件开发的目标确定下来,就可以探讨软件设计的可行性问题了。因为在教学设计过程中,会提出多种教学的方法和模式,而这些方法和模式可能超出了当前计算机技术的能力,在进行软件设计的时候就是不可能实现的功能。而另一些功能则比较容易实现。在这一步骤中,目的就是要将那些不可能实现的功能去掉,确定可实现的软件设计的范围。

(3)确定课件应实现的功能。在这一阶段要最终确定课件可以实现的功能有哪些,并对这些功能进行正确的归类和总结,这样在后续的步骤中,设计的目标就会更加明确。

(4)进行初步预算,制定进度表。大型课件的制作通常会涉及到大量的人力和物力的投入。即使是比较小型的课件,也会要求教师投入相当多的精力进去。所以制定一个详细的投入预算以及进度表是一种比较有效的系统化方法,有助于课件设计与制作的顺利进行。

(5)进行软件的初步设计。在这一阶段概要地回答如何实现目标要求,进行功能分解,设计软件体系结构,确定每一个模块。

（6）进行软件的详细设计。在这一阶段，要具体设计每一个模块，确定每一个模块可实现的功能。到了这一步骤以后，软件的结构、模块以及各模块所要实现的功能初具规模，可以看出后续步骤中需要编写那些程序代码等工作。但是这一步骤仍然不是具体的程序编写过程。

3. 课件的制作

在软件的整体结构、模块以及各模块的功能设计出来以后，程序的编写工作就是一个比较机械的过程了。在这一步骤中主要就是确定程序编写的语言以及用什么样的代码来实现各模块的功能而已。

早期 CAI 课件的制作是一件非常复杂的工作，因为缺少比较简单直观的课件著作工具，所以那个时候的课件制作基本上都是采用高级语言的方式来进行制作。

随着多媒体计算机技术的发展和应用，Windows 等图形界面操作系统的推广，使得课件制作工具的使用变得非常简单，直接操纵鼠标就可以轻松完成课件的制作。

制作多媒体课件可以使用以下几种方法：

（1）利用课件著作工具来完成课件的制作。常用的课件著作工具包括：PowerPoint、Authorware 等。使用课件著作工具来进行制作的好处在于，不需要学习非常复杂的知识，就可以掌握课件制作的基本技术。缺点就在于灵活性不够。因此课件著作工具比较适合于普通教师制作课件。

（2）使用高级语言进行制作。比如使用 Visual Basic、Visual C＋＋、JAVA 等。使用高级语言的好处在于可以从比较低的层次完成课件的制作，因此课件的制作者可以完全控制课件的制作过程，实现课件的各种高级功能。但是缺点也很明显，高级语言的使用需要比较多的技巧，需要比较丰富的程序编写的经验。所以高级语言比较适合于专业的程序员设计和制作课件。

（3）网络平台。随着网络技术的发展，出现了各种功能的网络教学平台。目前很多的网络教学平台都具备了自动生成网络多媒体课件的功能。教师只需要将自己的教学材料输入进去，教学平台就会按照网络教学的要求，自动对各种教学材料进行安排和整合，形成具备让学生进行自主学习、探究学习、讨论的网络教学课程和课件。这种方式将成为今后一种非常有效的多媒体课件制作方式。

如果涉及多个程序员的程序编写，则最终还涉及程序的整合问题。课件的整合就是要按照课件教学设计的要求，将程序设计编写完成的代码整合在一起，形成完整的课件的过程。

4. 课件评价

一旦获得了完整的课件，就可以将课件投入到实际教学过程中，进行测试评价。在测试评价的过程中，如果发现了问题，还可返回到前面的各步骤做进一步的修改，直到课件达到要求为止。

四、移动技术

（一）移动技术的概念

移动技术是最近几年发展得最快的一种技术，随着人们对于移动技术各种特性的深入认识，移动技术正在得到越来越广泛的应用。

移动技术具备两个基本的特性：

（1）可移动性。这是移动技术最基本的特性。这里所说的"可移动"指的是完全不需要通过电缆、光缆等连接措施就可以独立进行工作。

（2）可以与其他设备进行数据交换。移动设备除了可以脱离连接线的束缚以外，还应该可以正常地同其他设备进行数据交换，满足通信的需求。

当然这里所说的移动设备一定是要使用电力来进行驱动的设备。只是在信号的处理方式上有所不同，包括旧的采用模拟技术方式来进行处理的，也包括用全新的数字技术来进行处理的设备。

（二）移动技术的发展

与植物不同的是，动物本身就是可以移动的。如果将有机体看作是一种"设备"，那么这种"设备"可以移动，也可以与其他的"设备"进行数据的交互。这是自然界发展出来的"移动技术"，也是生物进化的一个重要标志。

在生物界，移动带来的好处在于：

（1）能够获得更多的资源。由于动物能够移动，当一个地区的资源枯竭以后，动物就可以迅速移动到另一个地方继续生存，而植物则只能坐以待毙。

（2）更好地适应环境。比如躲避灾难、不断迁徙以适应地球四季温度的变化。还可以通过移动其他的物体，来改善环境等。

（3）能够相互合作。动物不断移动，在移动的过程中充分进行信息的交换，这样能够更加有效地促进群体之间的相互合作，完成个体难以完成的任务。

（4）更好地组织和利用资源，保护环境。动物的不断移动过程，也是一个对环境资源进行组织和利用的过程。不同类型的动植物相互之间形成一个生物链，有助于整个地球环境的改善。

（5）进化到更高阶段。动物在不断的移动过程中，其新陈代谢速度加快，动物的进化速度也明显快于不移动的植物。因此，移动有助于生物进化到更高级的阶段。

因此我们认为移动是动物生存的基本要求，移动有助于我们更好地利用资源、改善环境、提高有机体的进化发展能力。

当然我们这里所说的移动技术，指的是满足移动要求的电器设备。但是动物的移动特性对于我们理解什么是移动技术还是很有启发性的。从信号处理的方式上来看，移动技术的发展经历了模拟技术应用阶段和数字技术应用阶段。

与模拟技术相比，数字技术采用二进制数字 1、0 来对信号进行编码，因而可以利用计算机对这些信号进行灵活的处理。所以数字技术的应用，引起了移动技术的革命。这些数字移动技术包括：

（1）数字移动电话。作为应用得比较早的移动技术，数字移动电话是最为成功的一项移动技术。与模拟移动电话不同，数字移动电话采用数字编码的方式来进行通信，可以灵活地对信号进行加密处理。而超大规模数字集成电路技术的发展，又使得移动电话的体积迅速减少、价格迅速降低。目前数字移动电话已不再局限于所谓中产阶级人士的使用，在纽约街头的乞丐中，也开始使用移动电话来保持相互之间的联系。数字移动电话技术的发展，更重要的是可以提供除了基本语音通信功能以外的通信方式。比如文本、图形、视频等多种信息的传送。移动电话不再是一种纯粹的"听"的技术，也同样是一种"看"的技术。从"听"电话到"看"短信、"浏览"新闻，显示出移动技术引发的变革正在悄然进行中。

（2）无线局域网。除了移动电话以外，另一个很重要的技术就是无线局域网技术。目前的无线局域网指的是那些符合 IEEE802.11 系列标准的计算机网络。IEEE802.11 标准在

1997 年正式发布①,基本上跟数字移动电话技术的出现处于相同的时间。但是在功能上,无线局域网主要着重于以高速、宽带、无线的方式来传输数据。语音业务并不是该标准的组成部分。另外无线局域网传输数据的范围有限,一般仅限于 100 米的范围,这是与移动电话技术有所不同的。无线局域网技术的出现为计算机连网摆脱网线的限制提供了可能。结合笔记本计算机等移动设备,最终使多媒体计算机也成为完全能够移动的设备。

(3)GPS 全球卫星定位系统。GPS 全球卫星定位系统是美国 20 世纪 70 年代发展起来的用来提供导航与定位的系统。目前地球上空有 24 颗卫星可供定位使用。利用该系统,用户使用移动电话大小的接收机就可以确定自己所在的位置,并了解周围环境的道路交通情况。

(4)MP3、MP4 播放机。这也是一种非常普及的移动技术。由于使用了数字技术和半导体存储技术,这种移动播放设备不需要磁带,体积可以做得非常小。另一些 MP4 播放机还具备了电子书的功能。

(5)3G 数字移动电话。为了满足更快的数据传输的要求,数字移动电话也不断采用更新的技术,比如 3G、4G 等技术就是典型的例子。通过这些技术,用户还可以通过无线的方式在任何时间任何地点高速宽带接入互联网。目前主要有三种 3G 技术可供选择使用,这些技术都是基于 CDMA(码分多址访问)技术的。这三种 3G 技术分别是 CDMA2000、WCD-MA、TD—SCDMA 等。其中 TD—SCDMA 是中国制订的 3G 标准。

(6)无线城域网。IEEE802.16 是宽带城域网的标准。早在 1999 年这一标准就已经正式被提出。随着时间的推移,这一标准的内容也在不断得以丰富。目前该标准的版本为 IEEE802.16j—2009。利用无线城域网,可以在大约 50 公里的范围内构建一个超大型的无线计算机网络系统。该系统的数据传输可以为移动设备提供 100Mb/s 的联网速率,为固定设备提供高达 1Gb/s 的联网速率。目前一些城市准备开设的所谓"无线城市"使用的就是这一标准。

（三）移动技术的软件

除了硬件要求以外,随着数字化技术的应用,软件在移动技术中正扮演着越来越重要的角色。而软件又为利用移动技术获取更多的资源提供了技术方面的支持。这里分别对其中比较重要的一些软件技术进行介绍。

1. WAP 技术

目前最适合移动技术访问的方式是 WAP。WAP 技术全称为无线应用协议。中国移动提供了两种方式供用户无线访问互联网。第一种叫做 cmnet。采用了这种方式以后,用户可以使用笔记本计算机或 PC 通过无线网卡的方式来访问互联网,其优点在于访问的速度比较快,利用 EDGE 技术,可以获得 214kb/s 的联网速度,而如果使用 3G 技术,则可以实现高达 10Mb/s 的联网速度,当然价格也比较昂贵一些。第二种叫做 cmwap。这种方式可以提供用户通过移动电话等设备访问互联网的 WAP 网站。这种方式价格低廉,但是访问的速度比较慢一些。另外通过中国移动网关的限制,目前 cmwap 这种方式一般只能提供给移动电话用户使用。

由于用户移动电话功能的限制,特别是那种使用 Nucleus PLUS 操作系统的移动电话用户,他们一般只能访问 WAP 站点。目前网络上可以找得到的 WAP 站点资源还是非常有限的,这也说明了尽管从技术上来看,WAP 技术与一般的 HTTP 技术没有很大的区别,但是从应用上来看,这是一种全新的信息发布与访问方式。

2. 嵌入式操作系统

与台式机不同,大多数的移动设备都属于嵌入式系统。这些系统为了满足小型化、低功耗的要求,在 CPU 的功能上作了一些专门的设置,即专门为了某些应用而开发相应的 CPU。

这些嵌入式系统硬件一般无法支持运行 Windows 7 等桌面操作系统,因此它们使用嵌入式操作系统。目前嵌入式操作系统可以分成四大类。第一类是 Windows 系列移动电话操作系统。比如微软公司开发的 Window Mobile 等。由于采用了用户比较熟悉的 Windows 界面,且与桌面 Windows 系统兼容性比较好,因而受到用户的广泛欢迎。第二类是基于 Linux 的开放源代码的系统。这一类系统使用了 Linux 系统的核心代码,并对其进行改造,以使之适合于移动设备的运行。这一类系统中,Google 公司开发的嵌入式操作系统 Android 最具代表性。由于这些操作系统采用了开放源代码的方式,移动设备生产厂商可以按照开放源代码的协议自由地对其进行修改,以适用于自己的设备。由于 Android 智能化程度比较高,因而成为了 Windows Mobile 等商业化操作系统的有力竞争对手。第三类是一些大型移动电话公司自行设计的操作系统,比如诺基亚公司使用的 Symbian 智能移动电话操作系统、苹果公司的 iPhone 系统等。这一类系统由于有大公司的推广和支持,因而拥有比较多的用户。不过随着 Linux 以及 Windows Mobile 等操作系统在移动技术中获得广泛应用,这些系统面临着一个是否如同 Linux 那样开放源代码的选择。第四类是一些中小型公司提供的操作系统。这些系统包括目前在很多的移动电话中使用得很普遍的 Nucleus PLUS 嵌入式操作系统,也包括一些规模比较小的移动电话公司自行开发的系统。不过这类系统功能有限,支持的软件少,逐渐有被取代的危险。

3. Java

在嵌入式系统中,编程语言 Java 占据了非常重要的地位。不同于其他的程序设计语言,Java 是不依赖于任何平台的。因此利用 Java 开发出来的程序可以移植到任何的一个系统中。另外 Java 语言也是一种解释性的程序设计语言,不需要进行编译就可以执行,给程序的调试带来了很大的方便。

在移动设备中,可以利用 Java 编制各种应用程序。如果一个移动电话能够有效地支持 Java 程序的安装和运行,其功能也就可以非常完善了。在教学应用中,可以利用 Java 来编制各种移动学习应用软件,满足学习者移动学习的要求,当然也可以用来支持教师的专业发展。

第二节　多媒体计算机在教学中的应用

一、概述

计算机在教学中的应用非常广泛。早期的计算机虽然没有非常强大的多媒体信息处理能力,但是由于具备了比较强的交互性以及能够有效地满足个别化学习的需求,因此引起了教育领域的重视。这时候出现了专门的计算机辅助教学(CAI)的概念。

早期的计算机辅助教学属于计算机在教学中比较简单的应用范畴。在教学过程中,计算机只是起到一个辅助工具的角色。然而随着计算机技术的发展,特别是上个世纪 90 年代出现的多媒体技术,使得计算机在教学中的应用获得了重大的发展。利用多媒体技术,可以在屏幕上呈现出丰富多彩的多媒体信息,给学生构建一个更为丰富的探究环境。在这样的环境中,学生能够有效地进行探究。

而多媒体计算机技术与计算机网络技术的结合,则使得计算机的教学应用又上到了一个新的层次。在这一个层次上,计算机不再只是作为一种处理数据、观看视频的工具,它还能够作为通信工具实现数据通信的功能。由此构建出网络教学应用的环境,形成多种计算机网络教学应用的方法。

二、多媒体计算机教学应用的方法

从人机交互的强弱来进行划分,多媒体计算机在教学中的应用主要有以下几种方式:

(一)弱交互方式——多媒体计算机课堂授课

在这种课堂教学应用方式中,教师利用多媒体计算机向学生提供多媒体材料,促进学生对所讲授知识的理解。教师组织课堂教学时,多媒体计算机是教学过程中的一个重要因素。

因为该方式中,操作计算机的主要是教师,而作为学习主体的学生接触计算机的机会比较少,所以在这种方式下,人机之间的交互比较弱。虽然如此,计算机在课堂教学中的应用,为教师提供了以更加灵活的方式来协调教学过程中所包含的各种因素,受到了教师的广泛欢迎。

例如在人教版八年级历史义务教育课程标准实验教材(下册)“综合探究五 郑和下西洋与哥伦布航海的比较”课堂教学过程中,为了更好地满足学生探究学习的需求,教师专门制作计算机课件,以动画的方式演示郑和下西洋航海路线,并和哥伦布航海路线作比较。这样学生就很容易从航海的距离、经过的地区等方面来看出这两次航海的区别。与传统的教学方式相比,由于采用了多媒体课件来进行演示,能够给学生提供更加直观的资料,也便于学生对教学内容的理解。

(二)中等偏弱交互方式——资料查询、阅读电子书籍

除了第一种弱交互方式以外,其他的计算机教学应用方式都是包含了比较完整的学生与计算机之间交互的过程。学生与计算机之间交互中等偏弱的方式,指的是学生虽然也使用了计算机,但是对于学生计算机操作技能的要求比较低,只需要简单地移动鼠标,双击鼠标执行文件就可以完成内容的学习。

在这种应用方式中,最常用的是利用计算机光盘、硬盘等大容量存储设备的能力,存储大量的资料和电子书籍,供学生进行阅读学习。因为一块几百 GB 的硬盘能够将一个小型图书馆的图书存储下来,所以通过这种方式来进行学习,学生就好像置身于一个小型的图书馆中查阅资料。

这种方式也可应用到所有学科的教学过程中。当然,它尤其适合于文学艺术、社会科学类课程的学习。例如在人教版高中语文第二册“鸿门宴”的课程教学过程中,一些学生不光对课程中的内容感兴趣,还对这篇课文涉及的历史知识也想更深入地进行了解。这时候教师可以引导学生通过多媒体计算机阅读《二十四史》的光盘资料。由于不同于传统的印刷书籍,光盘携带非常轻便,因而有效地解决了传统的印刷书籍笨重不便于查阅的问题。同时在多媒体计算机上运行这样的光盘,学生可利用计算机关键词检索功能。阅读课文以后,确定相应的关键词,就可以迅速在光盘中迅速定位所要查询的资料。这样的一种阅读方式自然就比传统的书籍阅读的方式效率要高很多。

（三）中等程度交互方式——通过课件自主学习

在这种应用方式中，由教师或技术人士将学生所要学习的知识制作成多媒体课件。该课件具备一定的交互性，并将教学设计的思路落实到课件的设计与制作过程中。这种课件在一定程度上能够起到代替教师的作用，给学生提供有效的学习导航。由于按照教学设计的要求来进行设计，学生在使用这种多媒体课件的时候，就像面对教师一样，可以向计算机提出问题，计算机也可以采用多种方式回答学生的问题。

在这种方式的基础上可以形成诸如训练练习、个别辅导等多种计算机辅助教学的应用模式，这种模式在各学科中都可以获得非常广泛的应用。

例如在人教版九年级数学义务教育课程标准实验教材（下册）"二次函数及其图像"内容的学习过程中，学生可以通过几何画板先后画出 $y=x^2$、$y=2x^2$、$y=-x^2\pm1$、$y=\frac{1}{2}(x+1)^2$ 等函数的图像，并最终通过几何画板画出任意函数 $y=ax^2+bx+c$ 的图像。

通过这种基于几何画板的课件，学生既可以了解数学的基本知识，也可以通过课件进行生动有趣的练习。

（四）中等偏强交互方式——模拟仿真、游戏

在这种教学应用方式中，计算机和学生之间的交互程度又有所增强。学生在使用计算机的时候更加投入，注意力更加集中，学习过程也变得更加生动有趣。

模拟仿真的方式比较适合于自然科学类课程的学习。比如模拟一个物理实验、利用Pspice仿真电子线路、用几何画板演示平面几何等。

而游戏的方式则适合社会科学、语言、文学艺术类课程的学习。比如通过简单有趣的游戏来完成英语练习等。

目前已经有很多这样的多媒体计算机软件可供使用。例如在人教版高中物理新课标实验教材（选修2-1）"晶体管"的教学过程中，可以让学生通过电子线路仿真软件，诸如Pspice、Multisim、EWB等，按照教材中给出的图6.1-3、图6.1-5、图6.1-8、图6.1-9、图6.1-11等电路图，在仿真软件中先绘制好这些电路，然后设置相应的参数进行软件仿真，并查看仿真结果。

由于这些电路都是一些基本的电子线路，结构简单，很容易在仿真软件中实现，因此高中生也可以很快掌握在仿真软件中对这些电路进行仿真。对于有兴趣的同学，还可以让其深入进行探索，绘制更复杂的线路。这样学生既可以学到基本晶体管电路的知识，也可以学会仿真软件的使用，为今后深入学习相关的知识打下基础。

（五）强交互方式——探究发现

在强交互方式中，计算机成为了学生探究发现问题的不可缺少的工具。利用多媒体计算机可以给学生提供探究发现的环境，而多媒体计算机高速的数据处理能力，又可以帮助学生有效地处理探究过程中所获取的数据。这样的一个过程中，学生与计算机的交互达到了完美结合的程度。

探究发现教学通常要按照几个特定的步骤来进行。比如首先确定好学生探究的主题，然后教师对探究活动进行简单的介绍，并提示各种资源供学生参考，再将学生分成若干个小组，分别就自己感兴趣的问题利用计算机、计算机网络进行探究发现。学生探究以后将获得的结果进行交流讨论，最终形成探究成果。

探究发现方法特别适合于那些包含了比较多的未知问题的内容。比如在高中物理新课

标实验教材(选修2－1)"电视 移动电话"的教学过程中,教师可以选择3G技术作为主题,将学生分成4个小组,这4个小组分别探究 TD－SCDMA、WCDMA、CDMA2000 以及 3G 技术的概念及其发展等内容。学生分组获得任务以后,每个小组制定探究的计划,然后通过运行教师提供的有关 3G 技术介绍的光盘以及能够连接到互联网的计算机,通过光盘以及互联网等技术,来查找自己这一小组所要探究的资料,以证实自己的设想。最终所有 4 个小组的学生汇总探究的结果,陈述各自的观点,在教师的引导下获得包括什么是 3G 技术、各种不同的 3G 技术之间有何区别等重要结论。

第三节　网络平台在教学中的应用

网络平台在网络的教育应用中起到非常重要的作用。有了网络平台以后,用户不需要了解太多的网络技术知识,就可以使用网络。网络平台的普及和使用,为广大教师参与网络教学应用提供了便利。常用的网络平台包括:虚拟教室、探究学习平台、博客反思平台、网络教学平台等。下面分别就这些平台在教学中的应用结合教学实际进行说明。

一、虚拟教室在教学中的应用

虚拟教室是一种比较重要的网络平台。利用虚拟教室软件,可以在网络上虚拟出类似教室的教学环境。在该环境中,学生可以采用全新的学习方法来开展自主探究性的学习活动[27]。

与传统的教室相比,虚拟教室的最大特点就在于它是以计算机网络为基础的。虚拟教室必须构建在计算机网络的教学环境上面。

(一)虚拟教室的特点

虚拟教室具备以下几方面的特点:

(1)虚拟教室完全突破了时间和空间的限制,将教学过程扩展到任何可以上网的地方。这也意味着虚拟教室突破了传统课室只能面对几十个学生的限制,有效地扩大了教育的规模。

(2)虚拟教室是一种重要的现代教育技术教学应用环境。因为虚拟教室建构在计算机网络技术上,所以必须依赖现代教育技术手段才能够开展教学活动。

(3)虚拟教室能够促进教师改进教学方法。在虚拟教室的环境中,教师不得不改变自己的教学方法,这样才能够适应新的环境、新的媒体的教学应用。

(4)虚拟教室环境中,学生的主动性得到了充分的发挥。在虚拟教室的环境中,教师不再需要用传统的方法管理学生,学生的学习过程完全是一个自主的学习过程。

(5)虚拟教室促进了教学内容的改革。因为虚拟教室是一种新的教学环境,传统教室条件下适用的教学内容,其中很大一部分难以适应虚拟教室的教学需求。比如一些需要教师面对面进行传授的知识,在虚拟教室的环境中难以教给学生。而传统教室中难以施展的基于资源的学习,则可以在虚拟教室中灵活地应用,因此教学内容将发生改变。

(6)虚拟教室可以提高教学效率和教学质量。因为采用了先进的教学手段,可以充分调动多种感官来进行学习。这样的学习过程,效率比传统课堂教学过程中使用单一感官要高。而虚拟教室也可以让学生利用互联网丰富的资源,获得全面的知识,使学生能够得到全面的发展,所以虚拟教室能够有效地提高教学的质量。

107

(7)虚拟教室技术仍在迅速发展。随着网络技术的发展,网络的带宽越来越宽,虚拟教室中可以使用的技术也越来越丰富,虚拟教室的功能也越来越强大,利用虚拟教室可以实现的教学功能也越来越多,教师和学生可以更加充分地利用虚拟教室来开展教和学的活动。

(8)虚拟教室还可以实现自动化的教学管理。利用多媒体计算机网络技术来进行自动化的教学管理,可以显著地减轻教师教学的负担。比如利用计算机网络开展选课活动,可以在有限的人力和物力的条件下,让学生更加自由地选择自己喜欢的课程。而利用网络来进行测验,自动登录学生的成绩,则可以更加科学准确地评价学生。这在传统的教室环境中是难以实现的。

(二)虚拟教室的结构和应用

一个典型的虚拟教室通常由两部分构成,这两个部分分别是:网络通信模块、虚拟教室平台。

其中网络通信模块实现的功能是进行数据通信。对于虚拟教室系统而言,因为需要传送的数据量非常大,所以在虚拟教室系统中需要更宽的带宽,这样才能满足虚拟教室系统中对带宽需求比较大的图形、视频流媒体数据的传输。

利用虚拟教室平台软件就可以实现虚拟教室的基本功能。包括课程的教学、讨论、作业提交、作业评阅、计算机自动化教学管理等。

目前一些常用的虚拟教室平台软件可以实现以下两种教学功能:

(1)在线教学。这种教学形式也称作"网络同步教学",可以代替传统课堂教学中的面授方式。教学过程中,教师可以实时发布教学的内容和信息,而学生也处于在线学习的状态。学生还可以在线对教师的教学进行提问。

要实现这种在线教学的功能,对于虚拟教室平台的要求,按照需求的不同,会有比较大的差异。如果仅仅是呈现如同 PPT 课件之类的教学内容,则只需要虚拟教室平台支持一般的静态或动态网页的显示即可。而一些在线教学需要呈现教师的现场录像以及学生的录像等,这时候则需要比较宽的带宽。同时还要求支持视频流媒体的播放、多点之间的相互讨论等。这种复杂的在线教学平台类似于远程会议系统,技术上的要求比较复杂,但将会是虚拟教室平台发展的一个重要方向。

例如在高中语文课程教学过程中,北京五中的语文老师王屏萍开设了《左传选修专题》虚拟教室学习网站①。通过该网站,教师利用虚拟教室,向学生提供了基本的教学材料。而在这样的虚拟教室中,由于中学生思维活跃、渴望交流,教学过程中,学生不断进行讨论,发现了很多在传统课堂教学中常常被忽略的一些课题。比如在《崤之战》一课中,很多的学生对其中的"灭滑"产生了浓厚的兴趣。在虚拟教室教学过程中,学生积极参与,对这一问题进行了广泛的讨论,在传统的课堂教学中是无法做到这一点的。教师的教学设计方案也有效地突破了传统的预先设定好的框架,丰富了教学设计内容。在教学过程中,教师还为论坛设置学生版主,让学生自己管理论坛、组织讨论,达到了充分参与的目的。

(2)离线教学。这种教学方式也叫做"网络异步教学"。即在教学过程中,教师和学生并不同时处于在线状态,教师可以在适合于自己的时间之中,通过虚拟教室平台准备课程材料,回答学生的提问等。而学生也并不需要在固定的时间进入虚拟教室进行学习,可以在自己认为合适的时间登录虚拟教室,选择教学材料进行学习,也可以通过论坛等方式参与课程

---

① 张滢.网络"虚拟教室"在现实中能走多远? [J].中国教育报.2008 年 6 月 6(第 5 版).

的讨论等。

这种离线教学由于方式灵活,教师和学生都可以在自己适合的时间和地点灵活地进行课程材料的准备和课程的学习,所以在虚拟教室中获得了广泛的应用。另外这种方式在技术方面的要求也比较灵活,既可以使用简单的静态或动态网页技术,也可以使用流媒体等较复杂的技术来构造这样的虚拟教室平台。

例如随着新课标的不断得以落实,很多的学科课程都开设了大量的选修模块,这些选修模块知识丰富,信息量大。如果完全采用传统的课堂教学,则没有办法讲授所有的内容。这正好给网络虚拟教室的应用提供了机会。采用网络虚拟教室的方法来进行教学,学生可以充分利用网络的灵活性,选修自己的感兴趣的内容[①]。而采用了这种离线教学的方式后,教师也不需要每个选修的内容都始终在线,从而减轻了教师的负担。对于学生来说,没有教师在场的情况下,也可以利用论坛、聊天室与学生进行自由的探讨。

二、探究学习平台在教学中的应用

严格来说,探究学习方式可以在任何一种平台上实现。另外,WebQuest 似乎还有更深刻的含义,因为 WebQuest 可以利用一般的网页或博客技术来实现,可以利用 Web1.0 技术,也可以利用 Web2.0 技术。从这一意义上来界定,WebQuest 是一种网络教学的理论。当然,从另一个方面来看,WebQuest 也是一种教学方法。

不过本书没有设置专门介绍网络教学理论的章节,所以在这里将其归为网络教学平台的一种,将其叫做探究性学习平台。

(一)WebQuest 的基本思想

WebQuest 最早在 1995 年由美国圣迭戈大学的教师 Bernie Dodge 提出。WebQuest 的理论基础是建构主义学习理论。建构主义理论强调在一定的环境中,学习者进行自主的知识建构。WebQuest 试图在网络上建构出一个学习环境,在这个环境中,学习者不需要教师的指导,直接利用网络上的资源来进行自主的知识探究,不断进行知识建构,以达到学习任务的要求。

因此 WebQuest 制定了一系列有效的方法来实现这一要求。

第一,教师建立 WebQuest 网页或网站,给出要求以及各种资源的链接,并提出教学活动的要求。这样就构成了一个网络学习的环境。在这个环境中,学生知道自己要做什么,要达到什么样的目的,在其中有哪些资源、要参与哪些活动等。

第二,在学习者学习的过程中,学习者要组成不同功能的小组。这些小组相互协作和讨论,按照不同分工的要求来进行探究。这有利于实现学习者之间的相互合作和帮助的气氛。通常,知识的建构是一个自主的过程,但是在与同伴相互合作过程中,可以更加有效地帮助自己进行知识建构。

第三,学习者在学习的过程中可以充分利用网络资源来进行学习,也可以利用传统的图书馆的方式来进行学习。但是在 WebQuest 的探究性学习活动中,网络资源是整个探究性学习活动的主要资源。这是 WebQuest 探究性学习活动与其他类型探究活动的重要区别。

第四,在 WebQuest 的学习过程中,教师也制定了相应的评价标准,所以在探究性学习过程中,学习者可以通过这些评价标准来判断自己的探究性学习成果,了解探究学习活动的进展情况。而这样的评价过程,也是自主知识建构的一个重要的环节。

---

① 白洁.“虚拟教室”整合地理教学的实践与思考评论推荐[J]. 中小学信息技术教育.2008,(6):20~21.

（二）WebQuest 的应用

为了促进学习者的知识建构,WebQuest 在结构上分成了以下几个部分:

(1)导言。在这一部分,教师要对学习者的探究性学习活动给出简单的提示性说明。在导言中,教师的介绍应该言简意赅,只是起到一个引导性的作用,而不是进行知识传授。

(2)任务。这一部分的主要目的是要向学生提出探究任务。在这一部分,所提出的任务应该简单明确,让学习者知道在整个探究的过程中应该做什么和不应该做什么。

(3)过程。这是探究性学习的主体部分。在这一部分,学习者按照教师提出的学习任务进行探究。这一过程通常将任务分成若干个模块,每一个模块对应于一个专家组,这样在探究的过程中学习者就可以扮演不同的角色,像科学家一样进行探究。

(4)资源。在这一部分教师给出网络上相关的网络资源,这些资源可能是教师直接制作提供的,也可能是多个相关资源的链接。学习者可以通过这些资源及其链接获取这些资源,并对这些资源进行分析、归纳和总结。当然,学习者也可以通过关键词搜索的方式来获得网络上更多的资源,或者通过传统的图书馆等形式来获取资源。由于一个专题所涉及的资源数量比较多,所以在开展网络探究性学习活动的过程中,学生按照在"过程"这一环节中所分配的角色来进行搜索,并对这些资源进行归纳和总结,在小组讨论会上展示自己的成果,与其他的学习伙伴进行合作和交流。

(5)评价。在这一环节中,要按照任务的要求,对学习者所搜集的资料以及学习者在探究性活动中的表现进行全面的评价,判断学习者是否在认知、情感等方面完全达到了要求。

(6)结论。上述的几个环节结束之后,得出相应的结论,这样整个网络探究性学习活动结束。在这一环节中,学习者可以采用书面文档的方式来进行总结,教师也可以通过学生总结的材料来了解整个探究性学习活动中可能出现的问题等。

案例分析 6-1

WebQuest 教学应用案例

WebQuest:计算机与日常生活

导言:

计算机技术迅速发展,对我们的日常生活产生了很大的影响。我们现在的生活已经离不开计算机。那么计算机能够帮助我们做哪些事情呢?

任务:

要求学生查看家里有没有计算机,不仅包括台式计算机,也包括智能家用电器,如冰箱、电磁炉等。查看学校中配置了哪些计算机。去商场看看,哪些地方安装了计算机。然后制作演示文稿,在班级中进行展示。

过程:

首先学生阅读文章《电脑与日常生活》,有能力的学生还可以阅读《数字化生存》一书,然后确定计算机可能影响我们生活的若干方面。在其中确定四个方面工作,并选择一个适合于自己去做的工作。

这四个方面的工作分别是:计算机改变了文字书写的习惯、计算机帮助我们做家务、计算机帮助我们购物、计算机提供通信功能。

在选择以后,还可以使用下面的资源:

1. 百度百科、百度知道

2. 计算机对我们日常生活的影响:

http://hi.baidu.com/1asdfg1/blog/item/7fd364c4acdddbc239db49ab.html

3. 可佩戴式计算机"第六感"问世，能将网络与日常生活无缝结合：

http://bbs.cnr.cn/thread－395719－1－1.html

4. 日常生活计算机化：http://210.36.18.48/gxujingpin/jsjwhjc/dxjsjjc/wsjx/1/1_5_3.htm

还可以直接使用 Google、百度等搜索引擎来搜索相应的资源。

评价：

分别从资源、吸引力、要求、机制、内容、组织、口头展示等方面来评估整个探究过程。评价的结果分成 4 个等级：优秀、良好、合格、不合格。（这里略去详细评价内容的表格）

结论：

教师希望通过这样的探究过程，促进学生对计算机在日常生活中的应用有比较深入的了解。最后感谢学生的参与。

反思：

1. 利用 WebQuest 开展教学活动与使用网络课程的方式来进行教学有何不同？

2. 尝试就某个专题设计一个 WebQuest 网页。

三、博客反思平台在教学中的应用

博客是非常典型的 Web2.0 技术的应用。Web2.0 跟 Web1.0 的区别就在于，Web2.0 更加强调用户的参与性，即网络上所有的知识都是由用户不断参与而制作出来的，它对专业制作人士的依赖并不像传统的广播电视媒体那么严重。

严格来说，博客技术也不能完全说是一种新的技术，因为构建博客平台所使用的还是 2000 年以前就已经存在的 ASP、JSP、PHP 等动态网页技术。

但是尽管使用的好像是旧的技术，其内容却是新的。这是因为使用了博客技术以后，普通的用户不再需要了解一个网页的制作过程如何，网络的源代码中各种 HTML 标记符在整个网页中起什么样的作用。用户只需要打开浏览器，通过所注册的用户名和密码，登录自己的账号，就可以发表自己的网页并提供读者评论的机会。

由于使用简单，博客的出现导致互联网用户数量得以迅速的增长，互联网知识生成速度也更加快速。当然在教学中也获得了广泛的应用。

1. 博客的教学特点

从博客技术结构以及博客教学应用的情况来看，博客主要具备以下几个方面的教学特点：

(1)博客提供了一种简单的方式，让教师和学生组织和提供自己的教学材料。

作为 Web2.0 的最典型应用，在最初设计的时候，博客的功能就是让用户不必了解相关的网页设计和制作的知识就可以发布自己的资源。这样教师或学生就可以专注于自己的专业知识，从而使博客可以在所有的专业领域获得应用。

博客的知识组织形式是比较简单的。目前的博客参照了 Web1.0 时代比较流行的网站的模板，利用动态网页技术，可使用户只要在输入用户名和密码的条件下，就能直接通过浏览器登录博客，来创造和管理知识。

在教学中教师可以利用这种比较简单的知识生成、组织和管理的方式，将教学中的材料在博客中发布出来。学习者也可以利用博客对自己所学习的知识进行归类和整理，比如对课堂教学笔记以及网络上收集到的各种教学资源进行组织等。

(2)博客提供了教师和学生的反思功能。

111

博客由于使用简单,具备了传统日记的功能,教师和学生可以直接利用网络将自己在教学过程中所获得的经验和体会输入进去。可以将自己的博客设为私有,就像自己的私人日记一样,也可以将其公开出来,这样可以提供其他人参与讨论的机会。

同传统的日记相比,博客充分利用了网络的特点,满足教师或学生灵活地书写教学日记的需求。它既可以使用速度比较快的台式 PC,也可以使用笔记本计算机,甚至使用移动电话等方式来书写博客。

同传统日记的书写方式不同,用博客来书写日记是一种全新的技术。这种技术可以提供教师和学生非常灵活的日记内容的管理功能,也可以提供其他用户的充分参与机会,这就赋予了日记全新的功能和内涵。

在教学过程中,传统的教学日记已经被证明是一种非常有效的教学反思手段。而既具备了传统的日记功能,同时又具备了更多新功能的博客,则能够提供教师和学生更加有效的反思功能。

(3)博客促进使用者针对某个主题进行充分的讨论。

与电视等媒体不同,博客是一种双向信息传递的工具。一个博客发布出来以后,作者可以设置该博客的权限,决定是否允许公开该博客或者允许用户在该博客上书写评论,当然也可以决定什么样的用户可以在自己的博客上书写博客评论或留言等。

如果作者允许其他的用户评论该篇博客文章,则读者可以通过匿名或注册用户的方式对该篇博客进行评论,实现与作者充分交流的需求。

在教学过程中,这种由作者发起的就某些感兴趣的问题进行讨论的方式,有助于学习者相互之间的合作,也有助于对某个问题感兴趣的学习者共同进行探究和发现。

(4)博客是一种教育资源的基本组织形式。

从网络教育资源的生成和管理角度来看,博客也是一种有效的教育资源生成和管理的工具。在博客作者书写博客的过程中,他可以采用原创的方式,也可以采用转载的方式。同时作者也可以采用类似于 Twitter 这种微型博客的方式来向用户提供简单的资源链接。

因为博客的广泛参与性,所有的用户都能够充分参与进去,所以利用博客来进行资源管理是一个全民参与的过程。在教学过程中,教育资源的生成和组织者也不再仅限于教师,学生同样也可以参与进来。这可以更加有效地体现出学习者的主体性,更加有利于学生知识的建构和教师的专业发展。

2. 博客的教学应用

根据博客以上的教学特点,博客在教学中有以下几个方面的典型应用:

(1)基于博客的探究性教学方法

利用博客同样也可以开展探究性学习活动。常用的 WebQuest 可以在任何一种 Web 平台上使用。而基于 Web2.0 发展起来的博客自然也具备这样的功能。

利用博客设置探究性学习页面很简单,直接在博客中按照 WebQuest 的内容结构进行书写即可。在编写这种网络探究性材料的时候,还可以利用一些博客所具备的字体、颜色改变的功能,让自己所创办的探究学习页面内容更加丰富多彩。当然在博客中也同样可以添加外部链接,从而实现 WebQuest 的所有功能。

同利用传统的网页制作技术相比,博客制作材料的技术更加简单,任何学科的教师都可以很容易学会。在一个博客中可以设置多个知识点的探究性学习专题。

一般来说,利用博客促进探究性学习包含了三个基本的要素,分别是博客资源、博客导航、博客环境①。利用博客开展探究性学习的步骤通常包括：确定主题、提出任务、资料搜寻、探讨交流、得出结论等五个步骤。

例如在人教版小学语文六年级下册"卖火柴的小女孩"课程的教学过程中，通过教师所开设的探究学习主博客，确定本次探究性学习的的主题是要通过网络的方法来了解卖火柴的小女孩这篇童话故事的写作背景以及作者安徒生的生平。在确定了探究的主题以后，可以将学生分成若干个小组，这些小组分别探究西方童话故事的历史、"卖火柴的小女孩"这一篇童话故事的影响情况、安徒生的生平以及对安徒生有影响的人和事等。

学生分配了任务以后，每一个小组进行内部分工，并开设本小组的博客。同时将本小组的博客与教师开设的探究学习主博客链接在一起，以便明确探究的目标并及时与其他小组和教师进行交流。这样教师的主博客以及学生各小组所开设的博客将组合在一起形成一个博客群。然后让所有的人利用 RSS 等技术收藏其他人的博客，及时了解其他小组的探究成果。

下一个步骤就是让学生通过网络以及图书馆、新华书店等多种途径搜索相关的资料。在学生探究的过程中，教师也可以在主博客中灵活地提供可供搜索的网络资源网址。通过多条资源搜索的途径，各小组可以获得比较全面的资料，这些资料最终组合在一起，形成比较完整的探究材料。

在探究材料的积累达到了一定的程度以后，教师组织所有的探究小组阐述自己的探究心得体会，互相探讨交流，最终得出探究的结论。

（2）利用博客开展作文教学

书写博客的过程本身就是一个写作练习的过程，在语文课上可以利用博客来提高学生的作文能力，教师经过精心组织和设计之后，结合教学内容的需要来开展作文教学，可以有效地提高学生的作文能力。

学生在使用博客提高自己的写作能力的过程中，一方面可以利用博客搜集写作素材；另一方面，学生也可以将自己生活中的点点滴滴经验书写到博客中。无论是学校组织的郊游还是自己出去的旅游，学生都可以将自己的所见所闻及时书写到博客中。如果学生觉得这些是属于私有的资料，可以设置相应的权限，不公开出来。

一旦学生的资料积累得比较丰富的时候，就可以对这些资料进行组织提炼，写出好的作文出来。

例如在人教版小学语文四年级义务教育课程标准实验教材（上册）"颐和园"课程的教学过程中，可以让学生自己开设博客，把有关颐和园以及其他的一些园区景物描写的好词好句收录进来，有可能的话，还可以让小学生写一些看到这些好词好句的心得体会。另外教师也可以开设一个主博客，将所有学生的博客集中在一起，形成一个博客群，利用 RSS 技术，让学生及时了解其他同学收集资料的最新进展情况。在课程教学结束以后，让学生对课堂所学内容以及网上大家收集到的资料进行综合，写一篇描写自己学校景物的作文。

通过这种方式，一方面丰富了学生的词汇，另一方面也促进了学生之间的相互合作。

（3）利用博客辅助课堂教学

在课堂教学过程中，博客同样也可以用来辅助教师的课堂教学。教师在备课的时候就可以将教学材料放到博客上，在课堂教学的过程中，按照需要将这些内容展示在课堂中提供学生观看。与 PowerPoint 等工具不同，博客是在网络上书写的，因此课堂教学结束以后，还

---

① 王林发. 博客环境下探究学习的研究与实践[J]. 教育信息技术. 2009,(3)

113

可以满足学生课后学习之需。学生连接到教师的博客,课后可复习教师课堂教学材料。当然教师也可以有针对性地在博客上提供相应的复习材料,帮助学生复习。

目前来看,随着博客技术的发展,一些网站,如 Google 等,甚至可以利用这种技术提供 PowerPoint 演示文稿的功能。这些功能就集成在 Google 文档之中。

例如在人教版八年级地理义务教育课程标准实验教材(上册)"中国自然环境"一章的教学过程中,教师感觉到这一部分内容非常丰富,涉及到的知识也很广泛,而学生由于接触面少,对很多的地理环境并不熟悉。为了能促进学生更好地理解课堂教学的内容,教师开设"中国自然环境"的专题博客,在其中放上搜集到的各种网络资源,包括中国东部和西部的不同地势的典型照片,以及各种文字介绍等内容。教师也可以将自己或是一些学生随家长出外旅游所拍摄的照片也放在博客上,让学生通过该博客进行讨论。与博客内容同步进行的课堂教学过程中,教师每一堂课上都可以打开博客,让学生看看自己班级主办的博客网站上最新的文章和资料。采用这种方式,学生能够获得充分的参与机会,对课堂上教师介绍的内容也会有更加深入的了解,取得较好的教学效果。

(4)实现基于资源的学习

基于资源的学习也是一种探究性的学习方法,但是与网络探究性学习 WebQuest 不同,基于资源的学习更加灵活,学生可以按照自己实际需求来检索网络上的资源,随时随地进行学习。

利用博客提供的超链接功能,教师可以在自己的博客之中给出一些典型的网络资源的链接,给学生作关键词的提示等。另外学生在学习的过程中,则可以利用博客对自己所收集到的资源进行归类整理。同时利用博客书写自己的学习体会,对所收集到的资料进行归纳总结并得出结论。当然也可以利用博客来促进学习者之间的相互交流与合作,从而在网络环境中进行探索发现。

进行资源检索最好的技术就是搜索引擎技术,但是由于搜索引擎技术只是提供了一般性资源的检索,这种检索方式需要一定的技巧,难以完全满足针对小范围资料的搜集、整理和归类的需求,而这正是某一专题知识教学过程中所需要的,采用博客就可以有效地解决这一问题。

例如人教版高中思想政治义务教育课程标准实验教材(必修3)"文化的多样性与文化传播"课的教学过程中,需要大量的资料来帮助学生理解为什么世界各地存在这么多种不同的文化,这些文化之间有何区别和联系,如何传播先进的文化等内容。采用传统的方法来进行介绍,知识抽象,学生也不容易理解。而简单地采用搜索引擎按照特定的关键词来进行检索,又很容易检索出与教学内容无关的资料。采用了博客来完成这种资源的组织和归类工作以后,教师就可以结合搜索引擎以及教学目标和任务的要求,有目的地选择网络上的各种资源,并对这些资源进行分析,去伪存真,再结合课堂教学,就能够比较好地促进学生对世界各地文化的理解。

四、网络教学平台在教学中的应用

1. 网络教学平台与虚拟教室的区别

网络教学平台是一种利用互联网的通信功能、专门设计的软件平台,能够提供教师生成和组织网络教学材料,实现网络在线或离线教学功能,为学习者提供学习上的服务和学习支持系统。

网络教学平台类似于虚拟教室,但是从软件的功能和使用来看,网络教学平台和虚拟教室还是有所区别的。

第一，虚拟教室主要目的是要在网络上模拟传统课堂教学的环境。因此在功能上，虚拟教室实现的基本上都是传统教室的功能，而网络教学平台则不受这种限制。网络教学平台设计的目的，就是希望能够完全发挥出网络的特点，只要有利于教学的功能，都可以整合进网络教学平台之中。从这一点来看，网络教学平台的概念比虚拟教室的概念范围要广泛，一个典型的网络教学平台可能包含了虚拟教室的功能。

第二，虚拟教室既要提供离线教学的功能，同时也要提供在线实时教学的功能。为了满足很多教师希望在网络教学的过程中实现视频信息的流畅的播放，虚拟教室可能会将大量的程序功能放在网络视频会议等系统中。而网络教学平台则比较灵活一些，在技术还不够成熟的条件下，网络教学平台也许并不需要这样复杂的流媒体播放的能力。

第三，从资源的组织和管理方面来看，虚拟教室主要满足教师和学生之间双向交互的需求，所以整个平台在设计的时候，并不需要考虑太多的网络资源的组织和管理的需求。而网络教学平台则会相反，它是以满足学习者自主学习的需求为目的的，所以需要比较强的网络资源组织和管理能力。

2. 网络教学平台的结构和功能

网络教学平台通常采用 B/S 结构。即利用 Web 服务器提供网络教学平台的服务器端的功能，而学习者则采用通过浏览器登录网络教学平台的方式来进行学习。

目前使用得比较多的网络教学平台通常包含以下几个部分的结构：

（1）网络教学平台的核心程序

在网络教学平台中，核心程序实现了网络教学平台的主要功能。包括网络教学平台的管理模块、用户模块和教学模块。

管理模块主要针对教师而设置。利用管理模块，教师能够很方便地使用网络平台来进行教学管理。在管理模块中，教师可以查看学习者的学习情况，包括学习者登录的日志等。通过管理模块，教师可以批改学生的作业，自动完成学生分数和评语的登记。在管理模块中，还有一些模块是专门提供给教师使用的，比如网络硬盘、教学笔记等功能。

用户模块则针对学生而设置。在该模块中对学生的学习行为进行了完整的记录。同时提供用户进行讨论、完成形成性测验等功能。

教学模块提供网络教学平台的教学功能。在网络教学平台中，采用的是一种不同于传统课堂教学的全新的教学方式。在网络教学平台中，设置了材料呈现、论坛、练习、测验等一系列的功能。网络教学平台中的教学模块既可以提供在线教学的功能，也可以满足离线教学的需求。但是与虚拟教室不同，目前的整个互联网联网的速度还难以达到局域网的速度，所以还无法实现像虚拟教室中那样非常普遍地使用流媒体播放的要求。

（2）网络教学平台的人机界面

为了提供教师和学习者更加方便地使用网络教学平台来进行教和学，网络教学平台的人机界面设计应该是比较友好的。一个网络教学平台开发出来以后，该平台所面对的用户面就比较广了。在这些不同的用户群体中，既有对网络技术比较熟悉的计算机教师，也有对网络技术非常不熟悉的其他学科的教师。所以一个网络教学平台如果界面设计得非常友好，则无论是哪一个学科的教师都可以不经过非常深入的学习过程，就能够掌握这种平台的使用方法。

在网络教学平台的 B/S 模式中，无论是教师还是学生都是通过浏览器来登录服务器的。一般具备了基本上网能力的教师和学生都能够通过浏览器正确访问网络教学平台所在的服务器。一旦登录进了网络教学平台，就可以看到网络教学平台的主界面。如果一个网络教

115

学平台的主界面设计得非常友好,则无论是教师还是学生都可以很方便地在上面找到自己想要的功能。

从已有的网络教学平台来看,很多教学平台的功能已经很完善了,但是用户在使用的时候,还是觉得不够好,其原因大多数是因为界面设计得不够友好。造成这一问题的基本原因在于,网络教学平台的设计者一般都是专业技术人员,教学经验不足,所以往往是按照自己的想法来进行设计,导致用户想要的功能在界面上找不到,而用户不熟悉或不想要的功能则详细地在上面排列出来。

目前比较常用的网络教学平台中,在学习者登录以后,首先可以看到课程的简介和通知,在某个时间段要学习的课程内容、课件、练习资料和讨论区等。在页面的左边,则通常安排了导航链接,这些导航链接对于学习者完成网络学习是很重要的,可以帮助学习者有效地开展网络学习活动。

对于教师来说,除了可以正常观看学习者的界面,以便了解课程材料放到平台中以后的效果外,还有相应的控制面板,提供教师随时增加教学材料、开设论坛讨论区等。早期的网络教学平台的控制面板通常与学生看到的内容是分隔开来的,即教师能够通过控制面板实现对教学材料和内容的整体更新,却不能够对其中的部分内容进行删改。这样的控制方式不够直观。随着技术的发展,目前一些网络教学平台已经能够做到"所见即所得"的资源更新方式。即教师可以按照学生的视图界面进入教学平台,对于每一个资源,都提供相应的按钮给教师,这样如果教师在编排资源的时候觉得某些资源不合适,就可以马上进行删改。

(3)数据库

数据库是网络教学平台的基础。除了可以提供各种教学资源以外,在网络教学平台中,数据库还是整个网络教学平台所有数据的存储器。它提供了论坛帖子、课件资源、访问日志、教学内容、网页内容等数据的存储功能。

3. 典型的网络教学平台

目前广泛使用的网络教学平台主要有三大类:第一类是完全免费的网络教学平台,比如Moodle(魔灯)网络教学平台等;第二类是收费的网络教学平台,如 BlackBoard 网络教学平台等;第三类是各级学校按照自身特点设计的网络教学平台。

其中第一类网络教学平台由于采用开放源代码的形式免费提供,因而受到教师们的广泛欢迎。另外在网络教学平台的应用过程中,综合不同教师的使用经验,教学功能会不断得以更新,这样,这一类网络教学平台的功能也会日臻完善,将更加贴近教学的实际。

收费的网络教学平台的优点在于,这些平台有专业技术人士进行平台程序的编写,通用性好,适合于各学科的使用。另外这些收费的网络教学平台也提供试用版本,便于学校在购买之前进行评估,确定是否可以进行引进。

第三类网络教学平台的优点在于能够满足学校的教学实际需求,并设计出专门针对该校各学科特点进行应用的网络教学平台。另外这一类网络教学平台对于中文的支持也比较好。

这里分别对 Moodle(魔灯)网络教学平台和 BlackBoard 网络教学平台进行介绍。

(1)Moodle(魔灯)网络教学平台

Moodle 网络教学平台是一个基于 Internet 的教学软件包,该网络教学平台由一系列的软件组成。与其他的网络教学平台不同,Moodle 网络教学平台属于开放源代码系统。这个系统由 PHP＋MySQL 组成,所有的人都可以查看到其中的源代码,并按照自己的需要对代码进行修改,当然这种修改必须遵循开放源代码协议。另外该系统是一个完全免费的系统,只要能够连接到 Internet，任何人都可以将该系统下载并安装在自己的计算机或者局域网中。

　　Moodle 教学平台创始人为澳大利亚的 Martin Dougiamas。在开发这个系统之前，他曾经使用过一些诸如 WebCT 之类的系统，结果发现这些系统存在很多的问题。在实践中，他也了解到，很多的教师都期望能够使用 Internet 来开展教学活动，但是却不知道如何着手。由此可见，一个简单易用的网络教学平台对于普通教师利用网络开展教学活动是非常重要的。在这些不断的实践过程中，他同时也认识到一个开放和免费的网络教学平台对于人们无限制地接受教育的重要性。因而 Martin Dougiamas 开发了 Moodle 这样的一个网络教学平台[①]。

　　随着 Moodle 网络教学平台获得广泛的应用，这一网络教学平台的功能也不断得到完善。到了 2009 年 7 月，Moodle 网络教学平台已经发布了 1.9.5 版本。随着今后网络技术以及网络教育理论的发展，相信会有功能更加完善的 Moodle 网络教学平台的版本推出。

　　目前 Moodle 网络教学平台能够实现的功能包括创建和管理内容、管理班级、论坛聊天室以及短信管理、形成性练习、作业、词汇、课程、百科知识、博客、班级管理、调查和问卷等。

　　Moodle 网络教学平台的使用也很简单。如果网络中还没有安装这一平台，这时候可以先到 Moodle 网络教学平台的官方网站 http://www.moodle.org 上面直接下载最新版本的打包文件，该打包文件中包含了 Moodle 网络教学平台的程序以及 Apache 服务器，该服务器能够支持 PHP 脚本。另外软件包中还有 MySQL 服务器，以便能够支持 Moodle 平台中的 MySQL 数据库。由于整个软件系统在设计的时候充分考虑了不同用户的需求，虽然这个软件的安装过程涉及到服务器程序的安装和运行，但是在 Windows 操作系统中，完全可以像安装一般应用程序那样来安装整个系统。一旦安装结束以后，就可以通过访问该服务器的 IP 地址或者是域名来登录 Moodle 网络教学平台。

　　如果已经安装好了 Moodle 网络教学平台，这时候就可以直接通过管理员账号登录该平台。使用管理员的身份来进行登录，可以实现对网络教学平台的完全控制。其主要功能包括设置 Moodle 平台系统中的各种参数和变量、对整个站点进行全面设置、设置系统的主题风格、设置系统所使用的语言、设置系统各功能模块、设置系统不同的板块、设置系统的过滤器、备份整个系统、设置编辑器、设置日历以及对系统进行维护等。

　　而作为教师，则可以采用教师的身份来进行登录。在 Moodle 平台中，教师主要可以做三个方面的工作。这三个方面的工作分别是：添加活动、添加资源、对系统进行管理和维护。

　　其中教师可以添加以下几个方面的活动：

　　练习、博客、聊天室、选择题、数据库、论坛、词汇、课程、调查问卷等。

　　教师可以添加的资源则包括：

　　文本内容、Web 页面、文件或网站的链接、目录、IMS 内容包、标记等。

　　在平台中教师所能够做的管理工作则包括：课程管理、教师板块管理、课程章节管理等。

　　在 Moodle 平台中，还有一个群体就是开发者，因为 Moodle 是一个开放源代码的系统，所以全世界对此感兴趣的人士都可以参与进来。经过 Moodle 官方网站的认可以后，就可以成为 Moodle 的开发者之一。到 2009 年，已经有 100 多位相关的专业人士成为了 Moodle 网络教学平台的开发者。

　　对于 Moodle 平台的开发者，可以享有包括获得 Moodle 平台的开发指南、获得平台核

---

　　① http://docs.moodle.org/en/Background

心组件的文档、获得相关的资源和工具等的权利。

（2）Blackboard 网络教学平台

Blackboard 网络教学平台在国内影响比较大，推广得也比较早。与 Moodle 网络教学平台不同，Blackboard 是商业软件，要使用该软件必须获得 Blackboard 公司的授权。

Blackboard 在结构上主要分为教学管理平台、门户社区平台、资源管理平台、课程管理平台。也可以提供第三方插件来丰富完善 Blackboard 的功能。还能够提供网络实时课堂的功能等。教师在使用的时候主要可以实现课程管理、用户管理、课程内容的设置以及创建各种交流与合作工具。

其中课程管理功能用来进行课程设计、课程拷贝、导入新课程、导入各种软件包、导出课程等。在 Blackboard 中还提供了不同语言界面的显示功能，提供了包括英语、西班牙语以及简体中文等多种语言的支持。

用户管理则可以实现用户或用户组的增加和修改、创建用户和用户组、接受用户注册、管理用户和用户组等。

在课程内容区域，教师则可以进行如下的操作：

创建内容和上载文件。

组织安排内容，并将其分配到不同的文件夹中。

设置课程链接，使得一个内容可以链接到课程中其他的内容上。

创建外部链接，这样便于学习者获得外部的资源。

提供学习者测验工具以评价自己的学习进度。

提供学习者按照一定的学习单元要求进行学习。

提供练习题目，以满足学习者的练习需求。

离线内容，可以满足学习者将相关内容下载到本地硬盘或者通过 CD－ROM 等进行学习。

给学习者提供课程教学大纲，以便对课程有整体的认识。

另外 Blackboard 还提供了多种交流和合作的工具，这些工具包括：课程通知、短信、课程日历、教师通知、内容收集、电子邮件、讨论区等。

在 Blackboard 中，还提供了非常丰富的评价工具，包括网络测验、调查问卷、作业提交系统以及反抄袭工具等。

目前 Blackboard 在中国的很多高校中获得了应用，包括北京大学、北京师范大学、中国人民大学等国内著名高校。

4. 网络教学平台教学应用的方法

网络教学平台在教学中常用的几种教学应用方法包括：

（1）远程授课

利用网络远距离传播信息的能力，可以将课程教学的信息传递到任何一个地方，从而实现类似于电视远程教学那样的远程授课的方式。利用网络来进行远程授课，其优点在于既可以通过有线的方式来传输信息，也可以通过无线、卫星通信的方式来实现课程教学的远距离传播。

目前诸如电大等利用网络来进行远程授课的学校中，都比较广泛地使用了各种网络教学平台来进行授课。而其中使用最为广泛的就是 Moodle 网络教学平台。例如在《计算机网络》课程的教学过程中，利用 Moodle 教学平台来进行教学，教师首先创建该门课程的基本内容，包括课程介绍、课程教学目标、教师简介、章节的教学目标、主要教学内容等文本资料；然后上传各种多媒体材料,包括多媒体课件、视音频资料等;再设置试题、论坛等交互性内容和区域。由于《计算机网络》是一门实践性很强的课程,所以除了设置这些通用性的内容和材料以外,教师还可以提供计算机网络模拟仿真软件,让学生安装到本地计算机上,进行软件仿真实验,学生实验结果文件也能够通过 Moodle 教学平台的作业提交系统提交给教师评阅。当然通过该平台教师还可以查看学生登录平台学习的日志文件,了解学生学习的情况。必要的时候,教师还可以通过视频实时通信系统与学生进行交流,以获得更佳的辅导效果。

由于这样的网络教学平台基本上实现了所有的教学功能,效果好,普遍受到学生的欢迎。

（2）个别辅导

利用网络平台同样也可以满足学习者个别化学习的需求,学习者可以按照自己的学习基础、学习能力,灵活地选择相应的学习材料来进行学习。另外学习者在学习的过程中遇到任何的问题,都可以通过网络教学平台来解决。

例如在人教版七年级英语义务教育课程标准实验教材(上册)"Starter Unit 1 Good morning!"的教学过程中,教师发现很多的学生小学时候打下的英语基础差异很大。一些学生的英语程度非常好,能够用简单的英语进行对话,具备一定的英语写作能力。而另一些学生的基础则比较差。为了让所有的学生都能够跟上教学的进度,教师利用 Moodle 网络教学平台开设初一英语个别辅导教学网站。教师除了在网站上放置了课堂教学的所有材料外,还上传了一系列的辅导材料。对于基础比较差的学生,提供了比较简单的英语听力资料,并提供了对应课堂教学内容的形成性练习材料,以满足学生课后复习巩固课堂教学内容的需要。对于基础比较好的学生,则提供课外扩展材料,同时安排一定的时间利用该平台提供的聊天室与学生用英语进行聊天,提高学生的英语会话能力。

在这样的应用过程中,Moodle 网络教学平台有效地弥补了课堂教学的不足,促进了班级中所有学生的进步。当然在应用的时候也要注意,由于这些初一学生以前可能没有接触过 Moodle 网络教学平台,因此完全让其用自学的方式来适应,有些超出了他们的能力。所以教师在让学生课后使用该平台进行学习的时候,要先给学生详细介绍一下该平台的基本使用方法。

（3）辅助课堂教学

网络教学平台也可用来辅助课堂教学。在课堂教学的过程中,如果教室中的多媒体设备能够连接到互联网上面,则可以登录网络教学平台,获取网络教学平台中的各种资料。教师也可以通过网络教学平台安排学生的课后作业、提供学习者课后辅导材料,帮助学生有效地巩固课堂教学中所学的知识。

例如在初中信息技术课"图文排版"的课程教学中,教师在 Moodle 教学平台中,创建该专题的教学辅导内容。其中包括了利用 Word 进行图文排版的基础知识,同时还包括了大量的图文素材。在课堂教学的过程中,学生就能够直接登录该教学平台,按照自己的兴趣下载这些素材在本地计算机上进行图文排版。排版结束之后,通过该平台的作业提交系统,将自己的作品上传给教师,并打开平台中提供的习题,直接在该平台上回答。在学生回答问题的同时,教师则可以用教师账号登录平台,选择一些比较典型的作业,即时进行批改,并在课堂上解决学生在完成作业的时候出现的问题。课堂教学结束以后,教师再安排学生回家登录该平台对所学知识进行复习巩固。

（4）虚拟课堂

利用网络实时通信的工具,采用诸如插件的形式集成进 Moodle、Blackboard 这样的网络教学平台之中,这时候就可以让教师和学生在不同的地点同时登录进网络教学平台。利用摄像头、传声器等工具,来模拟课堂教学的环境进行教学。这种类似于远程实时视频会议的方式,随着网络技术的发展,会获得广泛的应用。

例如在人教版八年级数学义务教育课程标准实验教材(下册)"勾股定理"的教学过程中,采用 Moodle 教学平台,并在其中安装 GeoGebra 插件,这样教师就可以在 Moodle 教学平台中动态显示数学公式和图形。由于 GeoBebra 插件的功能非常类似于几何画板,熟悉几何画板使用的教师会感觉到非常容易使用。

学生在利用 Moodle 平台学习的时候,既可以通过 GeoGebra 画出直角三角形的三条边,也可以测量三条边的长度,计算三条边的平方和,验证勾股定理的正确性。

而 Moodle 教学平台提供了学生之间相互讨论以及和教师进行在线交流的功能,则满足了学生通过网络系统地学习数学知识的要求。

(5)探究学习

WebQuest 这种网络探究式学习方法也同样可以在网络教学平台中获得应用。教师按照 WebQuest 的要求,组织教学材料,并将其添加到教学内容中,学习者就可以利用网络教学平台来开展探究性的学习活动了。

例如在人教版高中物理新课标教材(选修 3-5)"原子结构"的教学过程中,教师利用 Moodle 平台制作"原子结构"的探究性专题学习内容。在该内容中,教师提供了可供学生进行网络探究的主题:"原子的核式结构模型"。在该主题下,分别设置三个不同的探究任务,分别是 α 散射实验、原子核的电荷与尺度、原子模型的构建。学生还可以在 Moodle 平台上查阅教师从网络上收集到的各种有关原子核的文字和图片资料,并通过关键词在网络上查找有关原子核模型的网络资料。在利用这些资料进行分析探究的基础上,利用 Moodle 教学平台提供的论坛和聊天室,学生与学生之间相互进行讨论,并最终发现原子核的核式结构模型所具备的特点,以及早期的卢瑟福原子结构模型存在的问题。

(6)讨论与合作学习

网络教学平台也提供了丰富的讨论与合作学习的工具。比如教师在网络教学平台中可以按照章节和知识点的需求,有目的地添加讨论区,让学习者在学习的过程中进行讨论、合作,共同解决问题。另外也可以同短信、实时通信等工具结合在一起,满足学习者的讨论与合作学习的需求。

例如在人教版八年级语文义务教育课程标准实验教材(上册)"中国石拱桥"的教学过程中,教师在机房或数字化语言实验室中采用 Moodle 网络教学平台来促进学生对中国石拱桥的建造技术进行讨论。在课堂教学之前教师在 Moodle 网络教学平台上建立好该专题的内容,并设定好提供学生进行课堂讨论的讨论区。进入讨论环节时,教师可以让学生通过键盘在平台的讨论区中输入自己的看法,并同其他同学的看法进行比较。在利用 Moodle 教学平台组织讨论的时候,教师还要及时对论坛进行维护管理,积极引导学生将讨论的话题限制在石拱桥的建造技术方面,并对那些跑题的帖子及时进行删除。讨论结束以后,教师汇总学生的帖子,进行总结并得出结论。

同传统的方式相比,采用网络平台来进行课堂讨论,其好处在于能够满足更多学生参与讨论的需求,特别适合于那些不善言辞的学生发表自己的意见和看法。另外由于论坛中的帖子能够长期保留,便于教师进行分析总结。

第四节 网络化管理信息系统在教学中的应用

一、MIS 的概念

MIS 的英文全称为 Management Information System,这是一种利用计算机技术来实现管理信息自动化的系统。由于使用了计算机技术,因而整个系统能够实现完全自动化的管理。

从名称上来看,管理信息系统包含了三个方面的含义,分别是:管理、信息和系统。

(1)管理。管理的目的是要有效地进行组织和利用。在数字化时代,信息更加多样化,信息也越来越复杂,用传统的方式来进行组织和管理已经跟不上时代发展的要求,需要广泛使用自动化技术。

(2)信息。在数字化时代,信息的产生越来越丰富,信息传播的途径也越来越丰富,人们可以使用各种通信工具将自己的信息传播到千里之外,也可以接收外部信息以了解整个世界的发展情况。在 MIS 系统中,所面对的就是这样一种"信息爆炸"的状况。如何利用功能强大的计算机技术,帮助人们去应对这一新情况,是 MIS 技术所要解决的问题。

(3)系统。整个信息的管理过程非常复杂,目前应对这种复杂问题最有效的方法就是采用系统的方法。系统的方法始于上个世纪五六十年代的系统论,系统论提供了一种有效的方法来处理系统内部各因素之间的相互关系。

从上述分析可以看出,管理信息系统指的就是在计算机技术的支持下,利用系统的方法,来管理、组织、分析、评价和有效利用信息资源的系统。

管理信息系统最早始于上个世纪 70 年代。最初的 MIS 系统结构比较简单,是单机系统。在这样的系统中,人们将注意力主要放在如何进行数据的组织和处理方面。

到了上个世纪 80 年代,随着计算机网络技术的发展,MIS 系统逐渐向网络化的方向发展。这时候出现了网络 MIS 系统。由于计算机网络强大的通信能力,很多的 MIS 系统更加注重系统通信能力的提升。

随着人们对计算机数据处理能力以及计算机网络通信能力的深入了解,人们已经能够从系统的层次上来理解整个信息管理过程。这也意味着,现在的 MIS 系统能够更加有效地进行知识管理、决策管理,并大量使用了人工智能技术等。管理信息系统的智能化程度越来越高,使用起来也越来越方便。

二、常用的网络教学管理信息系统

MIS 在教学中有着广泛的应用。在教学中,其应用形式表现为网络化教务管理系统、网上办公系统、网络化科研管理系统、网络化财务管理系统、网络化后勤设备管理系统、网络化图书资料管理系统等。

这里就其中一些比较典型的管理系统进行介绍。

(一)网上办公系统

目前在很多学校中,校园网的建设已经日臻成熟,这时候将面临如何更好地应用校园网的问题。建设网上办公系统是校园网教育应用的重要突破口。网上办公系统的英文全称为:Office Automation,简称 OA 系统,意思就是办公自动化。

网络办公系统之所以这么重要,原因如下:

(1)网上办公系统提高了办公效率。若没有采用网络化的方式来进行管理,则整个学校办公的效率比较低。经常出现的问题就是会议多、文件多等。而使用了网上办公系统以后，一些不必要的会议完全可以通过网上办公系统来解决。另外，采用电子化的文件发放方式，也大大降低了纸张的消耗。

例如小学各学科老师每个学期考试结束以后，都会向本教研组组长提交考试质量分析表。传统的方式采用手工来完成，这是一件非常繁琐的工作。采用了计算机技术以后，利用Excel办公软件就可以完成成绩的质量分析。再利用网上办公系统，将Excel文件传送给教研组长就可以了。而教研组长对其中的数据存在疑问，也可以及时通过该系统向教师进行反馈。另外与电子邮件不同，通过网上办公系统，教师还可以查询到其他的教师或教研组长有没有打开该文件以及什么时候打开的等重要的信息。

（2）目前在校园网中，网上办公系统的种类也非常多，网上办公系统安装简单。在校园网建设起来以后，安装一个网上办公系统，是校园网软件建设的重要基础性项目。

例如对于高等院校这样规模比较大的学校，对于系统的稳定性要求比较高，这时候可以专门为该校定制网上办公系统。而那些规模比较小的学校，则可以选择一些功能比较简单、开放源代码的网上办公系统，这样能够在有限的经费条件下，有效地实现办公自动化的需求。

（3）网上办公系统也促进了校园网技术的发展。随着网上办公系统的深入应用，对于校园网的需求也会变得更加强烈。因为这些需求是教职员工在教学实践过程中不断产生的，所以校园网技术的推广和应用将更加有目的。

例如目前促进教育信息化已经成为了各级教育机构的共识，很多学校都开始规划校园网的建设。一些学校由于基础比较好，每年的学校投入也比较充足，校园网的建设比较快。而另一些学校则由于经费不足，只能建设比较小规模的校园网。不管是哪一种规模的校园网，在建设的过程中，随着设备的陆续到位，当初建网的热情也在逐渐下降。究其原因，在于最初投入只注重硬件，而忽视了网络的应用。解决这一问题的有效方法就是在校园网中安装网上办公系统，利用该系统，教师之间可以传送各种文件、共享文档资料等。由于这些跟学校的日常教学紧密结合在一起，推广应用有立竿见影的效果。

（4）网上办公系统的应用也促进了校园网其他管理信息系统的发展。学校在使用网上办公系统的过程中，可以切身体会到网络化校园的优越性，将给相关部门推进网络管理提供实践的依据。这将有效地促进其他网络管理信息化系统的应用，比如网络教务管理系统、网络财务管理系统、网络科研管理系统等。

目前的网上办公系统基本上都是商业软件。不过一些公司在提供商业化网上办公系统的同时，也提供功能受到一定限制的试用版的网上办公系统。

常用的网上办公系统主要包含了以下几方面的功能：

（1）传阅信息，即教师可以利用网上办公系统将各种信息包括文件、消息传阅给其他的教师。在网上办公系统中，这种信息的传阅方式可以是点到点的，也可以是点到面的。如果采用点到点的方式，一个教师可以向另一个教师传阅消息或文件。如果采用点到面的方式，则一个教师可以将自己的文件或消息同时发布给多个教师。为了方便教师的点到面的传阅，目前在一些网上办公系统中，还专门提供了用户分组的功能，即教师可以将某些特定的用户，比如一个教研组的成员等，划分成特定的分组，以后每次传阅信息的时候，直接向这一个组进行发送即可以达到目的。

（2）论坛讨论的功能。教师在教学实践中经常会有一些共同感兴趣的话题，通过网上办公系统在校园内部对这些话题进行讨论，也是很多教师感兴趣的功能。

（3）通知公告功能。利用该功能可以在网上办公系统中提供学校的通知和公告，以便教师及时查阅相关的通知。另外通过这样的系统，教师还可以查阅学校以前的通知和公告，便于了解学校的发展情况。

（4）文档管理功能。利用这一功能，教师可以查阅学校中的各种存档文件，比如教学日历、教学计划等。

（5）个人工作安排功能。利用这一功能可以提供教师安排个人工作计划。这些工作计划安排可以设为私有，这样只有自己才能够看得到。也可以设为公开，这样便于其他的教师查看，方便与其他教师的交流。

（二）网络化教务管理

网络教务管理是将以往手工处理的教务工作利用计算机网络来完成。在学校中，教务管理工作非常复杂，如何提高教务管理的效率一直是教务管理工作人员的目标。计算机网络技术的应用给这一目标的实现带来了希望。

教务管理的含义非常广泛，要全面实现所有的教务管理自动化、网络化还有一定的困难。目前网络教务管理主要还是针对那些与数据处理有关的应用方面。主要包括学生资料管理、学生成绩管理、课程设置、课程安排、学生课程选修等功能。

就学生资料管理这一部分而言，在网络化教务管理系统中，存储了学校中所有学生的资料，包括学生入学前的资料，学生在整个学习过程中每一学期的成绩记录，教师评语以及获奖等。采用网络化教务管理系统以后，以往需要专职人员花费大量的时间和精力才能够完成的任务，现在只要通过简单的数据库查询语句就可以马上显示并打印出来。

学生成绩管理部分则主要提供教师登记学生的测验和考试成绩、记录学生的评语等。教师所面对的系统又是和学生端的系统相连接的，教师一旦登记了学生的成绩，学生就可以通过自己的账号马上查阅到考试结果，及时安排好下一步的学习。

课程设置功能主要满足教师利用网络教务系统设置课程所需。在教务管理中，按照教学计划要求，需要设置一些专业的教学计划以及具体的课程项目。采用了网络自动化管理功能以后，可以大大减少人工方式所产生的错误，同时也便于教师之间的相互合作。

课程安排，也就是排课。排课的工作在一些比较大的学校中一直是一项非常复杂的工作，由于涉及到多个教师、多门课程以及多个课室之间的灵活安排，手工的方式经常出现错误，造成在上课的过程中出现各种教学事故。现在采用了专门的计算机排课系统以后，通过输入教师的工作任务等参数以后，系统就可以在很短的时间内计算出教室的分配情况，差错率小，运行可靠。

学生课程选修功能是为了适应教育教学改革的需求，增强学生自主选择课程的能力。目前很多的学校都开始广泛开设选修课。在传统的模式下，这种课程选修的工作量非常大，给教务系统带来了非常大的压力。而一旦使用了网络教务管理系统以后，这一工作就变得轻松简单了。学生通过任何一台联网的计算机，在规定时间内登录选课系统，就可以选择自己期望的课程。一旦学生完成课程选择以后，所有的资料全部进入选课系统的数据库，并与教务系统中的其他数据库结合起来，输出上课的班级、课室安排、时间安排等，学生不再担心自己选修了某门课程却无法登记成绩。

例如过去在一些高等院校中，学生数量比较多，且学生所学习的专业也比较复杂，特别是在高校扩招以后，学生规模更是成倍扩大。如果采用传统的方式，教师每学期结束以后都要手工登分、向各个部门提交手工填写的成绩，这一过程很容易出错。而对于学生来说，限于手工排课的局限性，要完成跨系选修课程，也是比较困难的事情。

现在使用了网络化教务管理系统以后，整个学校的教务管理上到了一个新的层次。

教师每个学期结束以后,就可以通过网络教务管理系统查看到下个学期自己要上哪些课程,便于假期进行充分的备课。而每学期开始以后,教师则可以通过该系统查看上课班级的准确时间和地点。每学期结束以后,则可以通过网络教务管理系统提交自己所教班级学生的成绩以及考试质量分析报告。

对于学生来说,则可以在考试结束之后不久就可以看到自己的成绩,这在传统的教务管理方式中,基本上是无法做到的。另外学生也可直接通过网络教务管理系统对教师进行评分,作为教师教学水平评价的一个重要依据。除了学生之外,学校的教学督导也可以通过该系统提交自己的看法和意见,帮助教师改进教学。

第五节　网络教育资源的查询与获取

网络教育资源是网络教育应用的一个重要的组成部分。在网络出现的时候,人们的注意力就放在了如何使用网络技术来促进各种资源的充分共享上。在网络教育应用中,所有教师都能充分参与互联网资源的建设,并将自己所建设的资源与其他教师共享,这同时又丰富了网络教育资源。

一、网络教育资源的分类

目前网络上可以使用的网络教育资源种类很多,按照网络教育资源提供的方式来进行划分,网络教育资源可以分为:Web形式的资源、电子邮件资源、实时通讯资源、远程会议资源、P2P资源等。

如果按照网络教育资源呈现的形式来划分,则网络教育资源可以分为文本形式的资源、图形图像形式的资源、动画形式的资源、视频形式的资源、音频形式的资源等。

按照网络教育资源所属的学科类别来划分,则可以分成:自然科学类的资源、哲学社会科学类的资源、教育心理类的资源、人文艺术类的资源等。

按照资源提供者的不同来进行划分,网络教育资源则可以分成:高等院校网站类的资源、商业网站类的资源、政府网站类的资源、图书馆和专业文献数据库资源、搜索引擎类的资源等。

二、搜索引擎

(一)搜索引擎的发展

在整个网络教育资源中,搜索引擎扮演了一个核心的角色一个将所有网络资源进行整合的角色。

搜索引擎的发展经历了以下几个阶段:

(1)基于早期的自动化获取网页技术的搜索引擎。在这种技术中,用户通过搜索引擎的网站输入关键词,然后搜索引擎服务器中的"网络蜘蛛"程序就会带着用户输入的关键词进入互联网,帮助用户找到网络上相关的网站或网页。这种方式的缺点就在于,每次用户输入关键词以后,搜索引擎服务器中的网络蜘蛛程序都要向整个互联网发出数据请求,导致搜索的效率比较低。

(2)人工搜索的方式得到发展。在这一阶段,出现了像Yahoo(http://www.yahoo.com/)这样的完全采用人工的方式来进行检索的搜索引擎。与过去的搜索引擎不同,Yahoo并不采用自动化的网络蜘蛛技术,而是采用了人工方式来检索网络上的资源。当Yahoo的工作人员搜索到一个资源以后，就会按照特定的目录将资源归类。用户通过 Yahoo 网站的界面输入关键词，将直接在 Yahoo 服务器内部进行检索，不需要向网络发送网络蜘蛛程序，这大大提高了搜索引擎检索的效率。同时 Yahoo 网站还提供了用户目录检索的方式，受到广泛的欢迎。

（3）自动化搜索技术重新获得应用。Yahoo 的人工检索技术虽然解决了一些问题，但是随着互联网的迅速发展，这种人工检索的局限性也就凸现出来。这时候出现了 Google(http://www.google.com/)和百度(http://www.baidu.com/)的搜索引擎。与过去的搜索引擎技术不同，Google 或百度的搜索引擎虽然也采用了网络蜘蛛的技术，但是用户通过搜索引擎界面输入的关键词并不会激活网站中的网络蜘蛛程序，而是直接在 Google 公司内部的缓存服务器中进行搜索。Google 公司内部的网页缓存服务器运行着一个大型的分布式数据库。为了节约成本，当年 Google 公司将人们淘汰的 486 型号的计算机收集联网起来，并在每一台计算机上面运行 Linux 系统。然后 Google 公司发出指令，让该公司的网络蜘蛛程序日夜不停地在整个互联网上访问各种网站。一旦访问到一个网站以后，Google 的网络蜘蛛程序就会将该网站的所有数据抓取出来，放到 Google 公司的缓存服务器中。

在获得这些缓存网页以后，Google 公司就会为这些网页建立索引，这样用户在 Google 网站的界面上输入关键词以后，就可以迅速检索到自己所需要的网页了。

目前互联网上面的搜索引擎技术基本上都是以这种技术为基础的。

（二）搜索引擎的使用

早期的搜索引擎如 Yahoo 等可以采用目录搜索和关键词搜索两种方式。那是因为 Yahoo 采用了专业人士对网络资源进行分类，所以目录检索比较准确。而随着自动化搜索引擎技术的发展，Google 公司也尝试着使用目录搜索的方式，并为了减少这方面的开支，还专门设置了一种所谓的开放目录的模式。这种模式类似于开放源代码协议，让网络上对此项业务有兴趣的人士自愿参与进来。但是由于参与的人士专业性比较弱，这种目录归类效果并不好。到了现在，Google 等公司已经取消了这种目录分类的方式。在目前的搜索引擎网站上，这种目录检索的方式也就不再使用了。

目前用搜索引擎检索资源，主要采用的是关键词检索。随着用户需求的提升，目前搜索引擎技术中又出现了学术搜索、图书搜索、新闻搜索、音频搜索、视频搜索、文档搜索、硬盘搜索、地图搜索、百科知识搜索、卫星图片搜索等功能。另外一些搜索引擎也不满足于仅仅提供资源检索的任务，还提供了诸如网络办公、中文拼音输入法、博客等其他的功能。一些搜索引擎公司还推出了自己的操作系统，比如 Google 公司推出了一款智能移动电话操作系统 Android、PC 操作系统 Chrome。由此可见搜索引擎在整个互联网中的重要性。

1. 关键词搜索网页

利用关键词搜索网页是搜索引擎的基本使用方法。关键词搜索很简单，可以直接在搜索引擎主页的文本框中输入词汇、短语，甚至是一个完整的句子，按下"搜索"按钮，就可以获得搜索引擎服务器返回的搜索结果。现在搜索引擎也开始注意与浏览器结合在一起。比如在最新的 IE 浏览器、Firefox、Chrome 等浏览器的地址栏中直接输入关键词，按下回车键，也可以获得默认搜索引擎的搜索结果。

在进行关键词搜索的过程中，最困难的就是关键词的选择。选择关键词主要有以下几种方法：

（1）直接获取。这种方法一般是直接使用论文所提供的关键词，将其输入到搜索引擎中进行检索。由于论文的作者专业水平比较高，所以这些关键词比较准确。

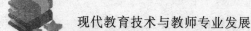

例如通过传统的杂志查看到论文"对网络教育概念的探讨"①，读者想了解有关网络教育概念的内容，这时候可以先查看该论文提供的几个关键词。这些关键词包括：网络教育、定义、e-Learning、WBI。将这四个关键词分别输入 Google 学术搜索或者是其他的期刊数据库提供的搜索表单中，就可以找到与该篇论文有关的系列论文，满足对这一课题的深入研究和探讨。

（2）从文献中寻找关键词。通过阅读一篇文章，在其中标记出自己感兴趣的关键词，然后利用该关键词在搜索引擎中进行搜索。这种方式有利于查阅一篇文章的相关知识和背景材料等。

例如在人教版普通高中语文教材第一册（必修）"我有一个梦想"课程的教学过程中，教师希望学生能够通过网络查找有关的资料，这时候在文献中找出这些关键词："解放黑奴宣言、种族隔离、美国独立宣言、渐进主义、安之若素、黑人民权运动、我有一个梦想背景"。有了这些关键词以后，教师在课堂上尝试在网络中寻找相关的资料，为课堂教学提供素材，也可以让学生使用这些关键词进行探究学习。

（3）头脑风暴。这是通过主动出击的方式进行思维。利用小组讨论的形式，让大家敞开思想，不断提出新的关键词，同时对所提出的关键词进行讨论，最后确定出可以用来进行检索的关键词。

例如在人教版八年级义务教育课程标准实验教材（下册）"地球上生命的起源"课程教学过程中，先组织小组讨论，各组都敞开思想提出关键词，这样获得了下面一组关键词：

地球、宇宙、蛋白质、宇宙射线、新陈代谢、生物变异、生物遗传、原核生物、氧气、水、细胞、真核生物、性别、器官、生物发展、生命起源、地球诞生、元素、无机物质、有机物质、水蒸气、氢、甲烷、氨、雷电、嘧啶、嘌呤、脱氧核糖、氨基酸、脂肪酸、高分子、海洋环境、多分子体系、原始生命、核酸、模拟试验、地质学研究、火山喷发、熔岩、火山气体、科学推测、能量、化石、米勒、原始大气、陨石、生物体、高温、高热、外星球、地球降温、原始海洋、原始生命、紫外线、人的寿命、地球历史、生物演化、鱼类、两栖类、爬行类、哺乳类。

在这些关键词中有一些关键词是比较好的，而有些关键词则并不合适。这时候可以对它们进行分类整理，适当进行删减。归类以后的关键词列在表 6-1 中。

表 6-1　"地球上生命的起源"关键词的归类

地球环境	无机物	有机物	生物	其他
地球、宇宙、海洋环境、宇宙射线、地球诞生、地质学研究、火山喷发、熔岩、外星球、地球降温、原始海洋、原始大气、地球历史	氧气、水、元素、无机物质、水蒸气、氢、火山气体	蛋白质、有机物质、甲烷、氨、嘧啶、嘌呤、脱氧核糖、氨基酸、脂肪酸、高分子、多分子体系、核酸	新陈代谢、生物变异、生物遗传、原核生物、细胞、真核生物、性别、器官、生物发展、生命起源、原始生命、生物体、人的寿命、生物演化、鱼类、两栖类、爬行类、哺乳类	雷电、模拟试验、科学推测、能量、化石、米勒、陨石、高温、高热、紫外线

---

① 程智. 对网络教育概念的探讨[J].电化教育研究.2003,(7);25～28.

通过表 6-1 的归类,可以比较清楚地看出关键词的性质和意义。在此基础上,对这些关键词做进一步的整理,最终获得这一篇课文用来进行检索的关键词包括:

早期地球环境类的关键词:地球历史、宇宙射线、地球降温、原始大气、原始海洋。

有关无机物的关键词:水蒸气、氢、氧气。

有关有机物的关键词:蛋白质、甲烷、核酸、氨。

有关生物的关键词:原核生物、细胞、生命起源、原始生命、生物发展。

其他的关键词:雷电、科学推测、紫外线。

在获得这些不同类别的关键词以后,教师指导学生利用这些关键词在搜索引擎中进行组合搜索。比如搜索地球早期环境对蛋白质的形成所起的作用,可以用这样的组合:"原始大气 水蒸气 蛋白质 雷电"等。

当然,如果发现最后确定的关键词并不准确,这时候还可以回到表 6-1 中,重新选择更合适的关键词。

(4)从检索结果中获取关键词。开始的时候利用一般的关键词进行检索,用这些关键词检索出来的结果可能与预期结果相关程度不高,但是在搜索引擎返回的结果中,总是存在一些有用的结果。打开这些网页以后,阅读材料,可以从中获得新的关键词。利用新的关键词进行搜索,重复上述步骤,最终可以获得有用的结果。

例如在人教版高中历史义务教育课程标准实验教材(必修3)"宋明理学"的教学过程中,利用关键词"格物致知"可以找到与该关键词相关的网页,在其中选择"格物致知_百度百科",在其中可以看到有关格物致知的解释分成了古代和现代的两种解释。其中南宋之前,"格物致知"中的"格"被理解为"来"或者"至"。而到了明代对"格"的理解则为"正"、"格式"。而现代的解释则着重于实践。为了进一步了解现代对"格物致知"的理解,直接采用"现代格物致知"作为关键词进行搜索,结果找到一篇"用现代观点读《大学》"的文章。该文认为"格物致知"体现了现代科学的方法论、本体论和认识论。格物致知的过程是一个从具体经验上升到抽象经验的过程。

获得了这些资料以后,再回到课文中指出的"格物致知"是要深刻探究各种事物,才能够理解其中的道理。可以看出,课文中对这一名言的理解是建立在现代的科学认识论基础上的。

由此可见,这样的一种不断检索,不断获得关键词,然后继续检索的过程,能够促进学生对一些知识的深入探究,也是一个"格物致知"的过程。

(5)利用句子进行搜索。早期的搜索引擎技术比较落后,直接利用句子来进行检索很难检索到有用的结果。目前随着搜索引擎技术的发展,利用句子来进行检索已经成为一种比较有效的检索方式。通常在用户输入了一个句子以后,搜索引擎就会对用户输入的句子进行划词分析,判断用户输入的句子中所包含的词汇。然后将分析的结果与搜索引擎缓存服务器的内容进行匹配。通常完全包含了这一句子的结果会排在前面,而与这一句子中的词汇不完全匹配,但相关度比较高的结果按顺序排列在后面。采用这种方式还有助于教师对学生提交作业的抄袭问题进行判断。比如直接将学生论文中的一句话直接放在搜索引擎中进行搜索,就可以马上获得类似文章的结果。

在课堂教学过程中,则可以利用课文中的某一句话查找到与该篇课文相关的各种参考资料。例如在人教版普通高中语文第二册(必修)"神奇的极光"一课的教学过程中,教师将该篇课文中的一句话"极光是天空中一种特殊的光",不加引号直接在百度搜索引擎中输入进行搜索,结果获得三千多个结果。在这些结果中,包括了南极大陆知识介绍的网页,也包括了这一篇课文的一些教学参考资料,如教案、习题、教材分析、教学实录等非常丰富的参考资料。

(6)用好搜索引擎的一些特殊符号。比如将关键词用双引号引出来,就可以让搜索引擎用完全匹配的方式来对网页进行检索。利用"site:"符号后面加上网站域名,就可以把结果限制在该网站之内等。

例如在"神奇的极光"一课中选择句子"极光是天空中一种特殊的光",在百度搜索引擎中采用加引号的方法来进行检索,则会发现检索的结果被限制在了150多篇网页。而在这一百多篇网页中,全部都是跟这一篇课文有关的教学参考资料,这为教师备课查询资料节省了大量的时间。

另外在一些结果检索的过程中,有时会发现,自己想要的材料在某个网站都已经非常齐全了,需要将检索结果完全限制在该网站之中,这时候就可以利用"site:"命令来进行限制。例如在人教版八年级地理义务教育课程实验教材(下册)"祖国的神圣领土——台湾省"一课的教学过程中,通过搜索引擎输入关键词"台湾省"进行搜索,结果发现其中的"中国台湾网"这一个结果所包含的内容最为丰富。但是这是一个大型的网站,要直接从该网站的主页进入寻找自己想要的资料非常困难。这时候通过在搜索引擎表单中输入"site:www.chinataiwan.org 台湾地理"之类的关键词,就可以在该网站中查找到跟台湾地理有关系的全部网页,结果达到1500多篇。

2. 搜索多媒体材料

随着网络带宽的迅速增加,网络上多媒体材料也越来越丰富,用户对多媒体材料的需求也在迅速增加。搜索多媒体材料成为了搜索引擎发展的一个重要趋势。

由于图片、视频、声音等多媒体材料不同于文本材料。无法通过关键词的方式直接定位一幅没有任何文字说明的图片,所以在搜索引擎中目前主要采用如下几种方式来帮助用户检索相关的图片:

(1)图片、视频、音频文件的文字说明。通常在一个网页之中,插入了一幅图片或其他的多媒体材料以后,都会在相应的位置放上这些图片、视频、音频的说明,这个说明跟多媒体材料的相关度比较大,如果用户输入的关键词包含在这些说明文字中,就可以将该图片作为结果显示出来。

(2)网页的标题、标记等文字。因为网页中这些文字的概括性比较强,所以采用这些文字来定位多媒体材料也是比较准确的。

(3)文件名。一些多媒体材料的文件名跟内容关联性也比较大,也可以作为关键词检索的标准。

(4)包含多媒体材料网页的内容。如果一个网页中包含了相应的关键词,则这个网页中的多媒体材料也会同用户想要的结果有关,可以作为用户搜索的结果显示出来。

基于这样的一个多媒体材料搜索的原理,我们可以知道,搜索多媒体材料的时候,关键词的选择与网页搜索的关键词选择基本相同。但是在使用句子进行搜索的时候,尽量不要使用引号来进行完全匹配,因为这样的做法搜索出的结果比较少,可选择余地比较少。

例如在人教版七年级数学义务教育课程实验教材(上册)"多边形及其内角和"的教学过程中,教师感觉这一部分内容比较抽象,希望在课堂上通过多媒体的形式播放多边形的视频录像。这时候通过关键词在百度搜索引擎中,选择"视频"进行检索。如果在检索的时候直接输入关键词"多边形 内角和",这时候可以检索到大约几十个视频,但是这些视频基本上都是该节内容的课程教学录像,不太适合直接用在课堂上播放。而如果输入"多边形"关键词,则可以检索到一千多个结果,在其中有非常丰富的有关多边形的视频资料可供选择。

3. 检索图书和论文

在 Google 搜索引擎中还专门提供了图书搜索和论文搜索。

通过 Google 图书搜索(http://books.google.com/)可以搜索到约 700 多万册图书,且数量还在迅速增加。这样的图书搜索量相当于一个大型图书馆的容量。在 Google 公司进行图书数字化的过程中,也同出版商和作者出现了一些矛盾,并遭受到诉讼。不过这些矛盾最终得以解决。

目前 Google 图书主要有两个重要的来源。一个来源是 Google 的图书馆计划。Google 与全世界知名图书馆进行合作,将其收藏的图书进行数字化。另一个来源是合作商计划。通过与全世界 20000 多个出版商和作者进行合作,将他们的图书进行数字化,放在网络之中,让用户可以像在书店或图书馆中浏览图书那样,浏览图书的概要,以促进图书的销售。

通过 Google 图书的界面登录以后,输入关键词,就可以找到所需要的图书。在 Google 图书中,主要有四种阅读方式的图书。第一类为全部浏览的图书。这一类图书能够提供所有页面的阅读,用户也可以采用 PDF 的格式将其下载到本地硬盘上。第二类图书是有限制浏览的图书。这一类图书只能浏览其中部分页面。第三类是片断预览的图书。这一类图书可以阅读关键词所在位置的片断文字。第四类是不能预览的图书。这一类图书不会提供正文页面或片断的阅读,只提供内容提要以及相关版权和购买的信息。

在 Google 图书中,全部浏览和有限制浏览的图书阅读效果最好。如果在美国,通过 Google 图书检索到片断预览和不能预览的图书,则还可以通过传统图书馆或网上书店的方式来进行阅读或购买。

例如在人教版高中物理第一册课程标准实验教材(必修)"牛顿运动定律"的教学过程中,教师进入 Google 图书网站,在其中输入中文关键词"牛顿"可以找到很多介绍牛顿的书籍。一些书籍具备有限浏览的功能,可以摘录其中的一些片断让学生体会牛顿的伟大。而输入英文关键词 Newton,则可以检索出牛顿的经典著作"The mathematical principles of natural philosophy",该书能够全部浏览,英文基础比较好的学生可以将整本书下载到本地硬盘上阅读,体验这一人类历史上最伟大的著作。

除了 Google 图书以外,另一个对学术研究很有用的功能就是"Google 学术搜索"。Google 学术搜索并不直接提供论文,而是提供论文检索的服务。与论文收录的数据库直接提供的检索功能相比,Google 学术搜索的搜索能力更强,搜索出来的结果也更加准确。因此一些论文数据库,如维普中文科技期刊全文数据库、万方数据库、Elsevier ScienceDirect、Springer Link Journals & Books 等都充分利用了 Google 学术搜索的功能,若用户以包库形式购买了这些期刊的 IP 地址范围,则用户通过 Google 搜索引擎检索到了相应的结果以后,直接就可以点击相关链接阅读和下载论文。本书在写作的时候也充分利用了这一功能,从而大大提高了论文检索的效率。

例如在人教版高中历史课程标准实验教材(选修 5)"二里头遗址的发掘"一课的教学过程中,学生通过在"Google 学术"中输入"二里头遗址"的关键词,可以找到大约 500 多篇相关论文。这些论文一般都提供了论文摘要和关键词,从中可以大致了解二里头遗址最新进展情况。如果学生对其中某篇论文发生了兴趣,期望更深入地进行了解,可以通过购买该篇论文或者在一些已经以包库形式购买了期刊数据库的学校中下载阅读该论文。当然也可以进入国家图书馆或省市图书馆去查阅传统的印刷版杂志。由于通过这种方式获得的资料是学术杂志上公开发表出来的,比起一般的网页搜索结果要权威得多,因此这种方式同时也培养了学生的科学研究能力。

4. 搜索地图

现在无论是 Google 还是百度都提供地图的搜索功能。由于是电子地图的形式,并且连接上网,所以只要能够正常使用浏览器上网的计算机就都可以使用该功能。

与传统的地图相比,这种电子地图的形式使用起来更加方便,将地名输入到搜索引擎搜索栏以后,就可以充分利用搜索引擎的功能来搜索某个地名所在的位置以及交通路线等。

目前搜索引擎提供的这些地图还可以及时进行更新,对于经常需要出行的人士而言,这种电子地图已经成为不可缺少的工具。而随着智能移动电话技术的发展,在移动电话上显示这些电子地图则会给出行带来极大的方便。

除了可以直接搜索普通的地图以外,Google 搜索引擎还专门提供了一个 Google 地球的功能,利用该功能结合搜索引擎提供的地图,可以更加准确地定位要达到的位置,了解目的地的地理环境情况等。

例如在广州从化地区的学生学习数学"两点间线段直线最短"的内容,教师在课堂上问学生从从化的街口到广州火车站之间最短的路线是哪一条。一些学生有坐车经过这两地的经验,通常会认为全程高速公路的那一条路径最短。这时候教师打开 Google 地图,在地图的最左边点击 Get Directions 链接,这时候就在下面出现两个文本框,分别代表了出发地点(A)和目的地(B),在 A 中输入"广州火车站",在 B 中输入"从化流溪小学",然后点击下面的 Show options,展开路径选项。选中路径选项中的 km,这样 Google 地图测量出来的结果将以千米为单位。最后用鼠标按下下面的 Get Directions 按钮,就可以马上获得两条高速公路的路径,分别是从京珠高速公路和机场高速公路到达从化街口流溪小学,距离分别是72.3km 和 76km。Google 地图会在地图上面用粗线条标记出这两条路径。然后教师可以提示学生为什么经过京珠高速会比经过机场高速路径要短一些,并提示学生还有没有更短的路径。学生讨论以后,教师在路经选项中,将 Avoid highways 的选项选中,然后再按下 Get Directions 按钮,这时候 Google 地图给出了两条路径,分别是广从公路和中花路,距离分别是 64.1km 和 81km。鼠标移到相应的路径上,在 Google 地图中就会将该路径用粗线条显示出来。这时候教师让学生讨论为什么经过广从公路路径会短这么多,引导学生讨论,得出结论:两点之间线段直线最短。

三、百科知识

最近这几年百科知识方面的网站逐渐兴起,一些搜索引擎,比如百度等,还专门开设了一个"百度百科"的栏目。这些百科知识网站主要通过读者自己来完善相关的条目。当然为了确保百科知识栏目内容的权威性,这些百科知识网站会安排专门的管理人员对读者贡献的条目进行审核,确定哪些知识是可以接受的,哪些知识是没有根据的。

由于内容涉及各个学科,知识量非常大,且内容不断得以更新,因此这种网络百科知识大有取代传统的百科全书的趋势。目前网络上的百科知识网站主要有 Wikipedia(http://www. wikipedia. org/)和百度百科(http://baike. baidu. com/)等。

利用 Wiki 或百度百科等技术可以实现知识的有效组织和管理、师生之间相互协作、探索解决各种问题、提供课堂教学辅助资料等功能。

例如在人教版高中物理新课标教材(选修 2—3)"核反应和核能"的课程教学过程中,教师可以在 Wiki 百科网站中创建"核反应""核能"的条目。如果该条目已经存在,则可以创建账户增加新的条目或编辑已有的条目。这样的一个百科知识更新的过程有助于学生全面了解核反应和核能方面的专业知识。同时在教师和同学协作更新这些条目的过程中,培养了学生的探索研究能力。

四、各类网站

　　除了搜索引擎这些比较重要的网络教育资源以外,网络上其他类型的网站也都在提供自己的网络教育资源。这些网站包括教育类的网站、政府机构网站、商业网站、军事网站等。

　　其中教育类网站的资源比较丰富。教育类网站主要包括一些教育机构的网站,比如美国教育部主办的 Eric 教育资源数据库网站(http://www.eric.ed.gov/)、中华人民共和国教育部网站(http://www.moe.edu.cn/)等。另一些教育类网站则是学校的网站,比如各类大学的网站。像麻省理工学院的开放课程网站(http://ocw.mit.edu),就提供了该校 700多门课程的开放资源。还有一些教育类的网站则重点提供中小学教学课件、教案等资源,是一种资源库的形式。比如中国中小学教育教学网(http://www.k12.com.cn/)就是这样的例子。

　　政府机构类网站除提供各种政府发布的信息以外,有些也提供各种教育教学方面的资源,比如美国航空航天局在其网站上就专门为中小学教师和学生以及儿童提供宇宙方面的专题知识(http://www.nasa.gov/)。

　　商业网站则是另一类具备非常丰富教育资源的网站。这些商业网站中比较典型的是一些大型跨国公司的网站,比如 Intel(http://www.intel.com/)、微软(http://www.microsoft.com)等。为了推广其产品,这些公司会设置专门的教育教学栏目来对相关技术进行介绍和推广。另一些门户网站,如网易(http://www.163.com/)、搜狐(http://www.sohu.com/)等,也会专门安排专业技术人员编写各学科方面的专业文章,以满足读者的求知欲望。

　　军事类的网站则是学习军事技术的好去处,因此也是一种非常特殊的网络教育资源。

第六节　移动技术在教学中的应用

一、移动学习概念

　　随着无线互联网技术的发展,人们对于能够完全摆脱网线束缚的互联网访问技术发生了浓厚的兴趣,各种移动互联网技术得到了迅速的发展。将这些技术应用到学习过程中,就能创造出新的学习方式。

　　移动技术在教育教学中的应用,就是移动教育或移动教学。如果侧重于考虑学习者的学习,移动教育也可被称为移动学习。很多的学者对移动学习都有比较深入的研究,例如叶成林、徐福荫、许骏在 2004 年指出[28]:“移动学习是指利用无线移动通信网络技术以及无线移动通信设备(如移动电话、个人数字助理 PDA、Pocket PC 等)获取教育信息、教育资源和教育服务的一种新型学习形式。”从已有的一些定义来看,移动学习中的主要功能表现在以下几个方面:

　　(1)从使用的媒体方面来看,移动学习中使用的设备必须是可移动的通信设备,比如移动电话等。

　　(2)从传送的内容来看,移动学习过程中传递的是数字化的内容。移动学习是 e-learning 的一种形式,而数字化内容则是 e-learning 的一个基本特征。这同使用模拟移动技术是有很大区别的。早期采用的是模拟技术,这种模拟技术只能用来传送音频信号,成本也很

131

高,难以满足移动学习的基本要求。

（3）从学习方式上来看,移动学习应该能够满足人们在任何时间任何地点进行学习。因为移动的目的就是要打破以往学习过程中学习者必须固定在某一个场所,比如课室、家庭等的限制。

另外,值得我们注意的是,尽管都是移动技术,它们之间的差别还是挺大的。比如移动电话是一种可移动设备,而人们对它与笔记本计算机的看法则有很大的区别。一般认为笔记本计算机也是一种可移动设备,但也有一些人士认为笔记本计算机不属于可移动设备(moblie device)。配上无线网卡,用笔记本计算机也可以随时随地地获取教育信息和资源。但是从价格上来看,笔记本计算机一般都比移动电话要贵一些。从使用便利性来看,笔记本计算机体积大,使用的时候至少要有一个可以支撑它的东西,以便用户可以正常使用它。虽然一些笔记本计算机生产的公司尝试着对此进行改进,但是效果都不太好。另外从电池使用的可持续性来看,笔记本计算机由于能量消耗比较大,持续使用的时间一般都在 2 小时左右。但是移动电话在电池充满电以后,很多都能够持续使用 24 小时以上。还有一个很重要的区别表现在,笔记本计算机使用的操作系统是桌面操作系统,比如在 PC 机中安装的 Windows XP 操作系统,在笔记本计算机中也一样可以正常安装使用,这也说明笔记本计算机不是一种很适合移动的设备。而移动电话中使用的操作系统一般是嵌入式操作系统,这种操作系统专门为特定功能的设备而设计,比如 Windows Mobile 等。因此我们现在所说的移动学习应主要指的是那些使用了移动电话技术的学习方式。当然随着今后技术的发展,如果笔记本计算机在重量、体积、电池使用的可持续性等方面有了很大的改进,笔记本计算机则可能会在移动学习领域得到更广泛的应用。从目前的技术来看,笔记本计算机今后的发展趋势可能还是取代 PC 机。

从国际上移动学习应用的领域来看,移动学习对于那些人口流动性比较大、网络接入技术相对比较落后的地区促进作用更大。比如在偏远农村地区以及一些游牧民族中移动学习受到广泛的欢迎。目前很多发展中国家的学者都比较热衷于移动学习的研究。非洲一些学者的研究指出,在非洲尼日利亚的游牧部落中,可以采用移动技术来有效解决他们的学习问题。在印度的一些偏远地区,采用移动学习的技术也是一种不错的选择。而在美国这样的发达国家,其偏远的小镇上,由于人口居住分散,采用移动学习也是一种很好的解决方案。

二、移动学习的应用模式

利用移动学习技术可以实现以下几种移动学习的模式:

1. 计算机实验室模式

一般的计算机实验室通常会有大约 50 台 PC 机通过以太网的方式互相连接在一起。以太网的速度非常快,这些计算机之间可以进行高速的通信。现在我们可以用 50 台移动电话代替这 50 台 PC 机。由于每一台移动电话都具备了无线通信上网的功能,因此整个实验室不需要再进行额外的布线,这可以节约网络布线和室内装修的成本,同时也可以很方便地对一般课室进行改造。在这样的一个由移动电话构成的实验室中,学生可以通过 GPRS、EDGE、3G 等技术上网通信,可以浏览 WAP 站点、使用 BBS、博客或者 ICQ 进行通信。当然也可以通过精心设计,在 WAP 上运行的 WebQuest 站点进行探究性的学习。如果 WAP 技术支持,教师还可以构建一个虚拟局域网,使用多媒体教室软件来支持教学。

例如在"Windows Mobile 操作系统的使用"内容学习的时候,教师安排学生进入这样的实验室中。由于每一台移动电话都很小,教师可以采用大屏幕投影进行集体授课,介绍 Windows Mobile 操作系统的使用知识。在需要学生进行操作的时候,每个学生都可以打开桌面上安装的 Windows Mobile 操作系统移动电话进行练习。而通过 Wifi 功能,学生之间则可以通过无线局域网进行相互之间的通信,测试移动电话通过无线局域网进行通信的功能。

2. 基于移动技术的自学模式

由于移动电话便于携带,学习者可以很方便地在家里利用移动电话进行学习、浏览各种网络教育资源。目前适合于移动电话浏览的教育网站数量较少,而移动电话中短信功能还在比较普遍地使用,因此一般认为移动电话在教育中的应用还处于辅助学习的阶段,比如利用移动电话短信功能发布各种通知等。但是相信随着 WAP 技术的发展,内容的不断丰富和完善,加之移动电话新的显示技术的出现,将促使移动学习真正成为一种学习者获取知识的主要途径。

例如在农业科技这样的远程课程教学过程中,通过移动网站发布实践性很强的内容,学生可以在农田中,这些无法采用其他媒体来播放内容的条件下,利用具备上网功能的移动电话,浏览课程教学网站,一边学习一边实践。

3. 基于移动技术的探究式学习模式

利用建立在 WAP 网站中的 WebQuest,教师可以构建出一个网络教学环境,以满足学习者的探究性学习的需求。与在专门的计算机实验室中进行探究式学习不同,学习者的学习过程是随时随地进行的,既可以在正常的课堂教学过程中进行,也可以在学生放学以后自主地利用教师提供的 WebQuest 网站进行学习。学习方式也灵活多样。对于偏远农村地区来说,这一点显得尤其重要。因为这些地区的学习者居住通常都比较分散,学生与学生以及学生与教师之间的交流比较困难。这种模式可以利用网络将学习者的探究活动有效地联系在一起。

例如在人教版七年级生物义务教育课程标准实验教材(下册)"探究环境污染对生物的影响"的教学过程中,教师通过网络开设一个有关环境污染的探究学习 WAP 网站。学生可以通过移动电话实时访问该网站,并在该网站利用文字的方式参与讨论,也可以随时将用移动电话的照相功能拍摄的有关环境污染的照片和短片上传到该网站上,更好地与小组中其他的同学进行交流。

4. 基于移动博客的反思学习模式

近年来,博客技术发展迅速,在教育教学中也得到广泛的应用。由于博客技术构成简单,可以很方便地迁移到移动技术之中,现在已经有很多的门户网站开设了移动博客,比如新浪网等。通过移动博客完全打破台式计算机的限制,做到随时随地发布自己的内容。

例如现在很多的中小学都会组织学生出外旅游。在旅游之前,建立一个移动博客,这样即使去到野外,也可以通过移动电话登录博客,查看上课时所写的内容,并随时记录自己的心得体会。由于是在旅游的过程中书写的博客内容,因此可以将旅游过程中所产生的各种想法及时准确地记录下来,供今后做进一步的反思学习之用。这种方式比学生回到旅馆中到处去寻找能上网的计算机效果要好得多。另外,移动电话也便于携带,比较适合学生的使用。

5. 基于移动论坛的在线讨论模式

移动电话本身具备了语音通讯的功能,可以提供通讯双方进行有效的讨论和交流。限于目前的技术能力,利用语音功能同时进行多人的讨论还比较困难,因此这种模式主要还是用文本的方式来进行。利用移动网站提供的论坛或者博客,教师和学习者可以随时随地通过移动电话进行讨论、相互借鉴。

例如学校在放暑假期间,教师专门通过 WAP 网站开设移动论坛,利用该论坛学生可以自由地就自己感兴趣的内容进行讨论。由于讨论的主题不限,讨论的过程非常灵活,能够充分发挥学生的想象力和创造力。一些学生可在家里通过 PC 机上网登录论坛发表看法,而在外旅游的学生则可以通过移动电话上网与同学交流自己在旅游过程中的所见所得,也可以将自己的最新的照片上传到论坛上。这一方面促进了学生之间的交流,也为教师了解学生暑假的生活学习情况提供了一条重要的途径。

6. 运用 SMS 功能的教学通知模式

SMS 全称为 Short Messaging Service,它是移动技术中的一项重要的电信增值服务。与 WAP 技术不同,短信功能对于移动电话的要求很低,只要这台电话具有一个液晶显示屏,不管大小如何,都可以方便地发送和接收短信。实际上现在市场上出售的几乎所有的移动电话,包括中国电信的小灵通业务都具备短信的功能。目前国内最廉价的移动电话价钱也就是一两百元。随着移动语音通信的价格迅速降低,偏远农村地区的人士也开始将移动电话作为取代固定电话的一个重要设备。因此利用短信可以确保所有的教学信息都准确发送到所有的学生手中。

与 WAP 站点上显示出来的丰富的多媒体信息不同,SMS 的信息量比较少,因此直接应用短信进行教学内容的传递不方便。不过一些教师也尝试制作了基于短消息的网络学习课程,这应该也是一个值得注意的研究方向。

7. 利用移动电话多媒体功能的多媒体教学应用模式

现在的很多移动电话都具有多媒体功能,因此移动电话具备了一般计算机所具备的多媒体播放能力,可以呈现文本、播放声音和视频等。当然,如果有多媒体课件,经过适当的改造之后也可以在移动电话中播放。

现在还有一些移动设备具备播放专门课件的功能,例如在文曲星系列学习机中支持一种所谓的"名师讲堂"的功能。在该功能中,通过一种特定的文件格式,教师可以将文本材料以及教师的讲解过程全部录制进去并在学习机上播放。由于该学习机目前还不支持 SIM 卡操作,所以所有课件必须到其网站上下载下来观看。如果能够实现移动电话的功能,完全的在线学习应该也是可以实现的。

案例分析 6−2

在尼日利亚游牧部落中推广移动学习

资料来源:Rashid A. Aderinoye, K. O. Ojokheta, A. A. Olojede. Integrating Mobile Learning into Nomadic Education Programme in Nigeria: Issues and perspectives[J]. The International Review of Research in Open and Distance Learning. 2007,8(2)

尼日利亚游牧部落的人口数量达到 930 万之多。其中大约有 310 万的人口处在学龄和学龄前阶段。受到条件的限制,这些人口中绝大部分都是文盲。解决这一问题的方法目前主要有两种:

1. 建立移动学校。采用动物以及摩托车等打包运输教学工具。每个移动包裹包含了三套移动教室设备,可以满足 15～20 个儿童学习的需要。一些移动教室还包括了视听教学设备。

2. 利用广播电视开展教育。在尼日利亚有 37% 的尼日利亚人仅仅拥有收音机;1.3% 的人仅仅拥有电视;而将近 48% 的尼日利亚人同时拥有收音机和电视机;14% 的人则什么都没有。因此在尼日利亚利用广播和电视来开展教育活动还是比较有效的。

如何应用移动学习技术来解决这一地区游牧民族的教育问题,一些学者建议可以通过以下四条途径:

1. 移动学校是一种比较好的解决游牧民族教育问题的方案,所以应该大力推广。

2. 向这些游牧部落提供廉价的移动电话,这样就可以满足收看文本以及其他的多媒体信息的要求。

3. 在游牧部落行走的路线上建立学习中心,可以有效地将各种学习手册等材料及时发放到游牧民手中。

4. 管理人员通过移动电话通信、简单的对话等,及时了解游牧部落学生学习的进展情况。这些部落的学生也可以通过移动电话同管理人员进行交流。

这样做的好处在于,移动学习能够提供游牧部落人口接受教育的机会,让这些游牧部落能够有机会接触现代社会。

当然这样的方案在实施的时候还是有一定困难的。首先是游牧部落中的人士能否接受移动学习这样的新观念。其次尽管现在移动电话价格比较低,但是对于这些游牧部落来说,还是不小的开支。而更困难的则是如何对移动学习的效果进行评估,确保移动学习的质量。

反思:

1. 移动学习对于解决中国偏远地区的教育问题有何作用?

2. 移动学习的推广目前遇到的最大问题是什么?

实验6—1　用无线路由器来组建无线局域网

实验目的:

1. 通过本次实验了解无线局域网的结构。

2. 能够对无线局域网设置简单的 MAC 地址访问控制。

实验器材:无线路由器、无线网卡、可连接到 Internet 的 ADSL 等调制解调器、计算机等。

实验步骤:

1. 安装无线路由器,接通电源,连接 ADSL 调制解调器。

2. 在计算机上插入无线网卡,并安装无线网卡驱动程序。

3. 打开浏览器,输入无线路由器的管理地址,访问无线路由器。

4. 登录无线路由器的控制面板以后,查看相关的参数。

5. 设置无线路由器 MAC 地址访问控制,控制不同的无线网卡访问无线局域网。

作业:

1. 画出网络的拓扑结构。

2. 记录实验过程中观察到的参数,分析无线路由器访问控制的情况,写出实验报告。

实验6—2　安装运行 Moodle 网络教学平台

实验目的:

1. 通过本实验了解网络教学平台的基本特点。

2. 了解网络教学平台的运行环境。

3. 能够安装和运行一个网络教学平台。

实验器材: Moodle 网络教学平台软件包、安装有 Windows XP 操作系统或 Linux 操作系统的计算机、计算机网络。

实验步骤：

1. 解压缩 Moodle 网络教学平台软件包。

2. 安装 Moodle 网络教学平台。

3. 登录管理界面，进行基本的参数设置等。

4. 以不同的身份访问 Moodle 网络教学平台。

作业：

1. 描述整个安装过程。

2. 分析 Moodle 网络教学平台有何特点。

实验 6—3　利用 Moodle 网络教学平台制作运行一门网络课程

实验目的：

1. 通过本次实验探讨网络课程运行的特点。

2. 能够利用网络教学平台设计制作网络课程。

3. 理解网络教学平台在网络教学中的作用。

实验器材：安装有 Moodle 教学平台的计算机、计算机网络等。

实验步骤：

1. 在实验 6—2 的基础上，在该网络教学平台中制作一门网络课程。

2. 以管理员和教师身份登录平台，对课程参数进行设置，包括班级设置、论坛设置、课程材料的设置等。

3. 以学生身份登录平台，查看网络课程学习效果。

作业：

1. 分析实验过程中遇到的各种问题，记录相关的参数。

2. 综合实验 6—2 写出一份实验报告。

实验 6—4　设计一个 WebQuest 网站

实验目的：

1. 通过本次实验了解网络探究性学习的原理。

2. 能够设计和制作一个 WebQuest 网站。

实验器材：Web 服务器、网页设计制作工具、网页上传工具。

实验步骤：

1. 利用网页设计制作工具，如 Frontpage 或 Dreamweaver 等，按照 WebQuest 的要求，设计制作一个 WebQuest 网页。也可以直接利用博客来设计该网页。

2. 利用网页上传工具将所制作的网页上传到 Web 服务器。

3. 通过浏览器查看 WebQuest 网页制作的效果。

作业：

1. 分析 WebQuest 网页与普通的网页有何区别。

2. 实验过程中所制作的网页为本次实验作品，并要求写一份实验报告。

实验 6—5　网络办公系统的管理和使用

实验目的：

1. 通过本次实验了解网络办公系统的原理。

2. 掌握常用网络办公系统的管理和使用方法。

实验步骤：

1. 安装一个试用版的 OA 系统。

2. 以管理员的身份登录 OA 系统，对网上办公系统的基本参数进行设置。

3. 以普通用户身份登录 OA 系统，收发传阅信息、查看文件、论坛发帖情况等。

4. 退出 OA 系统。

作业：

1. 分析 OA 系统的结构和功能。

2. 写一份实验报告。

习 题

1. 数字化时代有什么样的含义？如何适应数字化时代发展的需求？

2. 为什么要使用网络教学平台？使用网络教学平台发布的网络课程与使用 Dreamweaver 等工具设计制作出来的教学网站有何区别？

3. 同其他的数字化技术相比，移动技术有何特点？移动学习有哪些应用模式？

第七章

用计算机网络类媒体促进教师专业发展

> **学习目标**
> 1. 名词解释：网络学习共同体、网络校本培训、Web2.0、移动学习
> 2. 通过本章的学习了解计算机网络类媒体的教学应用特性
> 3. 熟悉计算机网络类媒体构建的几种比较典型的教师专业发展平台
> 4. 能够在实践中应用所学知识构建计算机网络类媒体支持的教师专业发展平台，并用来支持教师的专业发展

第一节　基于计算机网络类媒体的专业发展环境

一、计算机网络媒体类的特性

计算机网络类媒体有着非常好的教学应用特性。这些特性主要表现在数据处理、多媒体信息处理和呈现、通信、智能控制等几个方面。

（一）完成数据处理功能

（1）进行科学计算。早期设计制造计算机的目的就是完成科学计算。随着超大规模集成电路技术的迅速发展，计算机的科学计算能力已经突飞猛进，一台 PC 的计算能力已经可以达到过去巨型计算机才能够达到的水平。高速的计算能力为计算机在各方面的应用提供了基础。比如求解非常复杂的微分方程，都可以通过计算机在比较短的时间内完成计算。

（2）进行数据组织、存储、添加、修改、检索。这是计算机的另一个应用方向。在数据库技术出现以后，人们利用计算机来进行数据处理方面的需求也在迅速增长。在教学应用中也是如此。目前各种网络教学平台都大量使用了数据库技术。网络化教学管理系统则更是依赖数据库技术。

（3）进行模拟仿真。利用计算机还可以完成对实物的模拟仿真。可在计算机上完成各种实验、节约实验的成本、提高实验效率。通过在这种可以控制的模拟仿真环境中进行实验，可有效地提高实验的质量。借助计算机数据分析和处理的能力，能完成传统方式下不能完成的一些实验项目。

（4）进行云计算。多台计算机通过 TCP/IP 协议连接成计算机网络以后，利用特定的软件技术，就可以将这些台式机的计算能力相加起来，完成传统的方式中只有巨型计算机才能够完成的任务。目前这种技术已经在宇宙空间探索、微观世界分析等方面得到实验性的应用。随着这种计算技术的发展，在教学中也可以发挥重要的作用。

(二)处理多媒体信息

在 20 世纪 90 年代,一种全新技术的发展,使得人们对计算机的理解和看法发生了根本性的改变。这就是多媒体技术。多媒体技术使得计算机不光可以呈现文本信息,也可以呈现丰富的图像、视频等方面的信息。随着人们对多媒体技术的深入探讨,人们对 CPU 的认识不再局限于早期的冯·诺依曼结构。计算机中增加了更为丰富的多媒体指令。

多媒体计算机技术在教学中的应用则更加广泛。主要具备以下几方面的特性:

(1)进行字符处理。早期的计算机技术就能够进行字符处理。到了 20 世纪 70 年代末,微型计算机技术的发展,使得这种字符处理技术发展到了一个巅峰。那个时候的微型计算机除了能够运行操作系统以外,一些文字处理软件也随之而产生。利用这些文字处理软件,用户可以打开、保存一个文件,复制、粘贴、查找、替换其中的字符。配合打印机技术的发展,这种方式开始逐渐取代传统的打字机。人们更加习惯使用计算机来进行文字的处理工作。到了 20 世纪 90 年代,随着计算机速度的迅速提高,中文处理终于摆脱了"汉卡"硬件,直接利用计算机的软件技术就能够很方便地处理汉字字符。这在中文世界引发了一次文字输入革命。使用中文的人士也开始逐渐抛弃手写的方式,采用计算机中文文字处理工具进行写作。而利用计算机键盘的打字速度也远远超过了手写的速度。电子文档的大量使用还节约了印刷成本。

(2)呈现多媒体信息。这是多媒体计算机的重要功能。这里所说的多媒体信息包括了文本、图形、图像、声音、动画和视频。在教学过程中,教师经常要使用图像、视频等材料来给学生提供直观材料。更重要的是,这些多媒体信息在教学中的大量使用,也改变了教学内容、方式、方法和应用的模式。

(3)多媒体信息的压缩。在最早的多媒体计算机标准中,就已经规定了多媒体信息的压缩标准。而随着数据压缩技术的发展,目前的数据压缩已经能够将几十 GB 的高清晰度视频压缩成几百兆的文件。多媒体信息的压缩技术一方面节约了大量存储空间,另一方面促进了高清晰度影像技术的发展。而网络流媒体数据传输、数字广播、数字电视等技术则更是要依赖这些压缩技术。

(4)存储多媒体文件。多媒体技术除了能够处理多媒体信息以外,另一个基本的功能就是能够存储多媒体的文件。目前广泛使用 DVD 光盘技术、硬盘技术以及半导体闪存技术来进行存储,相信随着技术的发展,更多的存储技术会被应用进来。而多媒体存储技术的发展,则为教学资源的建设、管理、使用和共享提供了物质基础。

(三)实现通信功能

目前的多媒体计算机同网络也是密不可分的。有了计算机网络技术以后,多媒体信息才能够在网络上以更高的效率进行传播。人们也可以使用更为方便的方法来组织、管理、检索多媒体信息。多媒体计算机网络能够实现以下几个方面的功能:

(1)进行全球范围数据及多媒体通信。随着 TCP/IP 成为一个全世界公认的计算机网络标准,实现了全世界范围的计算机联网。在网络上不管是拥有 Intel Core i7 920 CPU 的计算机,还是使用早期的 486 CPU 的计算机,只要使用 TCP/IP 协议,都可以正常地进行通信。同其他的通信媒体相比,这种通信的方式完全突破了时间和空间的限制,没有国界,远在万里之外的通信也可以瞬间实现。人们形象地将此称为"地球村"。

(2)实现 WWW。在计算机网络技术中一个非常重要的技术就是 WWW 技术。这种技

139

术由欧洲粒子物理实验室的 Tim-Burners Lee 发明,其使用的网络通信协议是 HTTP 协议。这种技术同其他的计算机网络应用层协议相比,最大的好处就是可以通过超链接的方式,将不同的页面链接起来。用户只需要移动鼠标进行点击就可以迅速找到自己想要的资料。这种 WWW 技术还支持多媒体资源的链接和呈现。目前这种技术已经发展到了互动性更强的 Web2.0 阶段。

(3)传输文件。实现文件的传输是计算机网络的基本功能。早期采用 FTP 协议,可以实现点到点、点到面的文件传输。而目前 P2P 技术的发展,则可以实现多点到多点的文件传输。随着计算机网络带宽的迅速增加,几百兆甚至更大的文件也可以在很短的时间内从一台计算机传输到另一台计算机。

(4)多种传输方式。早期的计算机网络信息传输的方式比较单一,最常用的就是 Telnet 这种命令界面的远程登录方式。不过随着计算网络技术的发展,已经出现多种更先进的信息传输方式。在计算机网络的应用层,经常使用的就包括 Telnet、FTP、HTTP、SMTP 等多种网络协议。在计算机网络的传输层,既可以使用面向连接的 TCP 服务,也可以使用无连接的 UDP 服务等。多种传输方式保证了在计算机网络上各种信息都能够畅通无阻地进行传输。

(5)实现资源共享和整合。从教学应用的角度来看,长期以来难以解决的问题就是教学资源的共享和整合的问题。通常一个教师编写了一个教案或制作了一个课件,另一个教师由于没有渠道与之进行充分的交流,则也可能编写一个相同的教案,或制作一个相同的课件。现在通过计算机网络,教师可以利用博客、虚拟社区等形式,将自己的成果发布出来。其他的教师通过网络就可以迅速了解这些成果,从而避免了大量的重复性工作。

(四)控制其他媒体

(1)与多种媒体连接,交换数据。在所有的教育媒体中,计算机技术是一种重要的控制技术。除了利用多媒体计算机来直接处理各种多媒体数据,实现数据通信功能以外,还可以利用计算机技术实现与其他媒体的连接、交换数据,实现多种媒体的有机组合。

(2)通过设计程序改进控制方式。计算机控制技术主要通过软件的方式来完成,因此一旦所连接的媒体有了新的技术进展,就可以简单地通过改变软件程序,设置新的参数来完成对这些新媒体的控制。

二、用计算机网络类媒体构建教师专业发展平台

可以用计算机网络类媒体构建以下几类的教师专业发展平台。

(1)基于计算机数据处理功能构建的网络化教学管理教师专业发展平台。利用计算机数据处理能力,实现网络化管理。将在传统方式中需要大量人工处理的数据,采用计算机技术来进行处理,可以使教师的专业发展效率更高,同时也可以提供新的教师专业发展模式。

(2)基于多媒体处理功能构建的多媒体技术应用平台。在这样的平台中,教师的专业发展不再仅限于文字的方式,还可以通过多媒体技术记录、存储、播放、远距离传输教师专业发展的各种信息,实现形式多样、内容丰富的教师专业发展。

(3)基于网络 Web2.0 的博客反思平台。利用 Web2.0 满足用户与网络充分互动的要求,教师可以在不需要了解网页代码知识的情况下,在网络上发布自己的资源。而利用博客来撰写教学随笔、教学日记等多种形式已经被中小学教师所普遍接受。

(4)基于网络虚拟社区的网络学习共同体。网络是一个虚拟的世界,同现实世界有很多的

共同特性。一些基于传统方式的学习共同体也可以移植到网络上,且效率更高。在这样的网络学习共同体中,教师之间可以进行充分的交流,实现所有教师的专业成长。

(5)基于网络教学平台的教师网络培训平台。传统的教师培训方式要求教师在一定的时间、一定的地点集中进行学习。这种学习方式很难满足所有教师的培训需求。而使用了网络教学平台以后,教师就可以在任何时间、任何地点通过网络来进行培训,其效果非常好。目前这种方式在很多的地方得到推广,受到教师们的普遍欢迎。

(6)基于网络资源共享的教学研究平台。传统的教学研究离不开图书馆,需要查阅各种期刊。对于基础比较差的学校,这样的条件很难得到满足。而采用了网络技术,利用数字图书馆、数字期刊等方式,使教师完全摆脱了条件的限制。而利用网络资源共享技术,则使教师的成果能够迅速被同行所分享,避免了大量的重复性工作。

(7)基于移动技术的教师专业发展平台。移动技术的应用使得教师能够摆脱网线的限制。在任何时间、任何地点都可以连接到互联网。这种方式不光对沿海发达地区教师的专业发展有极大的促进作用,而且对于那些偏远、网络连接设施不够齐全的地区,更是能够满足其教师专业发展的需求。

第二节　基于网络的学习共同体

一、网络学习共同体的特点

1. 什么是学习共同体

最早的学习共同体源自 1927 年 Alexander Meiklejohn 在美国威斯康星州立大学建立的一个两年制实验学院[28]。在那里,第一年,学生和教师学习和讨论经典希腊文学,学生必须对相关的观点进行整理,并在暑假写出论文报告。学生在学习共同体的学习过程中,将他们在学校中学习的理论知识与学生之间以及学生与教师之间的相互讨论联系在一起,形成一种共同的价值观念。

到了 20 世纪 80 年代,美国高校开始更加具体地对学习共同体进行研究和应用。这种学习共同体通常是由具有相同的兴趣、爱好、研究方向的学生、教师群体所组成。通过学习共同体,让教师和学生能够更好地进行交流,就某些感兴趣的问题进行深入的探讨。

同其他的学习方式相比,学习共同体具有四个特点[29]:

(1)会员的形式。即在构建学习共同体的时候,对所有成员给出一个基本的约束条件——必须成为共同体的会员,才能够参与学习共同体的所有活动。这样可以使学习共同体的目的性更加明确,学习共同体更加牢固。

(2)相互的影响。在学习共同体中,会员之间要相互影响,针对很多感兴趣的问题,大家相互讨论,这样来实现学习共同体成员的共同成长。

(3)实现个人需求。在学习共同体中,个人需求的实现与共同体中成员的共同成长并不矛盾。在与其他成员的交流过程中,个人的需求逐渐得到满足,从而促进个人的成长。

(4)共同的活动和情感纽带。在学习共同体中,另一个重要的特点就是,共同体中的所有会员参与的是共同的活动,通过这些共同的活动,来满足专业成长的需求。而在这些活动中,也会逐渐形成共同体中成员情感的相互依赖,并促使整个学习共同体变得更加牢固。

141

通常学习共同体采用四种基本组织形式[30]：

（1）相互联系的课程。比如物理学和其他的自然科学方面的课程就是属于这种相互联系的课程。利用这些相互联系的课程可以实现对某些学科知识的深入探讨和实现横向的联系。

（2）课程系列。比如属于自然科学方面的课程，教学大纲规定的课程内容等。这些课程可以系统地向学习者传授基础知识，满足学习者学习专业基础知识的需求。

（3）新生兴趣小组。对于新入学的学生，由于大家相互之间不熟悉，这时候通过新生兴趣小组可以对这些学生进行归类，帮助他们确定今后的专业发展方向，促进其个人的成长。

（4）合作研究。通过对一些感兴趣的课题进行相互合作研究，从不同的角度来研究一个课题。

一个学习共同体从没有到建立起来，并有效地运行，可以采用以下几个步骤：明确界定群组的目的、为群组成员创建一个独特的聚会场所、从中促进有效的领导、定义一个明确的准则和行为守则、允许共同体中扮演一定范围的成员角色、许可并方便分组、使成员能够解决自己的争端。

2. 网络学习共同体

随着网络技术的不断深入应用，网络学习共同体的构建也成为了一个热门的课题。与一般的学习共同体相比较，网络学习共同体是使用网络技术的学习共同体。在网络学习共同体中，网络技术提供了学习共同体运行的基本环境。而学习共同体中，各种活动的开展也是采用网络技术来实现的。另外网络学习共同体也不排斥传统的方式、传统的场地。比如在经过一段时间的网络交流以后，学习者或教师可以利用学校办公室甚至是旅游等多种方式，实现面对面的交流，弥补网络技术的不足。

网络学习共同体中使用的网络技术主要包括：

（1）虚拟社区。这种虚拟社区的形式在网络学习共同体中使用得比较普遍。利用这种虚拟社区的方式，学习者可以采用多种形式来进行交流与协作。

（2）论坛和讨论区。利用论坛和讨论区，学习者可以就自己感兴趣的话题进行深入讨论，也可以随时增加或减少论坛的板块，使学习共同体的目的更加明确。

（3）网络课程。网络课程可以提供学习共同体一个主线索，而网络课程也可以提供各种交互的手段，满足学习共同体成员之间相互交流的需求。

（4）即时聊天工具。早期的即时聊天工具只是提供实时聊天的功能。而现在的即时通信工具，如 MSN、QQ、ICQ 等，则可以提供文件的传输、资源共享、视音频传输等功能。通过这些工具，学习共同体成员之间可以开展更加丰富的交流活动。

（5）博客。博客是一种 Web2.0 工具。利用博客，学习者可以书写网络日记，也可以利用博客发布自己的学习资源，提供讨论话题，满足学习者之间相互讨论的需求。

二、网络学习共同体的创建

网络学习共同体的创建必须充分利用网络技术。网络学习共同体要满足学习者之间相互合作和协作的需求。网络学习共同体具备了三个方面的特性：通信、合作、协作。通信是一个信息交换的过程，而合作则是成员之间交换思想的过程，成员在充分交换了思想观念以后，就可以通过协作过程产生出新的知识。

要创建网络学习共同体[31]，可以按照图 7-1 所示的几个步骤来进行：

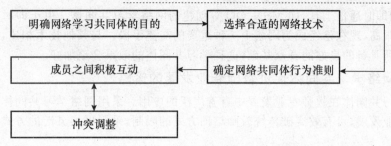

图7-1　网络学习共同体创建的步骤

（1）明确网络学习共同体的目的。这是网络学习共同体成立的最重要的一个环节。一个有着明确目的的学习共同体在今后的运行过程中，会变得更加有效率。而一个学习共同体成立的时候目的不明确，则在今后的学习共同体运作过程中，会出现各种难以解决的问题。

（2）选择合适的网络技术。这是要为学习共同体提供一个基本的网络环境。在一个学习共同体的成员确定了以后，就会碰到这一问题。通常不同背景的成员，习惯使用的网络技术是不同的。比如在高等院校之中，由于校园网的建设比较成熟，网络办公系统的普及，使得这种方式成为网络学习共同体使用的最佳技术。而在一般的中小学校，虽然不具备这样的条件，但是很多的教师都有使用即时通信工具的习惯，这时候采用 MSN 或 QQ 来建立学习共同体则是比较有效的方法。当然也可以多种技术综合在一起使用。

（3）确定网络共同体的各种行为准则。要对学习共同体中成员的行为进行约束。这些约束不光针对面对面的交流，在网络中，这种行为准则的约束更为重要，这是所有成员通过网络这种方式来进行有效交流的保证。

（4）成员之间积极互动。在网络学习共同体建立起来以后，成员之间就要通过所确定的网络技术来实现积极的互动：可以是有固定时间的交流，也可以是不固定时间的交流；可以是同步的，也可以是异步的。另外成员之间的积极互动与下一步骤"冲突调整"是相辅相成的。

（5）冲突调整。在成员积极互动的时候，就可能会出现各种冲突。这些冲突对于整个学习共同体的有效运行是必要的。而一旦出现了冲突，则要积极调整冲突。冲突获得解决以后，成员之间的互动会变得更加积极。

下面是几种比较典型的网络学习共同体：

（1）利用论坛虚拟社区等形式创建的网络学习共同体。这种网络学习共同体的基础是论坛或虚拟社区。它的特色在于成员之间充分讨论和积极互动。缺点则是不利于系统知识的讨论和学习。

（2）利用系统的网络课程教学平台（如 Moodle 等），创建的网络学习共同体。利用网络课程教学平台既可提供系统学习课程知识的环境，也可针对特定的知识点让成员进行讨论。

（3）利用社会化的网络工具如 Diigo 等构建的网络学习共同体。这种工具能够满足学习者分享自己搜索到的网络资源，并就感兴趣的问题进行深入讨论。

（4）利用协作工具，如 wiki、百度百科等创建的网络学习共同体。这种工具能够满足学习者自主地在网络上生成知识，并与其他学习者进行分享。

（5）利用博客等反思工具创建的学习共同体。这种学习共同体一方面可以满足每一个成员充分发布自己的观点、反思自己的学习，另一方面也可以就某些感兴趣的内容与其他的成员进行讨论。

（6）利用即时通信工具，如 MSN、QQ 等创建的网络学习共同体。由于即时通信工具通信的效率非常高，现在已经成为网络上一种重要的交流手段。与其他技术相比，利用这些即时通信工具所具备的良好的群众基础，这种学习共同体的效果会更加好。

三、用网络学习共同体促进教师专业发展的策略

网络学习共同体在教师专业发展中有着广泛的应用。采用网络学习共同体的形式来促进教师的专业发展，可有效突破传统教师培训方式的限制，采用更加灵活的方式来达到专业发展的目的。

下面是几种利用网络学习共同体促进教师专业发展的策略：

（一）提供教师系统学习专业知识的平台

通过网络的形式学习专业知识，已经成为了很多地区教师专业发展的重要方法。利用网络课程的形式，具备相同兴趣和专业方向的教师可以组成学习共同体，就感兴趣的课题进行深入讨论，从而促进自身的专业成长。

例如教师培训课程《网络教育应用》的教学过程中，该课程完全采用网络教学平台的方式来进行授课。在该课程的教学过程中，不同学科的教师对于课程内容的学习兴趣不同。语文、外语这些学科教师对于视频流媒体在教学中的应用比较感兴趣，而物理、数学等学科的教师则对网络公式编辑器的应用比较感兴趣。这时候教师设置了两个不同的学习共同体，分别是"视频流媒体的教学应用"和"网络公式编辑器促进科学类课程的教学"。在其中设置共同体成员、技术基础、做中学、教学应用、交流讨论等栏目。由于这两个学习共同体是建立在《网络教育应用》这一门课程之中的，教师在学习共同体的发展过程中，还可以结合最新获得的网络教育应用知识进行更加深入的探讨和交流。

（二）提供与其他教师进行合作交流的平台

论坛或即时通信工具构成的学习共同体，提供了教师之间进行合作交流的有效平台。采用网络技术可以实现文本、图形/图像、视音频信息的传递，这种合作交流的方式更加有效。

例如在一个学校之中，教师之间总是有很多东西需要相互进行交流的。传统的方法是直接进行面对面的会话。这种比较原始的口耳相传的方式尽管有非常多的好处，但缺点也很明显。主要就是交流的面比较窄，不容易让对某些课题感兴趣的所有的教师都参与讨论。而采用了网络学习共同体以后，对这些课题感兴趣的教师可以有效地组织在一起。由于是网络的方式，这种学习共同体则可以满足教师全天候的交流所需。在这样的学习共同体中，教师之间的交流论坛在其中扮演了一个重要的角色。

在网络学习共同体的交流论坛中，教师只要在论坛上发个帖子，所有的人都可以看得到，如果自己对这一主题比较感兴趣，就可以参与讨论。而那些对此该主题不太感兴趣的教师，则可以另开一条主题线索，供其他教师讨论。

由于很多的教师在论坛上发表的看法并不一定很成熟，所以在学校中开设的论坛通常应该有比较严格的限制，即这些论坛只限于网络学习共同体内部使用。给学习共同体中的每个成员提供专用的用户名和密码，以此登录交流论坛，可以形成非常热烈的讨论气氛。

这种论坛也比较适合采用跟贴的形式，即发布了一个主题以后，其他的教师可以在该帖子后面跟贴发表自己的看法。为了满足教师更方便地了解最新的讨论情况，论坛最好具备信息推送功能。

（三）提供教师知识建构的环境

网络学习共同体不光满足了教师之间的互动，同时也是一个资源非常丰富的环境。教

144

师在学习共同体互动的过程中,可以随时通过网络获得相应的资源来支持自己的知识建构,实现个人的专业成长。

利用网络学习共同体来促进教师知识建构,比较好的方式就是采用一种所谓的"知识论坛"的工具[1][2]。

通过"知识论坛"这种工具创建一个网络学习共同体,在该共同体中,所有成员都能够参与进行知识的建构,例如共享各种新的想法和数据、组织课程的材料、分析研究结果、讨论文本内容、引用参考资料等。

利用"知识论坛"来进行知识建构的时候,首先要创建一个知识建构共同体,每一个共同体都会自动形成一个空的"知识基础"(Knowledge Base),在这一个"知识基础"之内,教师可以提交自己的各种看法、共享各种资讯、重组知识,并最终达到一个新的认知的程度。

在知识论坛中,所有的知识都采用了图解(view)的形式来展示所形成的知识结构,这样能够更清楚地理解所有参与到其中的教师所建构知识之间的相互联系。

（四）提供教师进行专业创新的机会

由于网络学习共同体中,资源更加丰富,成员之间的观点碰撞更加激烈,随时都会有新的观点出现,因此这种网络学习共同体更加有利于教师进行专业创新。

例如在大学物理专业一年级课程的教学过程中,学校推广使用多媒体教室上课,这样一年级所有课程基本上都使用了多媒体技术。在教学的过程中,教学督导发现很多教师在使用多媒体上课的时候基本上都是采用了一种"黑板＋粉笔"模式搬家到多媒体课室的方法。课堂上呈现的内容还是原来的黑板上板书的内容,只是教师不再需要用粉笔来进行书写而已。另一些教师则在使用多媒体设备的时候由于缺乏经验,经常把一些正常的现象当成是故障,而真正出故障的时候,又全然没有意识。

由于给一年级上课的教师很多都是知名教授,研究能力非常强,没有必要采用集中培训的方式来介绍多媒体教学应用的方式,因此学院专门针对一年级的教师开设一个"多媒体教学应用"的网络学习共同体,给所有的教师提供登录的账号。

学习共同体运行初始,教师们的问题主要集中在多媒体课室在使用的过程中所碰到的各种问题上,且出现一些比较严重的冲突,主要是教师抱怨多媒体课室人员服务不到位、学校的这项要求不合理等。在学习共同体中,应该及时解决这些冲突过程中所暴露出的各种问题。随着使用的时间越来越长,讨论越来越深入,这时候学习共同体中的主题开始转向资源和课件的共享方面,冲突也逐渐减少,说明教师在学习共同体中所获得的知识已经逐步上升到了一个新的层次。这时候在学习共同体中适时提供学生的学习情况,让教师了解多媒体教学应用的效果,这将促使教师开始研究如何更加有效地使用多媒体来进行教学,教师的创造力也就被激发出来。随着时间的推移,教师将创造出各种新的多媒体教学应用的方法,从而有效促进教师的专业创新。

（五）满足了教师专业情感的发展

目前我国正在不断深化教育改革,在改革的过程中,由于国家的教育体系、学校环境都发生了非常大的变化,给很多教师在精神上带来了很大的压力。这时候采用学习共同体的方式,可以在一定程度上缓解教师的压力,促进教师专业情感的发展。

145

---

① http://www.knowledgeforum.com/

② 鲍平平.利用"知识论坛"促进网络学习共同体知识建构[J].中小学电教.2007,(7-8):60~61.

比如学校进行聘任制的改革,很多的教师都很担心今后自己的发展前途。这时候可以建立一个"改革发展时期教师专业情感网络学习共同体",在该网络共同体中,提供了大量的有关教育改革方面的最新动态、文献、资料等。教师通过该平台可以即时获得最新的资讯,对目前所处的环境有一个比较客观的认识。而通过这种网络学习共同体的方式,教师可以在任何场所、情感有所变化的时候,都可及时登录平台,发表自己的看法。由于学习共同体的封闭性,因而教师能够畅所欲言,情感得到有效的宣泄,从其他教师的情感体验中,也可以获得更多新的感受。

(六)促进了教师的教学研究

利用网络学习共同体可以促进教师对自己的教学实践进行更深入的反思,利用网络资源则可以让教师获得更多支持自己观点的材料。教师的教学研究也就得以更加顺利地进行下去。

目前我国正在进行新一轮的课程改革,新课程标准的颁布和实施,对传统的应试教育体系产生了较大的冲击。在这种新的条件下,给教师又提出了很多新的教学研究方向。网络学习共同体的方式给教师的教学研究提供了一条新的途径。因为网络学习共同体能够适用于任何的学科,所以可按照学科的不同,创建不同的课程标准研究网络学习共同体,满足教师广泛参与的需要,并促进教学研究的深入开展。

案例分析 7 - 1

哈尔滨南岗区建立学校"学习共同体"

资料来源:http://www.edu.cn/20051115/3160731.shtml(记者:时晓玲,刘琴)

南岗精品教育网:http://www.ngjx.com/

1999年,南岗区成立了"初中学习共同体",课改开始后又成立了"小学学习共同体",共同体成员是每所学校的校长和副校长。经过多年的实践,这一共同体不断得到发展,而共同体的发展又促进薄弱学校得到了发展。

南岗区的经验显示,组建学习共同体的关键点就在于学习共同体能够让不同起点的学校找到共同的语言,愿意结合在一起。为了达到这一要求,共同体着力于教育教学改革中学校碰到的一些共同问题上,并定期开展学习研究活动。每个月定期在一所学校开一次现场会,解决学校在办学过程中出现的问题,并帮助学校对这些问题进行梳理,提出完善的解决方案,最终确定学校今后的发展主题和方向。

学习共同体不光能够启示和激励薄弱的学校,对于一些名校,学习共同体也帮助他们发现自己的问题,促进他们的反思。

反思:

1. 从南岗区的经验可以看出,学习共同体是如何促进学校发展的?
2. 还可以采用哪些方式来解决这些问题?

第三节　基于网络的校本培训

一、校本培训与网络校本培训

(一)校本培训

校本培训指的是以学校为基础的教师培训。校本培训的发展历史很长,从一开始,校本培训就是一种教师专业发展的方法。而随着网络技术的发展和应用,基于网络的校本培训模式引起了人们的重视。

校本培训方式的优点在于教师不需要离开学校就可以进行专业知识的学习。同时校本培训还有有利于将培训的理论知识与教师的教学实践结合在一起。所以这种方式一直都受到教师的欢迎。

目前我国采用的校本培训的模式主要有以下几种类型[32]:

1.专家、优秀教师授课的方式;2.校本教研的方式;3.师徒模式;4.公开课学习的方式。5.研讨会的模式等。

案例分析 7-2

2005—2009 年宝鸡市扶风县中小学的校本研修

资料来源:http://www.sxffjx.com/jiaoyan/xiaoben.htm

扶风县中小学校本培训的指导思想是要促进全体教师的专业成长。校本培训的研修对象是全县各级各类学校的全体在职教师。在校本培训周期中,教师的校本研修时间不低于150 个学时。校本培训的课程包括教育科学类、学科专业和综合类这三大类课程。校本研修的形式采用专题讲座、主题研讨、学术交流、协作教学研究、案例教育研究、专题教学观摩活动、课题研究、专题性考察、参观和外出学习、基本功训练和考核。

校本培训的组织管理建立了比较完善的行政管理体系,对校本研究的过程、校本研修档案进行有效管理。并建立联络员制度,定期或不定期下校听取意见,指导和管理校本研修工作。对教师的校本培训还建立了完善的考核和学识登记制度。

为了确保校本研修的规范化和科学化,还建立了系列保障措施。

反思:

1. 校本培训与一般的教师培训有何区别?

2. 如何利用网络技术来提高校本培训的效率?

(二)网络化校本培训

采用了网络技术以后,校本培训的内涵得到了丰富。与传统校本培训相比较,网络化校本培训具备以下几个方面的特点:

(1)采用网络技术来支持校本培训,技术上更加先进。

(2)教师可以完全自愿地利用网络技术来进行校本培训。网络技术多种多样,教师的可选择余地更多了。

(3)网络化校本培训能够促进教师教育技术知识的学习。网络技术的应用属于现代教育技术的应用,使用网络技术开展校本培训的过程就是一个教育技术知识的学习过程。

(4)将校本培训延伸出去。网络技术的应用,可以将校本培训的内容延伸出校园。教师可以在校园内部获得校外的资源,也可以在校外参与校本培训计划。

(5)能满足教师的广泛参与。由于网络技术使用的广泛性,不同专业背景的教师都可以充分参与进来。

(6)更加有效地支持教师的教学实践。目前很多学校的网络化校园建设都上了一个新的台阶,教学实践过程与网络化校园紧密结合在一起。网络化校本培训能够促进教师对网络化校园的认识,提高教师网络化校园实践的能力。

(7)提供更加丰富的培训方法和模式。网络技术的应用,教学过程中的媒体得以丰富,校本培训的方法和模式也因此而更加多样化。

(8)可以利用网络实现校本培训的有效管理、监控,并提供多种评估方式,更加有效地评估培训效果。利用多媒体计算机网络,实现评价数据的自动化处理,减轻了校本培训管理评估的负担,评估效果更好。

(9)网络技术促进了校本培训质量和效率的提高。利用网络技术减少了传统校本培训中的人力和物力的投入。培训效果更加好,培训质量更加高。

(10)有助于促进知识传授型的学校向知识产生型的学校转化。在网络化校本培训的应用过程中,教师可以充分利用网络教学平台、各种网络资源来促进自己的专业成长,使得教师不再被动地接受知识,而是主动地创造知识。这样对于知识产生型学校的建设是有利的。

目前在网络化校本培训中,主要使用以下一些技术:网络教学平台、博客、网络虚拟社区、论坛、网络化管理平台等。

二、网络化校本培训促进教师专业发展的策略

为实现有效的网络化校本培训,可以注意以下几个方面要求:

(1)网络技术支持的有效管理。既然采用了网络技术支持的校本培训,就应该充分发挥网络化管理的优势,实现校本培训管理的网络化。

(2)对一部分教师进行组织培训。包括定义培训目标、培训内容、使用的网络技术等。

(3)对培训者的要求,应该是专家、优秀教师等。在培训的过程中,可以采用专家授课的形式,也可以采用师徒式,或是专业引领的方式。

(4)受训者的要求。所有的受训者应该是自愿参与校本培训的教师。

(5)培训时间的要求。尽管采用了网络这种形式,突破了时间和空间的限制,但是在进行网络化校本培训的时候,应尽可能将所有的培训安排在正常的教学时间内,避免占用教师的节假日时间。

(6)培训内容方面的要求。培训内容应该限制在与教师的教学实践有关的内容,避免太过抽象的理论知识。

(7)培训使用的网络技术以及非网络技术方面的场地等的要求。明确在网络化校本培训过程中,使用的网络技术是什么,这样才能够更好地制定培训的方案。另外除了注意网络技术的使用以外,还要注意传统的场地要求等。因为在校本培训的过程中,教师之间面对面的交流机会还是很多的。

(8)资金需求。网络校本培训可以节约培训资金的投入,但这并不意味着不需要一点资金投入。所以在开展网络化校本培训的时候,做好培训经费的预算是一种比较科学的做法。

(9)评估。做好网络化校本培训的评估,及时了解网络化校本培训的效果,并对培训过程中出现的问题及时予以纠正。

经过多年的实践,目前网络化校本培训已经比较成熟,利用网络化校本培训来促进教师的专业发展,可以采用以下几个方面的策略:

(一)利用网络实现专家的远程授课和网上学习

这是一种比较普遍的网络化校本培训方法,利用这种方法,专家不需要直接来到学校,就可以进行课程的讲授,从而提高了校本培训的效率。另外也可以利用信息的双向传输系统,将教师现场的听课情况及时反馈回给专家,这样便于专家根据教师的理解情况调整讲课的内容。

例如在学校开展现代教育技术能力的培训工作,过去通常是让教师集中到教师进修学校进行集中授课。采用这种方式的好处在于现代教育技术专家只需要到教师培训学校授课

即可。但是由于很多中小学教师都有非常繁重的教学任务,要专门抽出时间去学习会造成不必要的负担。而一个区的教师都集中到一起集中授课,班级规模大、实践机会少,自然教学效果也就比较差。而采用网络专家授课的方式,专家专门通过 Moodle 等网络教学平台制作网络课程,教师就可以在学校里抽出时间上网学习。由于是校本培训,教师在课程学习的过程中,有需要实践的内容,直接在教学过程中进行实践就可以了,这样虽然专家没有到现场进行指导,却可以取得很好的效果。

比如利用网络媒体,教师参与"网络探究性学习的应用"内容的远程培训,教师按照网络探究性学习的模式,一边学习,一边设计一个 WebQuest 教学案例,在教学中进行实践应用,并总结经验,分析成败原因,这样可以显著加深教师对网络探究性学习理论的理解。这种校本网络培训的效果,远比集中培训、做几个实验的效果要好得多。

(二)利用网上办公系统开展教研活动,教师间进行交流、合作

如果学校的校园网建设上升到了一个新的层次,这时候就会形成功能完善的网上办公系统。在这样的一个系统中,除了文件的发送以外,教师们还可以进行讨论和即时通信。一些不需要面对面交流的教研活动也可以利用这样的网上办公系统来实现。

例如在小学数学科组建设与规划教研活动中,采用完全面对面的方式,教师集中在一起开会,需要占用一定的时间以及场地。而采用面对面的研讨与网络办公系统结合在一起,则可以发挥两种方法的优点,让整个教研活动更加有效地进行下去。

教研活动开展初期,先通过网上办公系统给相关教师发放电子文档,包括科组建设与规划的设想、一些相关的资料等,然后让教师思考,并通过信息传送功能将自己的想法发给所有教师,共同分享。在面对面的教研活动中,则可以就通过网上办公系统获得的想法做进一步的归类整理,得出初步的结论。会议结束以后,还可以继续通过网上办公系统进一步研讨。多次循环以后,就可以获得一个完整的适合于教师专业发展的科组建设规划方案。

(三)利用电子邮件、即时通信工具、聊天室、论坛等实现网络师徒结伴

传统的师徒结伴是采用面对面的方式来进行。而在网络时代,对这种面对面的方式进行有效补充的是电子邮件以及各种即时通信工具等。利用这些工具,经验丰富的教师和年轻教师之间有什么新的想法,即使没有见面,也可以进行充分的交流。

例如在北京、广州这样的大城市中,义务教育学校也存在发展不平衡的现象。解决这种发展不平衡的问题,一种比较好的教师专业发展方法就是师徒结伴,利用市区优秀的教学资源来帮助偏远地区青年教师的专业成长。

由于偏远地区交通不便,市区的优秀教师要专门抽出时间去到这些地区,或这些地区的教师专程来市区的学校,次数都十分有限。而采用固定电话、邮递等方式成本高、速度慢,效果也不太好。采用了网络技术以后,通过电子邮件、QQ、MSN、论坛等方式,则可以实现低成本的通信和交流。在使用这些网络工具进行交流的过程中,一些资料也可以及时通过网络来获取,有效地突破地理位置的限制,促进了偏远地区教师的专业成长。

(四)利用网络传播优秀教师教学示范课的多媒体材料

随着网络带宽的迅速增加,各种多媒体材料也可以通过这种方式短时间传输给对方。而多媒体数据压缩技术的发展,则促进了网络流媒体播放技术的发展。优秀教师讲课的过程,可以由现场实时传播到相距很远的其他学校。

例如在交互式电子白板的推广使用过程中,很多教师对这种新的媒体都不太熟悉。如果采用传统的方式,就需要专门的技术人员来对教师进行手把手的指导,然后专程到交互式

149

电子白板教学应用经验交流会,去学习其他教师使用电子白板进行授课的经验。现在采用了网络技术以后,这一过程就被大大地简化了。教师通过搜索引擎搜索交互式电子白板教学应用视频,可以在百度中找到 100 多个结果,在浏览器中打开这些视频文件,就可以观看其他教师使用交互式电子白板进行教学的实况录像。因为是视频文件,所以教师可以按照自己的需要灵活地选择其中跟自己有关系的片断进行观看,仔细分析。当然教师自己的教学过程也可以录制下来,上传到网络上与其他教师分享。

(五)利用虚拟社区、合作和协作工具、博客等实现专题研讨、交流等

教师在校本培训的过程,尽管有很多面对面的讨论机会,但是这种讨论的过程一般不会被记录下来。而利用网络虚拟社区等形式,则可以利用网络工具将教师的讨论过程全程记录下来,提供讨论结束以后教师进行反思之用。另外这些工具既可以提供同步讨论的功能,也可以满足异步讨论的需求。教师一有新的想法就可以马上登录网站进行记录,丰富了研讨交流的话题。

例如在"初中英语教学如何体现出拼音文字的特点"专题教研中,通过校园网服务器开设一个虚拟社区,满足所有初中英语教师参与到该专题的网络研讨过程中。

由于这一方面的资料比较缺乏,网络上能够搜索到的结果非常少,而这一问题对于以汉语作为母语的学生来说又是非常重要的,因此通过网络虚拟社区的方式来进行研讨、交流教学经验是一种比较可取的方法。

在虚拟社区的建设之初,由于很多教师还没有在这一课题中进行过深入的思考,所以可以讨论的内容不多,这时候可以将网络研讨的过程集中在资料的收集上,主要收集国内外有关拼音文字教学方面的学术论文以及比较好的教学案例。

在对这些资料不断搜寻和阅读思考的过程中,教师会产生各种不同的想法。教师一方面可以将这些想法放到虚拟社区中,与其他教师进行讨论,另一方面则可以在教学过程中将自己的想法落实到实践中,获得了实践经验以后,将这些实践经验放到虚拟社区中,与其他教师作进一步的分享。

在虚拟社区中除了进行讨论以外,还可以通过 Wiki、百度百科等知识管理的工具,对在研讨过程中获得的新的概念,列出相应的条目,教师参与不断更新条目对应的知识。在这样的一个过程中,教师的专业成长也将进入一个新的阶段。

(六)利用网络资源、数字图书馆、期刊数据库等实现校本教研

传统的校本培训过程中,如果学校图书资源比较少,培训的效果自然就不太好。这是因为教师无法在培训之后通过查阅各种资源来进行有效的反思。另外一些网上数据库采用收费的方式,教师个人支付的成本比较高,采用学校或教育发展中心包库的方式,可以有效地解决这一问题。这样教师在校园网中就可以充分利用网络资源来支持自己的校本培训,开展校本教研工作。

例如教师在参加了"现代教育技术促进教师专业发展"的专题校本培训课程以后,可以确定一个自己比较感兴趣的课题,利用网络资源进行深入的研究。这一个研究过程是一个纯学术的研究过程,主要探讨现代教育技术在教师专业发展应用过程中实践性比较强的课题。现代教育技术在教师专业发展领域的应用还处于一个不断深化的阶段,可供研究的课题比较多,且相关资料也非常丰富。通过对这种课题进行深入研究,就能够有效促进教师在专业发展的过程中逐渐成长为"专家型"的教师。

（七）利用网络化教学管理系统实现校本培训的有效管理

传统的方式中,校本培训的管理通常采用人工的方法来进行。这种方式效率低,效果也不好。而采用了网络化教学管理系统以后,就可以促进整个管理过程自动化,从而减轻了管理的压力,降低了管理的成本。

例如在校园网中,专门建立一个教师参与校本培训的数据库,通过该数据库,可以将教师参与现代教育技术应用等培训课程的出勤率、获得分数记录下来,还可以在数据库中保存教师参与虚拟社区讨论、网络教研发言等资料。在一个阶段结束以后,就可以对教师参加校本培训获得的专业发展做出比较科学准确的评价。

第四节　利用博客促进教师的反思

一、Web2.0 和博客

博客是一种 Web2.0 技术。所谓 Web2.0 技术,始于 2000 年互联网泡沫破灭之时。当年代表了美国高科技公司的纳斯达克指数从最高的五千多点,在半年的时间中就跌到了一千多点。网络泡沫的破灭引起了人们重新思考过去的网络发展模式有何弊病。互联网的技术人士认为过去的网络技术互动性不够、技术门槛较高,让普通的人参与进来发布信息有困难。这是导致互联网的商业应用价值不大的基本原因,为此人们提出了要发展新的 Web 技术的观念。这种新的技术应该能够满足用户的更广泛参与的需求,普通用户在不需要了解网页源代码,也不需要知道如何去上传网页知识的情况下,就可以使用网络来发布自己的知识。人们将这种新的 Web 技术命名为 Web2.0 技术。

有了 Web2.0 技术以后,我们看到互联网上的信息构成在这几年出现了重大的变化。

早期知识呈现的方式主要是网站,而网站的制作和信息的发布要通过专业的网站设计制作人员才能够完成。现在知识呈现的形式主要是博客,博客的制作者不需要专门的网络技术知识,只需要打开博客网站,输入用户名和密码,直接利用博客的表单就可以输入自己的知识,并将其发表出来。

在以前网上购物的方式是通过网上商店或网上书店的方式来完成。这些网上商店或网上书店都是专门的公司创办,所有的商品都是公司提供,这非常类似于传统的商店或书店。而使用 Web2.0 技术以后,则出现了淘宝网这样的网站,用户可以采用自助的方式在该网站上设置自己的商店,淘宝网只负责网上商店的管理等工作。

从这些例子可以看出,Web2.0 的目的就是要满足普通用户广泛参与的需要。随着网络用户数量的增加,每个用户都能够利用网络产生出知识,整个网络知识会得到极大的丰富,网络的活力也就被充分激发出来了。

二、博客资料的归类和检索

因为不需要了解网络源代码的知识,所以博客的写作非常简单。然而同普通的个人网站相比,博客提供的资料检索功能比较弱。随着博客内容的不断丰富,要在其中寻找出自己想要的文章是一件比较困难的事情。

对博客资料进行归类和检索可以采用 5 种方法:

1. 利用博客网站提供的简单归类功能

目前提供博客功能的网站都具备分类功能,这种分类功能从两个层次上来进行。第一

151

个层次是由博客的宿主网站进行博客类别的归类。通过这种归类方法可以对网站中所有博客进行分类。第二个层次就是博客自身的分类。博客作者可以自行设定分类目录,然后将所编写的博客文章归类进来。

这种归类的方式优点在于比较直观,但是归类方法简单了一些,各种文章的检索基本上还是采用顺序的方式来完成,要准确地定位一个资源比较困难。

2. 利用其他的工具来完成资源的归类和检索

比如 Twitter 等工具。Twitter 是一种微型博客。利用 Twitter,用户可以输入一百来个字符的短文。这种方式的另一个好处就在于可以充分利用移动电话等移动技术来进行书写,并及时与他人进行分享。用户利用博客书写了文章以后,再利用 Twitter 等工具将其发布出来,将更加有利于资源的管理和共享。

3. 与其他网站进行链接

这种方式在 Web1.0 的时候就已经使用得很普遍。在书写博客的时候,利用这种方法,也有利于在网络上寻找观点相同的资源,有助于形成具有共同兴趣的博客群,满足资源有效共享的需求。

4. 使用 RSS

所谓 RSS 的英文全称是 Really Simple Syndication,翻译过来就是"真正简易的聚合",其意思是要让人们以最简单的方式来共享网络上的内容。用户访问了一个博客以后,采用 RSS 技术,就可以很方便地订阅该博客的内容更新。比如将其添加到收藏夹中,每次将鼠标在收藏夹中移到该博客的名称上,马上就可以看到该博客最新发表的文章的标题。采用这种方式让用户不必每次都输入该博客的网址,就可以了解博客更新情况。

5. 使用搜索引擎

利用搜索引擎技术对博客文章进行搜索,可以让用户查阅该博客中所有包含关键词的文章。这种搜索方式的优点在于充分利用了搜索引擎技术,搜索的结果非常准确。具体应用的时候,通常要在搜索引擎的关键词前面添加上"site:网站域名"之类的限制。

另外如果想让自己的博客内容被更多的人检索到,这时候就要适当了解一下搜索引擎搜索结果的排序规则。

不同的搜索引擎有自己排序规则。对于 Google 搜索引擎来说,通常采用的是其内部制定的一个叫做 PageRank 的算法,该算法通常利用网页相互链接的情况作为排序的依据。如果一个网页有很多重要的网站(这些网站的 PageRank 值都比较高)链接过来,则这个网页的 PageRank 值就会比较高,自然在网页搜索结果中就会排在比较靠前的位置。所以在书写博客的时候,如果写了一些比较重要的文章,有很多重要的网站进行了引用,自然就会比较容易在搜索引擎的结果中排在比较靠前的位置,也就比较容易被其他用户检索到。另外博客文章的重要性还跟用户访问量、包含的关键词等有关系。

三、利用博客进行反思的策略

在教师专业发展过程中,利用博客进行教学反思,其目的在于:(1)能够与其他教师进行讨论,探讨教学过程中出现的各种问题;(2)利用博客记录教学随笔。这样在教学过程进行到一定的阶段以后,可进行反思,总结教学过程中的经验;(3)记录个人成长日记。将自己的专业成长过程,利用博客的方式来进行记录,便于自己在整个专业成长的过程中随时进行反思。(4)经验分享。利用博客可以公开的功能,书写自己的经验体会,在博客中公布出来,供其他教师参考。当然,教师也可以通过博客了解其他人的体会和看法,促进自己的专业成长。

与传统的日记形式相比,利用博客进行反思有如下几个方面的特点:

(1)与传统方式相比,博客除了可以满足个人隐私的需求以外,还可以提供开放的反思。这种灵活多样的形式是传统日记无法相比的。

(2)能够提供多媒体的材料,不仅限于文字内容。教师可以将自己出外旅游的照片、录像片等放在博客中。这种多媒体形式的日记记录内容更加真实,更有利于反思。

(3)可以链接到外部,形成博客群,促进学习共同体的形成。

(4)读者可以评论,这样满足教师之间相互交流的需求。同时通过了解其他人的看法,使得整个反思过程效果更好、质量更高。还能够满足从多个角度对某些问题进行思考的需求。

(5)可以让更多的人受益。通过博客能够将自己的经验公开,可以与更多的人进行分享。

(6)随时随地进行书写。即使没有携带日记本,教师也可以利用笔记本计算机,甚至利用移动电话来书写博客。教师还可以在自己的家里、网吧中,甚至在地铁上随时随地将自己的体会书写出来。

(7)改变传统的观念,促进教学的改革。新技术的出现,意味着传统观念必须改革,博客在教师专业发展中的广泛应用,也必然会引起教学的深刻变革。

利用博客来进行教学反思,可采用以下五种方法:

(一)教学随笔

在教学的过程中,随时记录自己的教学体会。这是一种常用的教学反思方法。采用了博客以后,教师可以在一堂课结束之时,利用课室中连网的计算机在博客中进行书写,或者利用笔记本计算机、移动电话进行书写。当然也可以回到办公室以后,认真反思总结,再登录博客进行书写。

例如对于很多新入职的教师而言,面临的最大的问题通常就是如何上好课,不断的教学反思是解决这一问题的最为有效的途径。教师可以在网络上开设一个教学反思博客,将自己所上课程的心得体会都记录在其中。随着课程的不断深入进行,教师的教学日记也就会越来越丰富。以后每上一节课之前,教师都可先翻阅以前的反思内容,探讨在这一节课上课的时候可能会遇到什么样的问题,学生能否接受这些知识等。

这样的一个过程,有助于教师在设计教学方案的时候对学生进行比较准确的分析。在教学结束以后,教师继续将这一节课上课的心得体会和反思写在博客上,对课堂教学过程中所碰到的问题进行真实全面的记录,并分析自己是如何解决这些问题的、有哪些不足之处、今后可以做什么样的改进等。

随着博客内容不断丰富,教师教学经验可以获得更加系统的积累,自己的专业成长也将更加顺利。

(二)个人成长日记

这种方法是将个人的专业成长过程以博客的形式记录下来。这种个人成长日记因为能够更加系统地记录自己每天学习和生活的情况,所以内容更加丰富,结构更加系统完整。教师可以在自己的家里认真仔细地对一个阶段的成长历程进行总结反思,然后将自己的想法记录下来。

由于这种博客的内容就是有关教师专业成长的,所以这种博客针对性强,有助于教师以更加广阔的视野来看待教师专业成长的问题。

一般来说,随着年龄的增长,知识经验不断积累,对于个人成长的理解也就更加透彻。对于青年教师来说,书写这种个人成长日记有助于反思过去的成长历程,确定今后的专业成长方向。对于中老年教师,由于专业成长的方向已经基本定型,所以这种个人成长日记则主要针对一些问题进行更加深入思考。

例如一个青年教师的成长日记内容可能是这样的:

2008 年 10 月 23 日:今天在课堂教学过程中,我发现学生的理解能力怎么会这么弱?这些学生并没有按照我预想的那样来回答问题,我真的很生气。我甚至怀疑自己是否适合这样的一个职业,或许我还能够有其他的专业发展方向?……

2009 年 5 月 20 日:教育中的问题这么多,应试教育让学生负担加重,但是作为一个主科教学的教师,我也无能为力。如果让我去做校长,我想我应该可以在这方面做一些改革性的工作……

对于一个中年教师,其专业成长日记内容可能是这样的:

2006 年 3 月 18 日:数字化时代,教师专业发展的内涵与传统教学环境中的教师专业发展内涵相比有了很大的变化。这种变化对于……

2009 年 10 月 23 日:今天学校各教学楼都配置了无线网络接入点,这意味着有些时候我可以直接将自己的笔记本计算机带到课堂上,直接运行一些服务器程序,相信将那些直观生动的动态网页内容呈现出来,孩子们肯定非常感兴趣……

(三)教学研究反思

教师在教学实践过程中进行教学研究,可以利用博客的形式将教学研究中产生的新观点记录下来,也可以利用自己的博客对教研中所收集到的资料进行归类整理。在这些资料逐渐丰富的过程中,要解决的问题也就会越来越清晰,新的观点也会逐渐被创造出来。

例如"生本教育"项目的研究。该项目是一个新的课题,开拓了一个新的领域,其中涉及很多未知的内容。比如开展生本教育实践如何协调好跟传统应试教育之间的关系,如何保证生本教育实验班的学生学习成绩同样优秀等。教师在实践中可以利用博客来不断进行反思。而教师反思的结果也就构成了整个生本教育研究的主要内容,为生本教育研究提供了第一手的数据和资料。

(四)开放式教学反思,提供读者的积极参与

这种方法有别于传统日记的私密性,将自己的教学反思公开出来,提供同行参考。在读者积极参与并发表看法的过程中,教师对自己所面对的问题也就有了更加深刻的认识,也可以更快地找到解决问题的方法。

例如对于"教师的考核是否应该与学生分数挂钩"这样的问题,采用开放式的教学反思效果就比一个人的反思效果要好。教师开设一个有关"中小学教师考核标准"的博客,在其中书写自己的反思情况,并开放评论。开放评论的方式有多种形式,一种是可以向整个互联网开放的,这有助于网络上其他对此话题有兴趣的教师参与。另一种方式则是向特定用户开放,只有经过博主认证的用户才可以查看文章或者进行评论。经过参与者的积极讨论和反思,最终总是可以对这一问题有一个比较清楚的认识。

(五)以多媒体形式进行反思

这也是一种有别于传统日记的方法。采用多媒体的形式可以在博客中提供形象生动的内容,更加有效地记录自己的专业成长过程。当看到自己几年前所拍摄录像的时候,其反思效果绝非一般的文字描述所能够相比。

例如教师参加了教师专业发展的培训课程,可以将培训课程中教师的讲课录音利用非线性音频编辑软件选择其中比较重要的片断放在博客上,这样在今后回顾这一段内容的时

候,可以有原始的录音作为参考,更加准确地体会当时的感受。当然也可以将日常生活中所拍摄的照片、视频短片等放在博客中。与文本的方式不同,这些多媒体材料绝大部分都是最原始的资料,有时候可能涉及到版权或个人隐私问题,所以在使用多媒体材料进行反思的时候,将博文设为私有的状态,避免引起不必要的纠纷。

第五节　利用网络教学平台促进教师专业发展

一、网络教学平台的特性

在教师专业发展的过程中,由于网络教学平台具备非常好的特性,因而受到广泛的重视。具体来说,网络教学平台具备以下几方面的特性:

(1)提供教师培训课程,实现开放互动校本教育培训,还可以解决偏远地区教师的培训问题。

(2)进行专业发展资源整合,有效进行知识管理。利用网络教学平台,可以同时提供多每门课程,满足不同学科教师的专业发展需求。在传统的培训课程中,这些不同专业的课程是完全隔绝开来的。利用网络教学平台对这些课程进行整合,教师可以灵活地进行选择,有效地进行知识管理。

(3)可用于在线观摩优秀教师讲课,交流教学经验和体会。一些网络教学平台同样也可以传送流媒体的信息。优秀教师的讲课实况和录像材料可以借助网络教学平台传播出去,便于教师之间交流自己的经验和体会。

(4)促进教师培训模式的更新。网络教学平台的应用,使得教学过程中的构成因素发生了变化,教师培训的方法更为丰富了,教师的培训模式也会不断得以更新。

(5)促进教师提升教育技术能力。网络教学平台是促进教师教育技术能力提高的一种有效工具。教师使用网络教学平台的过程,就是一个现代教育技术在教学中应用的过程。

(6)提高教师课程领导能力。教师的课程领导能力是指教师以新课程标准作为依据,创造性地对课程进行开发、设计、实施的能力。利用网络教学平台,可以帮助教师有效地进行课程的开发和课程教学设计。而网络教学平台应用的灵活性,则可以促进教师在不同的层次上来实施课程、提高教学质量。

(7)开展网络教研。利用网络教学平台,教师之间可以进行充分交流、对网络资源进行有效的整合、提供多种工具满足教学研究的需求。

(8)可结合传统的培训模式实现混合式学习。网络教学平台的应用与传统的培训模式并不是相对立的,二者可以有机地结合起来,发挥各自的优点,实现一种广泛使用的混合式学习模式。

(9)进行信息化课程设计。在信息化课程设计过程中,网络教学平台提供了基本的工具,以满足教师进行信息化课程环境的设计、教学资源的设计、教学内容的设计、教学策略的设计、教学评价的设计。利用网络教学平台来进行信息化课程设计,可以显著减轻教师的负担,提高课程设计的效率和质量。

(10)用网络教学平台构建家校互动平台。网络教学平台是一种开放的网络平台。在网络教学平台中,可以设置不同权限的用户。如果认为有必要,可以专门为家长设置相应的用户权限,满足家长了解自己子女学习情况的需求。利用这样的一种互动平台,可以代替部分传统的家访等工作,为教师提高这方面的专业能力提供了更好的支持。

155

(11)构建网络学习共同体。在网络教学平台构建的网络学习共同体中,所有的成员可以围绕课程这一主题来进行合作、讨论,解决各种问题。

(12)改善教师的工作环境。网络教学平台的应用,提供了教师现代化的工具来管理课程、整合资源,教师的很多工作都可以利用网络来进行。

(13)管理和使用简便。网络教学平台也是一种管理和使用都非常简便的工具,无论是培训者还是受训者,在不需要了解复杂的网络技术知识的前提下就可以使用。这给网络在教育中的深化应用提供了有力的保证。

二、用网络教学平台促进教师专业发展的策略

利用网络教学平台,可以采用以下几种方式来促进教师的专业发展:

(一)网络课程

这是网络教学平台最基本的应用方式。通过网络教学平台,培训者可以在不需要了解网页源代码的前提下,将网络课程的内容制作出来。而受训者则可以像浏览一般的网站一样,在网络教学平台中浏览网络课程内容、完成课程练习、进行课程相关主题的讨论。

例如在教师专业发展培训课程中,体育、艺术类的课程最受教师的欢迎。这些课程实践性强,通常需要采用面授的方式来进行。然而如果能够有效地结合网络课程的形式,也是可以取得非常好的教学效果的。由于采用网络的方式来进行授课,舞蹈教师等不需要专门去到教师培训中心现场指导,节约出来的时间和精力可以放在网络上对教师进行个别辅导,其效果更好。

由于这些专业发展课程涉及到很多的技能训练,所以教师在开设相应的网络课程的时候应该多注意采用多媒体以及即时视音频通信的手段来进行授课。对于并非这一专业的学科教师来说,那种完全是文字理论以及少量的图解的课程太过抽象,将使整个培训过程流于形式。

因此在课程教学过程中,可以要求选修该课程的教师用来学习的计算机必须具备宽带高速连网的功能,且要有摄像头、传声器等设备,以便主讲教师在进行个别辅导的时候可以通过网络看到教师训练的情况。当然,受训教师也可以通过视音频看到主讲教师的演示。

(二)基于知识管理的网络教研

网络教学平台能够有效地进行知识管理,因此教师可以利用网络教学平台来获取、记录、存储、整合、更新、共享知识。在这样的一个有效知识管理的基础上,教师将可以创造出新的知识,达到网络教研的基本目的。

例如在教师专业发展网络课程"现代教育技术与教师专业发展"课程的培训过程中,利用 Moodle 教学平台设置百科知识和论坛等功能,在学习到某个专题,比如"移动学习对教师专业发展的促进作用"的时候,设置"移动学习促进教师专业发展"百科知识栏目,要求教师在课程学习的过程中,通过网络等多种途径收集有关移动学习在教学中应用,以及采用移动学习方式促进教师专业成长的文献,并按照知识与知识之间的相互关系,将各种知识联系在一起。

最初教师们在论坛中发表的看法主要集中在如何获取资料等问题上。在知识与知识之间的联系已经达到了一个比较完成的程度的时候,可以对教师形成的知识进行整理总结,获得一个有关移动学习促进教师专业发展的比较完整的知识与概念图。然后建立一个有关该课题的虚拟社区,在该社区中,教师开始确定自己的研究方向,对自己感兴趣的课题进行深入的研究。在研究的过程中,教师不断与专家或者其他的教师在虚拟社区中进行交流,获得各种新的想法。最终教师在自己所研究的方向中,以论文或者研究报告的形式进行总结,作为这一门课程的一个重要作业。

156

（三）基于网络教学平台的学习共同体

利用网络教学平台构建学习共同体，让具备相同兴趣、爱好、研究方向的教师组成群体，共同参与到相互联系的课程中进行学习、交流、讨论。

例如，教师在网络教师培训课程《单片机原理》的学习过程中，由于单片机在实践中的应用很广泛，这时候可以设置多个针对性不同的学习共同体，它们分别是单片机在家电产品中的应用、单片机在教学媒体中的应用、单片机与网络等。教师按照自己的兴趣参与到不同的学习共同体中。这样，通过网络课程的学习，教师不光可以接触到单片机的理论知识，还可以通过网络来参与单片机的实践应用。这种学习共同体将看似比较枯燥的上网看讲义的过程变成一个生动活泼、广泛参与的专业发展过程。

（四）远程交流平台

与面授方式相比，网络课程可以满足不同地区教师相互交流的需求，有效地突破了空间的限制。例如在中小学骨干教师培训班中，采用网络教学平台来提供"网络环境下的教学应用"课程的辅导，培训过程不再局限于某一个区，整个城市所有区的教师都可以广泛参与到该培训班中。

利用网络教学平台来进行培训还可以提供教师之间相互交流的机会。这种交流机会不仅仅限于同一地区骨干教师之间的相互交流，还可以突破城市区域的限制，促进市区骨干教师与郊区县市骨干教师的交流。

而利用网络教学平台来学习的过程，也正是一个"网络环境下教学应用"的典范，教师通过参与到网络课程的学习过程中，可以加深自己对于网络教学应用的理解。

这样一种远程交流平台也突破了时间的限制，教师专业发展的过程不仅限于培训班开展教学活动的这段时间，在培训班结束以后，教师和教师之间以及教师和专家之间还可以通过该教学平台保持长期的交流状态。

（五）混合式培训

这种方式将基于网络教学平台的培训与传统的培训方法有机地结合起来。这样既可以发挥网络教学平台师生分离的优势，也可以发挥面授过程中师生互动充分的优势。目前在很多的网络课程教学过程中，这种混合式培训模式使用得比较普遍，教学效果也比较好。

这种培训方式在教师专业发展课程中使用得比较普遍。例如在教师专业发展课程"Web2.0 技术在教学中的应用"教学过程中，采用的就是面授与网络教学平台教学相互结合的方式。在教学的过程中，教师通过网络教学平台学习有关 Web2.0 的知识，并利用自己的计算机进行一些比较简单的实践。在教学过程中，还专门安排了面授的机会。在面授的时候，主要学习一些实践性比较强的知识，诸如服务器的安装、Moodle 教学平台的安装、博客后台管理程序的安装和运行等。另外面授过程还提供了教师和专家之间共同探讨某些未知课题，促进对 Web2.0 技术在教学中应用进行深入研究的机会。

（六）网络化课程设计

利用网络教学平台进行课程设计，可以满足信息化课程设计的基本要求。同传统的课程设计方式相比，这种网络化课程设计由于充分发挥了多媒体计算机网络的特点，课程设计的效率高、效果好。

例如在人教版高中信息技术教材网络技术应用分册"网络的组织与管理"教学过程中，教师通过 Moodle 网络教学平台设计该章网络学习内容，提供学生课前预习、课后复习以及教师课堂教学过程中使用的各种教学资料。由于 Moodle 教学平台本身就是按照教学设计的要求来安排其中各栏目的,教师只需要将各栏目所需的知识逐一补充进去即可。平台中的文本、视音频、课件等资料补充足够以后,一个完整的课程设计方案也就完成了。与传统的课程设计过程中相比,采用这种网络的方式来进行课程设计,可以获得更加丰富的网络资料,一些功能也可以实现自动化,从而减轻了教师的工作负担。而服务器如果是在 Internet 上运行的,则教师在任何地点只要能够连接上网都可以随时进行课程设计。

第六节　基于网络教育资源的教师专业发展

一、网络教育资源在教师专业发展中的作用

在教师专业发展过程中,经常提到的一个概念就是网络教育资源。因为教师的专业发展是一个知识建构的过程,需要大量教育资源的支持,所以网络教育资源在教师专业发展中起到一个重要的作用。具体来说,在教师专业发展过程中,网络教育资源有以下七个方面的作用:

(1)网络资源促进了教师的知识建构。丰富的网络教育资源,为教师提供了更为丰富的知识建构环境。

(2)促进了以网络资源为基础的学术团队的建立。由于有充分的网络教育资源作为保证,整个学术团队能够更为有效地开展各种教学研究活动。

(3)满足了教师终身学习的需求。随着网络在教育中的深入应用,网络教育资源会不断得以丰富和更新。只要网络存在,网络上的资源就会永远更新下去。教师利用网络资源促进自身专业发展的过程也将是一个终身学习的过程。

(4)促进网络化校本培训。在网络化校本培训中,网络资源是重要的基础。网络资源丰富了校本培训的内容,促进了校本培训方式方法的改革。

(5)促进教师自主创造新的资源。教师使用网络教育资源的过程,是一个人与资源之间的互动过程。在这样的一个过程中,教师一方面通过网络资源丰富了自己的知识,另一方面又通过知识建构创造出新的资源,从而使网络教育资源更加丰富。

(6)网络教育资源的应用,促进了资源的共享。网络资源的建设解决了传统资源建设中各自为政、重复建设的问题。

(7)网络资源的建设,促进了不同专业教师以及技术人员之间的相互合作。网络资源建设涉及不同专业的教师,也需要多媒体计算机网络技术人士的参与。这样的一个相互合作过程,有助于打破专业的限制,为教师的专业发展提供更为广阔的发展前景。

二、基于网络资源的教师专业发展环境

"基于网络资源的教师专业发展环境"支持教师通过搜索网络教育资源的方式来促进自己的专业发展,可以使教师在专业知识、专业情感、专业技能等所有方面都得到发展。

基于网络资源的教师专业发展环境由五个部分构成:数据库、服务器群、用户界面、资源的组织管理机构、学习资源。各部分之间的相互关系如图 7-2 所示。

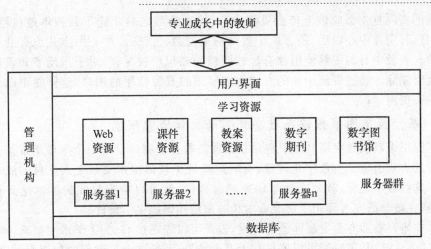

图7-2　基于网络资源的教师专业发展环境

这五个部分的构成中,数据库是整个专业发展环境构建的基础。数据库中一方面存储了部分教师制作的网络资源,另一方面也产生了网站页面所呈现的数据等。通过服务器群可以向所有的教师提供数据检索的服务,而资源的组织管理机构则负责数据的搜集、制作以及服务器群的管理和维护。学习资源是对所有资源的整合,包括本地服务器提供的教师制作的资源,也包括了外部资源,如 Web 资源、课件资源、教案资源、数字图书馆、数字期刊等。用户界面用来满足教师更加方便地使用该资源来进行专业发展的需求。

三、基于网络资源的专业发展策略

(一)利用教师网络学习资源中心来促进教师专业发展

教师网络学习资源中心是一个基于校园网的教学资源共享平台,其作用在于使教师获取专业发展资源的一个平台,满足教师之间的相互交流与合作的需求。教师网络资源中心的建设,则可以促进教师教学观念的改变、提高现代教育技术利用的效率。教师网络学习资源中心的访问方式灵活多样,既可以在校内访问,也可以在校外访问。教学行政管理人员通过使用教师网络学习资源中心,还可以提高教学管理的效率。

例如在一些学校中开展网络化校园建设的工作,这时候碰到的一个主要问题就是教师网络利用率比较低。虽然安装了网络办公系统,教师也能够经常利用网络办公系统来传阅文件,开展网络教研活动,但是教师在课堂教学过程中,计算机教学应用的状况与原来没有网络相比,变化不是很大。更糟糕的是,学校的校园网结构比较简单,一个教师使用了带病毒的 U 盘以后,这个病毒很快就在整个校园网中传播开来。

造成这些问题的根本原因就在于校园网中的资源较少,教师不得不自行到网络上下载资源,其中一些资源本身就是带有病毒的,执行以后,病毒就迅速传播出去。

了解了问题所在之后,学校网络或现代教育技术中心就可以尝试建立一个校园规模的资源中心。该中心将教师的课件集中存储在一起,这些课件既包括教师制作的,也包括教师收集的。一旦资源达到一定数量以后,就可以对这些资源进行归类,并作索引。比如利用百度或谷歌本地硬盘搜索功能,对这些资源进行索引,教师只需要打开浏览器输入关键词就可以找到过去自己制作或者收集到的资源。这将便于教师利用校园网进行备课、学习新的知识。

采用这种集中的资源中心的方法,其好处就在于学校可以利用资源中心集中进行杀毒,教师获得的资源首先都应该上传到资源中心,检查病毒之后才能下载到本地机器上打开。另外采用这种资源中心以后,还有助于教师积累资源。而资源中心的方式也有助于知识产权的保护。资源中心的资料使用都有比较明确的知识产权关系,对于违反了知识产权的资料可以及时删除。通过资源中心的方式也能够限制资源使用的用户,这样便于以包库的方式集中购买资料。

（二）基于数字图书馆以及数字期刊的文献检索研究

数字图书馆以及数字期刊的引进是校园网络教育资源建设的一个重要组成部分。通过集团包库的方式引进这些数字化资源,有效地降低了教师检索文献个人支付的成本。而一旦引进了这些数字资源,教师在教学研究的过程中,就可以搜索权威的学术论文和著作文献,为教师在教学研究过程中了解专业学科的前沿知识提供了条件。

例如在研究教师专业发展课题的时候,教师可以先通过 Google 学术主页面,输入"教师专业发展"的关键词,这时候可以获得几十万个结果,而给这个关键词增加双引号进行限制,也可以获得 1 万多篇文献,这些文献完全包括了"教师专业发展"这一关键词。

在查看这些结果的时候,可以注意查看每一个条目所列出来的信息,比如下面的一个结果：

[PDF]实践性知识：教师专业发展的知识基础

陈向明 — 北京大学教育评论, 2003 — teacherclub. com. cn

摘要：教师在从事日常教育教学工作中自身如何发展？教师的专业发展具有什么知识基础？

为什么教师学了教育学、心理学,还是不会教书？教师如何提高自我专业发展的意识和…

Cited by 357 — Related articles — View as HTML — All 2 versions

---

在该结果中,第一行显示的是论文的名称,开头的[PDF]表示该篇论文可以直接下载 PDF 格式的论文原稿。

第二行显示的是该篇论文作者的名字,以及该篇论文所在的期刊及论文发表的时间。后面的网站表示的是该论文 PDF 文档所在的服务器网址。

第三行和第四行显示的是该篇论文的部分论文摘要。

第五行中的"Cited by 357",表示的是该篇论文被引用了 357 次,次数越多说明该篇论文的影响力越大。

当然并非所有的论文都有 PDF 文档提供直接下载。如果没有这种免费的资源提供,则 Google 学术搜索会将该结果指向某个数字期刊网站。这些数字期刊网站通常是收费的网站,主要有两种方法可进入这些网站获取论文。第一种方法是直接购买该篇论文,一般每篇论文 3 元钱,可通过移动电话支付。第二种方法是从已经以包库的方式购买了该数据库的学校或图书馆登录该数据库,这时候就可以直接下载浏览该篇论文。

由于"教师专业发展"这一个关键词使用的比较普遍,所以获得结果也非常多,要全部浏览所有的论文是不方便的,这时候可以通过增加关键词的方法对结果进行限制。比如对教师专业发展中现代教育技术的作用感兴趣,就可以使用"教师专业发展 现代教育技术"的关键词来进行检索,这样在 Google 学术显示的前几个结果就会给出与此关联比较大的文献。

通过这种方式,教师可以在比较短的时间内迅速获得该课题最前沿的知识,为自己确定的研究方向提供重要的依据。

（三）基于网络资源的行动研究

如果没有与其他人的研究成果进行充分的交流与共享，教师教学实践的盲目性就会比较大，也会重复很多人已经做过的工作。基于网络资源的行动研究，就是要求教师在充分利用网络教育资源的基础上，认真总结前人的经验和成果，有目的地进行教学实践、积极行动，解决各种教学问题。

例如在接受了"促进移动学习技术在课堂教学中的应用研究"这样的课题以后，由于广大教师对于移动技术如何在教学中应用没有任何的经验，这时候可以采用行动研究的方法。在确定更有针对性的子课题的时候，教师和移动技术公司的技术人员一起通过网络查阅相关的资料。从这些资料中可以发现，目前开始普及的是 3G 移动技术，而 4G 技术也呼之欲出，2G 技术则显得落后了，且 2G 技术数据传输的带宽窄，不太适合教学中的应用。于是可以将行动研究的子课题更准确地定位在"3G 技术在课堂教学中的应用"。在确定了该子课题以后，技术人员充分利用网络资源，阅读移动学习方面的教学研究论文，并结合所能提供的移动技术的功能，制定一个初步的研究方案提交给教师讨论。教师根据自己的实际教学经验，对技术人员所制定的方案有选择性地进行取舍，并增加新的内容，最终形成比较完善的行动研究总体方案。有了这个总体方案以后，教师和技术人员可以开始行动。在行动的过程中，教师和技术人员一起设计教学的过程并进行实践，收集实验数据。这些数据包括如何在移动电话局域网中收集学生对形成性练习回答的数据、用 3G 移动电话进行外语口语练习及纠正学生的发音的数据、通过个人辅导移动课件满足学生个别化学习需求的数据等。行动过程中，还可以利用网络收集行动数据，并进行数据分析。获得分析结果以后，结合网络资源，进行反思评价，然后反复行动，最终获得有价值的结论。

（四）基于网络资源的案例分析

在教师专业发展过程中，案例分析是一种非常有效的专业发展方法。利用丰富的网络资源，可以发现更多的案例。而利用网络教育资源先进的检索机制，教师可以更为有效地对这些案例进行分析，促进教师对教学实践的反思。

例如教师要对世界各地的大学校园文化建设做一个比较研究，除了通过已经公开发表的论文进行研究以外，通过网络来比较不同大学在校园文化建设方面的差异也是一种最好的办法。在广泛比较了世界各地大学校园文化建设并进行了归类以后，每一个类别可以选择其中一所比较典型的大学作为案例进行深入分析。这些分析数据可以是直接从该学校的网站中获得的，也可以是浏览了该学校网站，获得了线索，然后通过其他的途径，如传统的杂志等获得的。网络资源在这样的案例分析中扮演了一个关键的角色。

（五）基于网络的调查问卷

网络资源除了包括各种知识以外，广泛参与的网络用户同样也是网络资源的重要组成部分。利用网络方式了解这些网络用户对某些事物、问题的看法，是获取教学研究原始数据的一条重要途径。同传统的问卷调查方法相比，网络问卷调查实施起来更加方便。结合计算机数据处理能力，还可以更加准确可靠地对所收集到的数据进行分析。

例如调查一所学校现代教育技术应用情况，如果采用传统的方法，需要采用人工的方式来发放问卷。而由于教师的时间都比较宝贵，问卷内容又比较多，这时候教师很容易忽略问卷中的一些比较重要的问题，填写得比较粗糙，这样的问卷效度就比较低了。而采用了网络的方式，问卷的内容设计就比较灵活。对于很多问题，教师只需要点击鼠标就可以完成操作。另外教师也可以在自己比较空闲的时间填写问卷，注意力更集中，当然回答问题也就会更有针对性。教师还可以及时看到问卷调查的结果,了解自己对于现代教育技术应用的看法是否与其他的教师相同。这样一个问卷调查过程,也有助于帮助教师发现教学中的问题。

第七节 网络化管理系统在教师专业发展中的应用

一、网络化管理系统对教师专业发展的促进作用

网络化管理系统的广泛应用,给教师的专业发展提供了新的动力,网络化管理系统对教师的专业发展有如下几个方面的促进作用:

(1)网络化管理是实现节约型社会的有力保证。随着科学技术的发展,人们的信息使用量越来越大,就会有更多的信息需要存储。传统的方式采用的是纸质印刷材料,在信息量不大的情况下,这种信息存储工具还能够应付。但是如果按照现在网络存储的信息量来计算,全部采用纸质材料来进行存储,其纸张的用量是非常可观的。利用新的媒体来进行数据的存储成为技术发展的必然。

新的信息存储技术导致新的信息管理技术的出现。网络化管理就是其中的一种。利用网络化管理技术,可以有效地进行信息的管理,减少垃圾信息,使人们能够更为有效地利用这些信息。

新的信息存储技术、有效的信息管理和使用方式,是节约型社会实现的基本保证。

(2)创建教师档案袋。利用网络化管理系统,可以进行教师档案数据的有效管理,创建教师档案袋,记录教师专业成长的过程。

(3)促进行政以及教辅人员的专业成长。在学校中使用网络化管理系统的,一般都是行政管理人员和教辅人员。除了教师需要专业成长以外,这些学校的教职员工同样也有一个专业成长的过程。在网络技术不断应用的过程中,他们的专业也得到了成长。

(4)减轻教师负担。利用网络化管理系统,可以显著减轻教师的负担。比如传统的方式中,教师经常要参加学校组织的各种会议,现在利用网络办公系统,可以减少会议的次数。利用网络教务管理系统,则可以把教师从繁重的手工登记分数、编写学生评语的劳动中解放出来。网上科研管理系统,则可以系统地保存教师的科研数据,避免教师每次在统计科研数据的时候,要在一堆书中寻找自己很多年以前发表的一篇论文。

(5)实现资源的有效整合。网络化管理也是一种有效的资源整合手段。利用网络化图书管理系统,可以将传统图书馆中的几百万册图书检索数据输入到数据库中。用户要查阅某册书,只需要直接在管理系统中输入关键词就可以查询到。而网络化设备管理系统,则有助于各部门了解学校设备的现状以及使用情况,按照教学需要灵活进行配置。

(6)促进教师专业发展管理现代化。教师专业发展本身也有一个管理需要。采用手工的方式来进行管理,将面对大量的文件和数据,经常会出现数据差错与文件丢失的问题。利用网络化管理系统,则可以有效地避免这些问题。

(7)有效地进行教师专业发展评价。如何对教师的专业发展进行评价,一直是一个令人困惑的问题。利用网络化管理,可以更加准确地记录教师专业发展的过程,还可以对一些指标进行量化,从而使教师专业发展评价更加科学。

二、利用网络化管理系统促进教师专业发展的策略

利用网络化管理系统促进教师专业发展的策略如下:

（一）基于网络办公系统的教师交流合作

目前随着网络办公系统的不断深入推广应用,很多教师已经习惯使用这样的系统来进行网上办公。教师的使用也逐渐从开始时仅用这个系统发送接收文件,发展到用这一系统讨论学校内部的热点问题。而一些部门也开始尝试利用这一系统提供公告,一些教师则开始尝试利用这一系统安排个人计划。

网络办公系统提供了全校教师前所未有的合作交流平台,利用这样的一个合作交流平台,教师的专业发展也可以得到有效的促进。

例如在基础教育课程改革的条件下,学校管理如何转变职能的问题,因为涉及到的内容太多,内涵也比较复杂,采用一两次集中会议讨论的方式难以解决。这时候可以考虑结合网络办公系统来完成这一工作。具体的做法就是,学校先召开新课程条件下学校管理职能转变的会议进行动员,确定课题、提出问题,发动教师集思广益,思考如何促进学校管理职能的转变、转变的方向是什么、其他学校有什么好的经验等。会后教师利用网上办公系统中的内部论坛自由发表意见和看法。经过一段时间以后,教师的看法通常会集中在一些比较典型的问题上。这时就可以进行阶段性的总结,为下一次集中会议做准备。经过多次的循环,问题最终都是可以获得有效解决的。

除此之外,一旦网上办公系统成为了教师日常教学工作的一个重要组成部分,很多教师也愿意经常性地在办公系统论坛上发表自己的看法,针对社会以及学校中出现的热点问题进行广泛的交流,这也将有效地促进教师的专业发展。

（二）基于 MIS 的行政教辅人员的专业发展

这种方式利用校园信息化的机会促进学校教学管理的现代化。因为在校园信息化建设的初始阶段,大部分的行政教辅人员对此都不太熟悉,所以一旦引进了一套 MIS 系统以后,可以通过技术人员讲座、开会讨论等多种形式来进行熟悉。在试用了一段时间以后,就可以采用"做中学"的方式来发展相应的专业技能了。

另一方面,行政教辅人员作为学校教职员工的重要组成部分,在整个学校的信息化建设过程中,如果不更新管理服务观念,就很难有效地管理整个学校的信息化的建设,当然也不可能为教师提供优质的信息化教学应用的服务。

专门针对行政教辅人员的 MIS 系统就是一种能够帮助他们在信息化教育条件下专业成长的有力工具。

例如中小学的教辅人员负责学校的图书资料、体育用品、档案、信息技术用品、试验用品等的管理,随着校园网络化建设的不断深化,学校购置了专门的校园信息化管理系统。在该信息化管理系统中,教辅人员可以将各种图书、档案等设备资料的数据输入进去,这样教师就可以通过简单查询的方式迅速查找到学校中有哪些可以帮助教师进行教学的资源,而教师借用图书资料、查阅各种档案等,都可以通过这样的系统来进行。这样的工作就比以前有了很大进步。而教辅人员在使用和管理这样的系统过程中,也可以获得专业成长的机会。

（三）基于网络教务管理系统的教学管理

随着校园网络信息化建设的逐渐深入,网络教务管理系统也会逐渐被引入到校园之中。网络教务系统的应用可以提高整个学校教务管理的水平,提升管理的效率。通常在网络教务管理系统应用的初始阶段,这些系统对于教师来说,还是一个辅助工具的角色。经过不断的实践,很多的教师发现这种网络化的管理确实可以带来效率的提高。随着网络化教务管理系统的深化应用,就带来了学校整体管理水平的迅速提高,管理模式也就发生了根本的变化。从辅助工具的角色到整个管理模式的改变,对学校所有教职员工来说,都是一个专业成长跃升的过程。

目前很多高校在这一方面正在不断深化应用。目前在一些高校中,网络化教务管理系统已经成为了维持学校日常教学工作正常运转的重要措施。例如一些高校现在已经实现了网络化排课、学生网上选修课程、教师网上备课、网上登分、网上评估等一系列在传统的教务管理过程中需要投入大量人力和物力的功能。使用了这些网络化教务管理系统以后,教师和行政教辅部门的工作方式也发生了改变。对于教师来说,由于采用了网络化教务管理,教室等资源的利用率更高了,教师可以上更多的课,课程的教学形式也从过去单一的课室上课转变成采用多种形式,包括实验、研究、参观访问等。而对于教务管理人员来说,由于采用了自动化的管理系统,教务管理人员的知识结构也发生了变化,传统的教务管理办公室通常就像是一个堆满文件的资料室,而现在使用网络化教务管理系统以后,教务管理办公室中最明显的就是计算机,几乎所有的与教务管理有关系的工作都可以通过计算机来进行处理。

(四)基于网络科研信息管理系统的教师科研管理

利用网络科研信息管理系统来帮助教师管理自己的教学科研成果,通过该系统,教师可以了解自己在过去一段时间科研成果发表的情况。而学校相关部门也可以更加准确地把握每一个教师的科研成就,为学校所有教师的专业成长规划提供基本的依据。同时也可以按照教师的科研情况,更加有目的地申报科研课题和项目。

例如目前很多学校的教师都面临着一个申报科研课题的工作。在申报科研课题的时候,需要教师早期的成果积累。在一些高校由于教师的科研成果非常多,通过手工的方式来进行收集经常会有错漏。建立了这样一个科研管理系统以后,就可以对教师的科研成果进行归类整理。遇到合适课题,就可以迅速从科研管理系统中调出相关教师的科研背景资料,将有关的教师集中起来,组成课题研究小组,申报相关的课题研究。

(五)基于网络教务或人事管理系统的教师电子档案袋

这种方式是为每个教师建立电子档案。一个学校中教师的档案管理很重要。传统的教师档案一般都只记录该教师在一段时间内的工作经历,记录得不够详细,而且教师自己查询也不方便。而采用了网络化人事管理系统以后,就可以采用网络技术手段来给教师建立电子档案。这种电子档案既可以包括教师一段时间的经历,还可以包括更为详细的教师专业成长的历程和成果,比如教师的访谈记录、教师发表的文章等。

同传统纸质材料相比,电子档案更容易保存,也容易备份。更重要的是,这种教师电子档案的数据很容易检索。只需要输入相应的字段,就可以很快查找到自己想要的资料。这种教师电子档案袋的形式多种多样,可以是过程型、作品型、展示型等三种类型中的任意一种。

例如在一所学校给所有的教师建立电子档案,可以让教师在过程型、作品型、展示型这三种类型中选择一个或多个。建立了模板以后,就形成了所有教师的数据库。教师可以自行更新电子档案的内容,真实记录自己的每一步成长历程,并在需要的时候调用自己的电子档案,对自己前一段时间的专业成长历程进行反思。

(六)基于网络化后勤设备和财务管理的教学环境管理

这种方法利用网络化后勤设备和财务管理系统,来帮助优化学校的教学环境。这样教师的知识建构条件将得到优化,自然教师的专业成长也就会更加顺利。在优化后的教师专业成长环境中还可以创造出新的教师专业成长的模式。

例如在一些高校中,每年的设备投入都非常大。这时候引入了设备管理系统,对学校中的所有设备进行编号、登记。通过这一系列的工作,学校中的各种资源都被充分发掘了出来,提高了设备的使用效率。而由于在网络设备管理系统中,各种设备账目一目了然,教师也可以及时了解自己能够使用哪些设备,可以开设哪些实验项目,为课程教学改革提供了基本的依据。

（七）基于网络化图书资料管理的资源管理

一般的学校都有自己的图书室。一些条件比较好的学校还有图书馆。在传统的图书馆中,由于缺乏计算机检索的系统,采用人工的方式来进行检索,效率低下,也很难有效地进行资源的整合。采用了网络化图书资料管理系统以后,就可以更为有效地利用这些图书杂志资料。教师通过管理系统可以找到自己需要的图书、论文。而随着多媒体技术的应用,各种视听资料也成为这个系统的管理对象。利用网络化管理系统,可以将这些视听资源与图书、杂志等整合在一起,教师可以获得的资源将更加丰富。

例如现在广州市一般的小学中都有几千至几万册的藏书,以往这些藏书一般采用手工的方式来登记、管理和借出。而学校中图书管理员则通常只有一个人,管理起来效率比较低。由于可以阅读的图书数量少,新书也无法及时购入,教师学生都不太满意。这时候通过网络化图书资料管理系统对所有图书进行编目,在网络数据库中进行归类。这样教师和学生不需要进入图书室就可以直接在校园网中查询图书室中所有藏书情况,并根据藏书情况及时提出购书建议。而图书室利用网络来记录教师和学生借阅图书次数,则有助于将图书放置到书架的不同位置。一些经常借阅的图书可以放在比较容易拿到的位置。而那些从来没有人借阅的图书则可以收藏起来,节约图书室有限的空间,满足新书的摆放需求。

第八节　移动学习对教师专业成长的促进

一、移动技术构建的教师专业成长环境

移动技术在教师专业发展中同样有着重要的应用价值。在构建教师专业成长环境的过程中,移动技术主要提供了以下几个方面的支持。

（1）移动技术提供技术的支持。要让教师能够随时随地专业成长,移动技术是关键。而移动技术的发展,又促进教师专业成长的环境变得更加完善。

（2）移动技术提供的资源。移动技术同样也是教学资源的重要组成部分。利用移动技术可以连接到互联网。也可以利用移动技术提供语音、短信服务。

（3）移动技术提供新的教学手段。移动技术是一种全新的教学手段,像其他的媒体一样,移动技术能够有效地促进教师专业发展模式的变革。

（4）移动技术能够有效地突破时间和空间的限制。同其他的联网技术相比,移动技术能够更有效地突破时间和空间的限制。只要有信号的地方,都可以使用这些移动设备来发送和接收数据。

（5）移动技术的成本低廉。目前的移动设备价格不断下降,很多偏远地区的教师都可以配备这些设备,这为移动技术的应用提供了比较好的基础。

在利用移动技术构建的专业成长环境中,互联网是教师专业成长环境的基础。移动技术在提供教师随时随地使用网络资源的同时,还提供了教师的直接通信和短信收发功能,同

时移动技术也提供了多媒体播放功能。

二、用移动技术促进教师专业发展的策略

将移动技术应用到教师的专业成长过程中,移动技术可以在以下几个方面对教师的专业成长有促进作用:

(一)移动技术使得教师的专业发展不受限制

移动技术摆脱了电缆的限制,使得用户不需要连接网线就可以上网。特别是目前一些大城市都在利用诸如 IEEE802.16 之类的协议来建设无线城市。这样在这个城市中的所有用户都可以很方便地利用无线网络来上网,不再受到办公室、网吧等的限制。教师可以做到任何时间、任何地点进行专业发展。

例如一些学校教师通常都有出外进修的机会。在出外进修期间,不像在自己的家里或者是学校教师办公室中那样有非常齐全的资料以及上网设施,这时候除了可以利用笔记本计算机上网获取资料以外,通过移动电话等方式上网获取资源,则是一种更为方便的方法。移动电话可以在任何条件下使用,教师不需要考虑电源的问题,也不需要考虑在附近有没有连网的接口或无线接入点,直接打开移动电话通过 2G 或 3G 技术就可以上网。另外移动电话还有语音通话等功能,如果能够有效地结合在一起使用,将对教师的专业发展有更加积极的促进作用。

(二)移动技术对偏远地区教师专业发展有重要的促进作用

目前中国的网民数量虽然超过了 3 亿,但是还有近 70% 的用户没有机会连接到网络。就在这 3 亿网民中,还有很大一部分网民是通过移动电话等方式来上网的。这说明通过有线的连接方式来提供用户上网局限性比较大。特别是对于一些农村偏远山区,要能够通过有线的方式实现宽带上网还是非常困难的。移动技术能够有效地解决这些问题。

同台式机或笔记本计算机相比,移动电话等设备耗电量少,续航时间长,更加适合缺电地区的使用。

对于教师专业发展来说,这一点的意义更加重要。因为在我们国家,有很多的中小学都处于这些上网设施非常薄弱,甚至是非常缺电的地区。移动技术的使用可以使这一地区教师的专业发展跟得上时代的发展和技术的进步。

例如在贵州等地的偏远山区中,这些地区的连网设施非常缺乏,条件也很艰苦,通过计算机来上网获取信息面临着缺设备、缺电等问题。而通过移动电话则可以解决这一问题。虽然现在部分地区还没有开通 3G 服务,但是像 GPRS、CDMA 1× 信号还是有的。这为这些地区的教师通过移动电话上网提供了方便。移动电话也很省电,充满电以后可以单独使用很长时间,有效地解决了这些地区电力设施不足的问题。

目前通过 Google、百度等搜索引擎,已经能够自动将所搜索到的网页自动转换成移动电话能够浏览的页面,这样通过搜索引擎,输入关键词获得网页结果以后,几乎可以浏览所有的普通网站。相信随着搜索引擎技术和移动技术的发展,数字图书馆以及专业数据库等资源也可以通过移动电话来进行浏览,将为偏远地区教师的专业发展提供更加有力的网络条件。

(三)提供了新的教师专业发展模式

移动技术的应用,必将导致新的教师专业发展模式的出现。在新的教师专业发展模式中,教师专业发展的内涵发生了变化。而教师获取知识、技能,提升专业情感等的方式方法也发生了变化。

例如利用移动电话的短信来实现教学通知功能,这种模式是移动电话在教师专业发展方面的一种全新的应用模式。在这种模式中,教师可以参加传统的面授培训或者是利用网络的方式来进行专业发展。而有一些重要的通知要传给教师,就采用短信的方式。同电子邮件相比,短信的方式更加迅速,教师出门在外,也可以及时接收到通知。而同直接采用语音的方式来进行通知相比,短信的方式价格低廉,可以长期保存。利用诸如中国移动的"飞信"软件来发短信,则完全免费,还可以利用计算机来输入短信内容,提高了短信发送的效率。

(四)移动技术促进各种媒体的组合

利用移动技术可以促进各种媒体的有效组合。不同的媒体对教师专业发展的促进作用区别很大。经过移动技术的整合以后,这些媒体组合成新的系统,将能够发挥不同媒体的教学特点和功能,更加有效地促进教师的专业发展。

例如在进行多媒体组合设计教学的过程中,将移动技术整合进去,可以弥补其他媒体移动性不足的问题。又比如在一些探究性培训课程教学的过程中,一方面要求教师在多媒体教室中学习理论的知识,另一方面则要安排教师去到现场参观访问。在多媒体教室中学习的过程可以采用多媒体计算机以及大屏幕液晶投影等媒体来进行教学。而出外参观访问,则可以采用移动电话等媒体来实现网络资源的访问、短信通知、语音对话等功能。

(五)传递多媒体信息

随着移动技术的发展,特别是3G等技术的发展,移动高速宽带上网也成为了现实。利用移动技术配合新的智能移动电话技术,可以更加有效地传送和播放多媒体信息。这将使教师的专业发展内容更加丰富,形式也更加多样化。

例如现在一些沿海发达地区教师经常有出外考察交流的机会。由于条件的限制,并非所有的教师都能够有这样的机会。这时候充分利用移动电话的多媒体功能,比如3G技术的可视通话功能,拍摄教师现场参观的实况,实时传送回学校,其他教师在学校中就可以看到这些画面,达到身临其境的效果。当然,如果受到目前技术条件的限制,直接用3G可视通话的功能成本太高,也可以利用移动电话连接到Internet,利用实时通信工具软件将摄像内容传到视频网络上,教师在学校里打开实时通信工具或登录视频网站浏览传输过来的视频,也可以达到同样的效果。

(六)具有良好的群众基础

移动电话是一种广泛使用的通信工具,具有良好的群众基础,因此利用移动电话等技术来促进教师专业发展,效果显著。

例如教师在和家长进行交流的时候,可以广泛使用移动电话。要进行家访前,也可以通过移动电话先行联系,当一切安排好了以后,再去到学生家里进行访谈。这样可以更加灵活地安排好家访过程。当然,教师与教师以及其他人士之间的交流都可以使用移动电话。这种广泛的交流对于促进教师的各方面的专业成长都是十分有效的。

(七)提升教育行政部门的执政效率

目前移动技术在国内外城市管理系统中获得了非常广泛的应用,有效地提高了政府的执政效率。对于教育行政部门来说,充分利用移动技术带来的便利性,也有利于提高教育行政部门的执政效率,促进教师的专业发展。

例如教研室的教研员经常要下到所属中小学进行教研指导工作。如果每个教研员能够配置一个安装有教育管理软件的移动电话终端,该教育管理软件直接连接到区教育信息中心的服务器,那么教研员在教研活动的过程中,去到某间学校就可以随时打开终端,调阅该校的详细资料,也可以通过移动电话终端随时将教研现场拍摄下来,上传到教育信息中心服务器,供教研室了解教研活动开展的情况。

一般的移动电话终端还装备有 GPS 等定位设备。通过这些设备,有助于教研员去到一些比较偏远的地区,随时确定自己所在的位置,方便与其他人的联系。

习 题

1. 计算机网络类媒体如何促进教师的专业发展?不同的媒体在应用过程中有何联系和区别?

2. 根据自己所在学校的实际情况,规划一个利用计算机网络类媒体来促进教师专业发展的方案。

第八章

教育技术科研与教师专业发展

学习目标

1. 名词解释:教育技术科研、现代教育技术能力标准、教育技术学研究方法、观察法、教育技术调查、案例分析研究、相关性研究、教育技术经验总结、准实验研究法、行动研究、信度分析、效度分析
2. 通过本章的学习了解教育技术科研与教师专业发展的关系
3. 了解教育技术科研的一般概念
4. 掌握基本的教育技术学研究方法
5. 能够运用适当的方法来收集研究数据和资料
6. 能够使用现代教育技术促进教育技术科研工作

169

第一节 教育技术科研与教师专业发展的关系

一、教育技术科研对教师专业发展的促进作用

教育技术科研对教师的专业发展有非常大的促进作用。具体来说,教育技术科研在教师专业发展中具有如下几个方面的作用:

(1)促进了教师观念的更新。教师不断从事教育技术科研工作的过程中,会更好地发现教育技术的规律,改变以往对教育技术应用的陈旧看法,促进教师思想观念的更新。

(2)教育技术科研是教师专业成长的动力。教师要获得专业成长,必须不断深入探索教育技术应用的规律、研究教育技术理论、进行教育技术实践。而随着教师教育技术科研的不断深入,教师将获得更加完整的专业知识、掌握新的教育技术应用能力,从而促进教师的专业不断得到成长。

(3)促进教师从知识传播者向知识产生者的角色转换。很多人将教师的教学工作看作是一种简单的信息传播工作,似乎教师的角色与媒体差不多。其实,这种知识的传播者的角色只是教师专业技能要求的一部分而已。教师的专业发展,更多体现在教师还是一个知识的产生者。教师从事教育技术科研,将不断获得新的认识和看法,这些新的认识和看法一方面丰富了教师的专业知识构成,另一方面这些知识对于其他的教师以及学生都是有帮助的。

(4)教育技术科研促进了专家型、研究型教师的产生。教师即研究者,这是教师专业发展理论中的一个重要观点。教师不断从事教育技术科研的过程,促进了教师的工作向着更加专业化的方向转变。教师长期从事教育技术科研的过程,使得教师成为了这一领域的专家。教师具备相关的专业知识,可以灵活自如地解决教学过程中出现的各种问题。

(5)体现了教师的主体性发展要求。教师从事教育技术科研的过程,也是教师主体性得到有效认同的一个过程。教师在进行教育技术科研的过程中,对教育技术学的认识更加深入。教师不再被动地接受技术人员提供的教育技术服务,而是能够实现对整个教学过程中的所有因素进行设计和控制,主动去发现教育技术应用的规律,并开发出新的教育技术应用模式。

(6)促进了教师专业知识的建构。教师开展教育技术科研,也是一个主动知识建构的过程。不断深入的教育技术科研,促进教师对自己所处的时代、社会、教学环境有更深入的认识,更有效地调整自己的知识结构,主动建构知识,以适应外部环境的变化和发展。

(7)培养了教师教育技术学研究的能力。教师开展教育技术科研的过程,同时也培养了自己的教育技术学研究的能力。教育技术科研的深入开展,使教师无论是在方法论的应用方面,还是在教育技术的实践方面,其知识和能力都会有快速的增长和提升。

(8)促进了教师的反思。教师开展教育技术科研的过程,也是一个不断进行教学反思的过程。教师在教学过程中,会碰到各种问题。通过查阅文献,采用各种教育技术研究方法来对这些问题进行探索和研究,可以帮助了解在过去一段时间的教学实践中,自己专业知识构成、专业技能的运用等方面的缺陷,进而促进自己的专业成长。

(9)改变了教师专业能力的结构。教育技术科研同时也改变了教师专业能力的结构。随着信息时代、信息化社会的到来,知识更新速度加快,教育技术在教育教学过程中获得了广泛的应用。只有不断进行教育技术科研,教师的专业能力结构才能打破固定不变的状态,不断获得动态调整,以适应教育信息化的要求。

(10)丰富了教师的专业情感。教育技术科研可以使教师不断获得专业的成就感,使教师感受到不断进行研究、获得新知识、创造新知识的乐趣。

二、中小学教师现代教育技术能力标准

在教师的教育技术科研过程中,国家教育部制定的《中小学教师现代教育技术能力标准》是一个比较重要的文件。通过该文件可以了解中小学教师应该获得哪些教育技术的能力,为教师进行教育技术科研提供基本的依据。同时该文件还专门针对教师的教育技术科研进行了解释,是一个开展教师教育技术科研的指导性文件。

在该文件的开头部分指出,中小学教师现代教育技术能力标准是为提高中小学教师教育技术能力水平,促进教师专业能力发展,根据《中华人民共和国教师法》和《中小学教师继续教育规定》有关精神而制定的。

该标准分成三大部分,分别是教学人员教育技术能力标准、管理人员教育技术能力标准、技术人员教育技术能力标准。

其中对于教学人员的教育技术能力标准,从意识与态度、知识与技能、应用与创新、社会责任四个方面规定了教学人员应该具备的基本教育技术的能力。

在教学人员应该具备的教育技术能力构成中,教学设计是所有能力的核心[33]。而从事教学设计工作要求教师能够采用系统的方法对教学过程中的各种因素进行分析,开展教学研究工作。在第三部分第三点中,又对教师专业发展中的科研与发展能力进行了规定。该规定要求教师:

(1)能结合学科教学进行教育技术应用的研究。

(2)能针对学科教学中教育技术应用的效果进行研究。

(3)能充分利用信息技术学习业务知识,发展自身的业务能力。

从这三条要求可以看出,教师的教育技术科研应该跟学科教学结合在一起。无论那一

个学科都有自己的教育技术应用的规律。教师的专业发展,除了在自己的专业学科知识方面要得到发展以外,教育技术作为教学过程中的一个重要因素,也会对教师的知识和能力的构成产生影响。借助信息技术,可以满足教师通过现代教育技术方式来高质量、高效率地获取专业知识,提高自己的业务能力。

第二节 教育技术学研究方法

一、教育技术研究方法概述

教育技术学研究方法是教育研究方法的一个重要组成部分。教育技术学研究方法的目的是要探索应用现代教育技术的规律,对教育技术应用中出现的各种现象进行解释,以建立系统的教育技术研究方法的理论。而教育技术学研究方法指的就是在教育技术研究过程中,所采用的途径、手段和工具[34]。

教育技术学研究方法属于方法论的范畴。在这一范畴中,存在很多不同的看法。其中有早期比较流行的实证主义和自然科学的研究方法。这种方法通过实践获得各种经验,然后对这些经验进行分类,对复杂的现象进行简化,并对各因素进行量化。利用各种统计工具对这些量化后的数据进行处理,从而在这些数据中发现各因素之间的关系,了解被研究对象的运行规律,最终得出接近事实真相的结论。

然而这种实证主义的方法受到一些人士的批评,这些批评集中在以下几点[35]:

(1)针对运用各种数学工具来分析教育问题的方法,一些人士批评其把教育研究变成了数学学科的一个分支,而非侧重于研究人的学习问题。

(2)另一些批评则认为,如果按照实证主义的科学研究方法,那么在教育领域就没有一个符合自然科学要求的对象可供研究。人的道德水平、人的主观想法等是无法采用自然科学的研究方法来进行研究的。

(3)还有一些人士批评实证主义的社会科学研究方法误导了人们对人的认识。

(4)一些学者针对实证主义的研究中强调变量的控制,认为这样做的最终结果就是导致行为主义。

(5)实证主义把人看作是一种被动的、可以控制的研究对象,而忽视了人的个性、认知能力、情感等非常丰富的内容。

与实证主义相对的是自然主义的研究方法(naturalistic approaches)。自然主义学者认为社会科学的研究不需要探索最终的真相,它只是用来帮助我们感知世界。所以社会科学所做的就是解释、归类以及揭开人类自己创造的社会形态的神秘面纱。

为此社会科学方面的研究,应该采用自然主义的方法。与客观主义的观点相区别,自然主义具有如下的观点[35]:

(1)人是自主自由的,是具有创造性的。

(2)人在不断建构自己的社会。

(3)外在条件是在不断变化的。

(4)事件以及个体都是独一无二的。

(5)研究社会现象应该按照其自然状态来进行,而不能够去进行操作。

(6)忠实于研究的现象。

(7)解释事件、背景以及条件,并在这些事件的基础上行动。

(8)对一个事件有多种解释。

(9)现实是多层次和复杂的。

(10)许多事件不能被简化。

(11)需要通过参与者的眼睛而非研究者来检验一个条件。

但是自然主义的研究方法也受到了很多的质疑,批评人士认为,这种方法主观因素成分太多,无法得出有意义的结论。随着条件的变化,所建构出来的理论也就变得毫无意义。

在属于客观主义的自然科学研究方法和属于主观主义的反实证、自然主义方法之间激烈争论的时候,出现了第三种教育研究的理论,这种理论叫做"批判教育研究理论"。

这种批判教育研究理论属于北美教育研究领域的"左"的理论思潮,其起源比较复杂,既包括传统的马克思主义,也包括新马克思主义,甚至还包括了批判理论、结构主义、女性主义、种族理论等多种渊源。与其他两种研究方法不同,批判教育研究着重于研究社会、群体和个体之间的关系;注重政治、意识形态因素等的作用;多采用行动研究的方法来进行研究;既重视微观的概念,也重视宏观的概念等。

二、常用的教育技术学研究方法

1. 观察法或实地研究法

观察法属于自然主义的研究方法。这种通过对自然和社会的系统观察来获得结论。在这样的一种研究方法中,不需要对所观察对象进行控制。通过观察法可以及时了解到各种反馈的信息,验证各种假说。

自然主义的研究人士认为,之所以采用观察法,是由于教育科学与自然科学所处理的对象是不同的。在教育系统中,研究者并不能够准确地知道研究对象的结果是什么。而自然科学系统中,各种实验的结果是可以通过理论来进行预测的。另外人类是一种能够思考的对象,当研究者将人所处的环境控制起来时,必然会影响到被研究对象的各种行为,从而使这种受控的实验无法获得有意义的结果。与自然科学的研究相比较,教育科研就更重视过程而非结果。也就是说,在教育科学的研究过程中,研究者更重视被研究的对象如何在整个实验的过程中获得成长。而自然科学研究则更重视结果,一旦一个实验完成以后,可以抛弃原有的实验材料,重新构建实验。

因此在进行教育技术研究的时候,直接对一个正常进行的教育技术应用过程进行观察,既可以做到探索教育技术应用的规律,又可以不干扰正常的教学工作。同时也使研究对象在研究的过程中获得专业的成长。

在观察的过程中,观察者则可以采用暴露身份和不暴露身份两种方式来进行观察。

观察法应用的一般步骤为:(1)确定观察目的,做好计划;(2)选择观察对象;(3)观察并进行记录;(4)处理数据、分析数据;(6)得出结论。

2. 教育技术调查和趋势研究

教育技术调查研究法是对已经形成的事实进行数据收集、处理与分析,并得出结论的一种研究的方法。而趋势研究则是在获得了足够的数据之后,对事物今后发展的趋势作出预测。

使用调查法的好处在于可以比较方便地对调查的结果进行量化。通过对量化数据的分析,可以获知被调查对象的偏好、使用习惯等方面的资料,这对于面向应用的教育技术学科而言,结论显得更为直观可信。

过去由于数据处理的复杂性,导致这种方法在应用的时候有一定的局限性。不过随着计算机技术的发展,计算机运算的速度越来越快,各种专门用来进行调查数据分析的软件不断出现,使这种方法目前使用得越来越广泛。

另外这种调查法适应面也比较广。既可以适合教育技术应用方面的调查,也适合于了解被调查对象情感方面的因素;既适合于教育技术的研究,也适合其他学科的研究。

由于这种方法实施起来比较简便,目前随着网络技术的发展,利用网络的方式来代替传统的教育技术调查已经成为重要的发展趋势。利用网络的方式来进行调查,可以使调查的面更广,调查对象的代表性更强。而结合计算机数据库技术,则可以使整个数据的处理和分析过程实现自动化的要求。

教育技术调查研究的类型包括了结构化调查和非结构化调查两种方式。

其中结构化调查属于标准型的调查方式。采用这种方式时,通常由调查者事先拟定好调查访谈的大纲,然后对被研究对象进行访谈。访谈的过程中,将获得的调查结果利用表格的方式记录下来。也可以采用问卷调查的方式来进行,让被调查者自行填写问卷。

这种结构化的调查由于研究者在调查之前事先拟定了比较详细的调查大纲,整个调查过程计划周详,调查的目的性很强,因此调查结果分析的效率也比较高。特别是采用了问卷调查的形式,实施起来非常方便。

而非结构化调查方法则不需要事先拟定访谈的大纲,在访谈的过程中由调查者和被调查者之间自由进行对话来完成整个访谈的过程。这种方式自由度比较高,所以比较适合于对未知知识的探索性研究。

3. 案例分析研究

案例分析研究是要通过对于一个或多个案例进行深入的分析,提出假设,并为制定下一步策略而行动。与自然科学的研究方法不同,案例分析由于选择的只是一个或多个案例,一些案例可能具有典型性、代表性,另一些案例则可能是不具备普遍性的。因此一些人士认为这种案例分析不能得出有意义的结论,无法为我们发现事物的规律而提供有用的结论。

这样的观点其问题在于没有了解到教育科学研究与自然科学研究的区别。教育科学研究注重的是过程,而非结果。另外教育科学的研究对象所处的环境条件不断发生改变,每个事物都是独特的,具有自身的属性。案例分析研究并非仅仅是为了获得一个结论而已,案例分析研究既要提出假设,也是一个不断实践的过程。

案例分析研究中一项重要的工作就是案例的选择。与调查法选择被调查对象的样本所采用的随机抽样方法不同,案例分析法通常采用的是面向内容的选择方法。所谓面向内容的选择方法指的是根据系统已经存在的各种内容,分析整个系统的结构和功能,寻找其中比较典型的因素,最终选择确定所需的案例。在教育技术的研究对象中,对象的构成比较复杂,通过分析整个教育技术应用的过程,了解其中的结构和功能,最终寻找出合适的案例。

这种面向内容的案例选择方法要求在选择案例的时候做到:

(1)当一项研究进行的时候,案例的选择方法应该相同。

(2)在选择案例之前,初步给出一个理论的框架。通过这种理论的框架,有助于我们对案例的特点进行分析和比较。

(3)一旦理论框架制定出来以后,就可以按照这种理论架构来有目的地选择案例,确保所选择的案例能够反映理论框架需要解决的问题。

(4)所选择的案例类型可以是以下几种案例中的任何一类,这些案例包括:典型的案例、分散的案例、极端的案例、异常的案例、影响较大的案例、非常相似的案例、非常不同的案例。

案例分析研究的一般步骤如下:

(1)确定研究的问题。这是进行案例分析研究的第一个步骤。在教育技术科研中,可供研究的问题主要集中在教育技术理论、模式和应用方面。确定好要研究的问题,意味着可以将自己的研究方向确定下来。从而为寻找合适的案例做准备。

(2)选择案例并确定数据收集和分析的技术。研究问题确定好以后,就可以按照案例选择的标准来进行选择。一般来说,如果是教育技术理论方面的问题,可以把注意力放在各种理论的案例方面。比如行为主义学习理论与认知学习理论的比较等。而如果是应用方面的问题,则可以选择教育技术在教学中应用的案例。比如一堂现代教育技术课的案例分析、某种媒体技术的案例分析等。

案例确定以后,就要确定数据收集的方法和分析数据所使用的技术。案例的数据收集方法包括访谈、观察、文献检索等多种方式。分析数据的方法包括定性分析和定量分析。如果选择定量分析,则可以使用各种统计工具来进行。

(3)收集数据前的准备。由于整个收集数据的工作比较复杂,所以在进行数据搜集之前要进行充分的准备。包括各种工具的准备、数据收集前的预算开支、提前约定访谈者等。

(4)收集数据。这一步骤就是利用各种技术来收集数据。

(5)评价和分析数据。如果是比较简单的数据,则可以采用手工的方式来进行分析。如果是比较复杂的数据,这时候就可以借助各种统计工具以及计算机技术来进行分析。

(6)准备报告。数据分析完成以后,将得出结论。获得了结论以后,就可以对整个案例分析进行总结,并写出案例分析的报告了。

4. 相关性研究

相关性研究就是要通过对两组以上的样本进行研究,探讨这两组样本相互之间的关联程度。

相关性研究涉及的范围包括:算法相关,主题相关(即主题性),需求相关(即针对性),情景相关,社会认知相关等。

相关性具备以下几个方面的特性:

(1)任何两组数据都具备相关性,但是不同组别数据的相关性是不同的,一些相关性大,另一些则比较小。

(2)相关性与人的认知有关系。在进行教育技术科研的时候,要在多种数据之中,发现其中具备了较大相关性的数据,这有赖于研究者的认知能力和研究智慧。

(3)相关性的判断是与多种因素有关的,不应该是相关还是不相关的二选一的结果。研究条件不同、研究需求不同,对相关性的判断也会有很大的区别。

(4)相关性是一个复杂的但是又可以测量的参数。相关性的模式可以分成两种,一种是主题相关,另一种是用户相关。主题相关涉及比较客观的因素,而用户相关则更多地涉及主观的因素。

(5)相关性研究不应局限于系统的层面,而应该进入用户层面和认知层面。因此在进行相关性研究的时候,不仅仅是利用统计工具对两组数据进行相关性分析就得出结论,而应该考虑到这些数据对于研究者以及研究对象来说认知方面的意义是什么。

相关性分析主要采用三种方法,分别是:

(1)观察研究。这种方法的特点在于直接对日常教学过程进行观察、获得数据,然后进行相关性分析。比如对一个班级学生的数学考试分数与玩计算机游戏学生的比例进行观察分析,并得出二者之间的相关性。

(2)调查研究。进行调查获得数据,然后进行相关性分析。比如可以对一个区的小学进行问卷调查,以了解学校专门的信息技术教师的配置与学校信息化进程之间的相关性。

（3）档案研究。通过查阅各种档案，来获得这些档案中记录的数据与某些教育技术应用的相关性。比如研究教师的学历结构与教育技术研究的相关性等。

在相关性研究中，一个重要的参数就是相关系数。相关系数是用来衡量两组变量之间相关性的一个指标。相关系数的计算公式如下：

$$r = \frac{\sum(X-\overline{X})(Y-\overline{Y})}{\sqrt{\sum(X-\overline{X})^2 \cdot \sum(Y-\overline{Y})^2}}$$

公式中 r 即为相关系数，相关系数变化范围从 -1 到 1。r 值越接近 1，表示二组样本之间的正相关性越高。而越接近 -1，表示二者之间存在强烈的负相关。而 r 值等于 0，则表示这两组样本没有关联。

5. 教育技术经验总结

教育技术经验总结也是一种常用的教育技术科研方法。所谓教育技术经验总结法，就是将自己或他人的教育技术理论和实践的经验进行总结，将各种感性的经验体会上升到理论层次的方法。教育技术经验总结法是一种回溯研究方法，即实践完成，经验已经大体形成了，然后回溯过去，进行总结的方式来研究。同其他的研究方法相比，这种方法研究者的研究活动不会影响到实践过程，从而使所获得的结论更加贴近于实际。

教育技术经验总结研究方法的意义在于：

（1）有助于教师在教育技术应用实践中，将感性的知识上升到理论的层次。

（2）有助于教师开展教育技术科研工作。教师在不断的教育技术实践中，不断进行经验总结，这一过程使得教师对教育技术的认识更加深刻。随着量的不断积累，就会引起质的变化，促进教师从单纯的教育技术应用向教育技术研究的方向发展。

（3）有助于其他的研究获得相关的数据。教育经验总结的方法，可以帮助教师获得第一手的教学实践经验。在利用其他的研究方法开展研究工作的时候，这些经验同样也是有用的。

（4）有助于教师自身的专业成长。教师的专业成长跟教师的科研是密不可分的。作为教育科研的一种重要的方法，教育技术经验总结的研究方法对于教师的专业成长同样有着促进作用。

（5）有助于教师之间的相互合作，取长补短。在教师进行教育技术经验总结的过程中，不断反思自己的教育技术应用实践、回溯整个实践的过程，可以及时发现问题并有效地解决问题。这有助于促进教师之间的相互合作关系，并在进一步的教学实践工作中取长补短，共同发展。

（6）有助于丰富教育技术的理论系统。教师在教学实践中的大量经验，是教育技术理论得以建立和完善的基础。而教育技术理论反过来又指导教师的教育技术科研，二者相辅相成。

（7）有助于教育改革。教师个体不断积累经验、不断总结经验的过程，是一个量的变化的过程。而教师群体的教育技术经验总结，经过一定时间的积累以后就会引起质的变化。这种质的变化反映出来的就是教育教学的深刻变革。

（8）有助于教育行政部门领导者深入实际，正确贯彻教学方针政策。教师在教学实践中的经验积累，反映的是一线教师的教学实践。而行政部门的领导者没有直接参与一线教学工作，则可以通过教师的教学经验总结了解和掌握这些信息，从而促进教育行政部门正确贯彻各项教学方针政策。

在教育技术经验总结的研究过程中,主要可以对以下几种类型的教育技术经验进行总结:

(1)教育技术理论探索经验。教育技术理论的建立来自于实践,而构成这种实践的基础就是一线教师的教学经验。随着技术的发展,新的教育技术理论也在不断出现,这些新的教育技术理论在实践中的应用效果如何,通过教师的经验总结可以有效地展现出来。

(2)教学应用经验。除了教育技术的理论探索以外,教育技术在教学过程中的应用,通过教师的教育经验总结,可以发现以往的教学手段、方式、方法的缺陷,提出如何作进一步改进的方案等。

(3)技术使用经验。一些新的技术,如移动技术、无线互联网技术,如何在教学中进行应用。除了从理论上进行分析以外,还可以通过在教学过程中教师的实际应用经验总结来进行探讨。而一些教师的经验总结由于针对性强,更加有利于技术的改进和提高。

(4)教育技术管理经验。教育技术的应用是一个系统化的过程。如何管理好教育技术应用过程中的各种因素,使得整个现代教育技术的应用过程能够达到最优化的效果,这其中也需要大量的教师、行政主管人员、教辅人员的经验总结,以便进一步改进和提高教育技术管理工作的质量和效率。

(5)教育技术科研经验。开展教育技术科研工作同样也离不开教师的经验总结。由于不同于自然科学的研究,教育技术科研带有明显的自然主义研究方法的特点,因此在开展教育科研的工作过程中,如何促进整个研究过程有效地进行下去、促进教师在教育技术科研中的专业成长,这需要教师的大量科研经验的积累,避免后来者走太多的弯路。

教育技术经验总结可以采用如下几个步骤:

(1)确定课题。这一步骤要确定整个经验总结要研究的课题是什么。教育经验总结的课题一方面要告诉教师研究的是什么、总结哪一方面的经验;另一方面则确定了下一步需要提高的内容是什么。

(2)选择研究对象。教育经验总结有着明确的研究对象。对象的选择可以是一个单位,也可以是个人。对象的选择应该具备典型性、普遍性,这样得出的结论才有说服力。

(3)查阅文献。一旦确定了要研究的对象以后,就要广泛地查阅各种文献。包括研究课题所涉及到的各种学术文献,也包括政府主管部门颁发的政策性的文献等。这样既可以充分利用前人的工作成果、避免走弯路,又可以了解整个社会、政策环境的变化情况,从而使得整个研究过程更具说服力。

(4)制定经验总结计划。制定完善的经验总结计划,这也是教育技术经验总结法的一个基本要求。经验总结也是一种科学的研究方法,它满足科学研究方法的系统性的基本要求。一个完善的计划是这种系统性的体现。计划包括经验总结的目的、任务,总结的具体实施方案、人员的分工,经验总结的验证方法等。

(5)搜集各方面的资料。在这一步骤中,目的是要收集各种具体的事实资料。经验总结是一种回溯的方法,所以搜集的事实和资料应该是那些先进事迹全面的资料。然后进一步获得更多的资料,最后对这些先进事迹进行考察验证。

(6)分析综合。一旦资料收集得比较全面以后,就可以对这些资料进行分析和综合。资料的分析与综合的过程,是一个将零散的资料条理化、系统化的过程,从而促进这些经验能够上升到理论的层次,从中获得带有普遍性的规律。

(7)书写报告。在最后的环节中,将教师的经验总结写成书面报告的形式,提供其他教师学习参考。

　　为了确保教育技术经验总结能够反映教育技术理论和实践的普遍规律,教育技术经验总结有如下几个基本要求:

　　(1)典型性。典型性的含义指的是教育经验总结的先进经验应该具备典型性的要求,对教育技术实践有指导意义。如果一个先进经验不具备典型性,也难以为其他的教师所接受。

　　(2)科学性。教育经验总结应该具备科学性的要求,应该按照科学的方法来进行经验总结。否则就很难得出有意义、有价值的结论出来。

　　(3)全面性。教育技术经验总结还要兼顾全面性的要求。即在进行教育技术经验总结的时候,要注意到教育技术理论和实践所涉及到的各个方面和层次。经验总结的全面性是保证所总结的经验具备普遍性的基本要求。

　　(4)规律性。教育技术经验总结要反映教育技术理论和实践的基本规律。教育技术经验总结不能只是总结表面的现象、不涉及内在的教育技术的基本规律。

　　(5)创新性。教育技术经验总结要具有创新性,不能老是重复别人的经验。同时创新也是教育技术科研的基本目的。

　　(6)现实性。教育技术经验总结解决的就是教育技术实践的问题,这也就包含了现实性的含义。如果教育经验总结脱离了现实,则这样的经验总结也就没有任何的必要了。

　　(7)稳定性。通过教育技术经验总结获得的结论应该是稳定的,是经得起实践和时间的检验的。之所以这与一般的经验体会有着本质的区别,是因为教育技术经验总结获得的结论反映了教育技术应用的基本规律。

　　(8)效益性。教育技术经验总结还应该满足效益性的要求。效益性指的是所获得的经验在教育技术实践中的应用能够获得良好的效益,能够提高教学效率和教学的质量。

　　(9)推广性。教育技术经验总结出来以后,就要进行推广应用。这也是教育技术经验总结的基本目的。推广性包含了这些经验能够适应不同环境条件的需求、比较容易被其他的教师所接受、能够重复实施等要求。

6. 实验及准实验研究法

　　教育技术的实验研究是通过一个人为设定的教育技术教学应用环境,对该环境中的各种因素进行控制,通过研究系统输入输出的关系来发现教育技术应用的规律。

　　教育技术实验研究源自自然科学的实验研究方法,因而具备了一些自然科学研究的特征。教育技术实验研究方法具备以下几个方面的优点:

　　(1)实验条件受到控制,因此所研究的对象得以简化。在教育技术学研究对象中,也是有一些对象可以通过实验的方法来进行研究的。这些教育技术实验的方法类似于自然科学的实验方法。通过一个受到控制的环境,控制其中的各种变量,抑制干扰变量,这将使整个研究的环境得以简化,研究的目的性更强、重复性好。

　　(2)便于测量,可以对实验结果进行更为准确的定量分析。不同于教育技术应用的实践环境,实验环境中各种变量受到严格的控制,实验所需要检测的参数明确、方法可靠。这便于在整个实验过程中收集各种定量的数据。在收集了大量实验数据的基础上就可以利用很多成熟的统计分析工具来对实验结果的信度和效度进行分析,获得更为可靠的结论。

　　(3)实验结果可以重复。与教育技术实验中各种对象所具备的独一无二的特性有所区别,在严格控制的实验环境下,实验的过程更有助于探索具备普遍性的规律。这些规律适用于不同的环境,因此这些实验的结果是可以多次重复进行验证的。

　　(4)能够获得具有普遍性的规律。因为教育技术实验研究采用的是自然科学中已经被证明是行之有效的实验研究方法,所以就可以像自然科学那样,通过反复的教育技术应用实验来探索教育技术内在的普遍规律。

(5)扩大研究范围,便于研究那些其他方法所不能够涉及到的范围。教育技术实验研究是教育技术学研究的一种基本方法,它跟其他研究方法之间的关系是一种相互补充的关系。一些其他方法难以进行探索研究和发现的规律,可以通过教育技术实验研究的方法来进行补充。

教育技术实验研究过程与自然科学实验研究过程基本类似,一般的步骤如下:

(1)选择课题。在开展教育技术实验的时候,首要的任务就是选择一个适合于教育技术实验研究的课题。由于教育技术研究不同于对各种自然现象的研究,很多的对象都不适合于采用实验的方法,所以一个好的课题的确定是非常重要的。如果一个课题确定得不好,则会严重影响到整个教育技术实验研究的效果。一般来说,在教育技术理论和实践的过程中,那些涉及外在的行为表现方面的对象是比较适合于采用这种实验研究的方法的。而各种涉及人的内在认知水平、情感方面的内容,则不太适合于采用实验方法来进行研究。比如研究有机体刺激-反应方面的规律,就可以通过实验的方法来进行研究。而涉及如何运用已有的知识去分析一个具体的问题,则不宜通过实验的方法来进行研究。当然也要注意,即使是那些适合于进行实验研究的课题,其研究的方法也与自然科学的实验研究有很大的区别。

(2)提出假设。一旦适合于进行教育技术学实验研究的课题确定下来以后,就可以提出合理的假设。提出假设的过程,也是一个形成大致理论框架的过程。有了合理的假设以后,就能够预测出实验可能的结果以及影响实验结果的各种因素。当然也就能够更好地控制实验过程中各种相关的因素。

(3)实验设计。有了合理的假设以后,就可以按照如何去验证这些假设的要求来进行整个实验的设计。实验的设计包括实验的步骤如何、实验的数据如何记录、实验过程中的各种因素如何进行控制、采用什么方式来处理数据等。实验设计的过程应该尽可能周全详细,这样才能确保整个实验过程按照设计的要求顺利地进行下去。

(4)实施实验并记录数据。有了详细的实验方案,就可以实施实验。实施实验的过程首先要确定好实验的环境、采用合适的实验模式、控制好其中的各种因素。然后在实验进行过程中,准确记录相关的数据。有条件的情况下,可以使用摄像机、MP3、计算机网络等信息技术来进行数据收集,这样可以显著提高数据收集的效率。

(5)分析处理数据。实验过程完成以后,就可以对数据进行处理。数据处理的方法目前比较普遍采用计算机统计软件来进行分析处理,比如使用 SPSS 软件来进行数据处理,可以在比较短的时间内迅速获得数据处理的结果。

(6)撰写报告。教育技术实验研究工作中,实验报告的撰写也是非常重要的一个环节。通过撰写实验报告,可以帮助自己有效地反思整个实验的过程,同时对数据处理结果进行分析和综合,得出实验的结论。而一个书写规范,可读性强的实验报告,也是与同行分享研究成果的非常好的材料。

在教育技术实验过程中,可以采用的实验模式非常多,其中有三种基本模式:

(1)单组实验。指的是整个实验只对一个分组实施。通过比较输入和输出之间因果关系来分析教育技术应用的规律。

(2)多组实验。这种方式的实验对象包括多对分组。其中一些分组被设定为控制组,研究者控制分组内部的各种因素。而不控制因素的分组则被称作对照组。实验结束以后对不同分组所获得结果进行比较分析,了解在某些因素受到控制的情况下,会对系统的输出产生什么样的影响,从而便于研究者发现其中的规律。

（3）轮组实验。这种实验方式不设置控制组和对照组，而是将各种因素轮流作用于各组。实验结束以后比较各组输出结果的差异，以便于研究者发现其中的规律。

在教育技术实验过程中另一个重要问题就是变量及变量控制。变量指的是在质和量上能够发生变化的任何事物和现象，如年龄、学习动机、教学方法、教育媒体等。对实验过程中各种变量的控制，可以使实验条件发生变化。控制其中的无关变量，则可以使整个研究对象得以简化，使实验结果的可信度得以提高。

在教育技术实验研究过程中，包含了三类变量，分别是自变量、因变量和干扰变量。

自变量是实验者可以进行操纵和选择的变量。通过改变自变量，将使系统输入发生变化，并影响到因变量的变化，获得系统不同的输出结果。

对自变量的控制包括：对自变量进行明确的定义；将概念上的表述量化为某个数值，比如将智力量化为具体的智商等；确定自变量的变化范围。在选择自变量变化范围的时候，通常选择最具代表性的数值，也可以选择比较极端的数值作为自变量的取值。

因变量是因自变量的变化而引起变化的变量。因变量也被称作反应变量。对因变量也可以进行控制。比如控制被试者的反应，选择合适的因变量指标等。

除了实验所需的自变量和因变量以外，在实验的过程中，还存在干扰变量或无关变量。在实验的过程中，对干扰变量的控制，就是尽可能地对其进行抑制。常用的干扰变量控制的方法包括消除法、恒定法、效果平衡法、随机化法、双盲实验法、纳入法、统计控制法等多种方法。在实验过程中可以灵活地进行选择。

随着技术的不断进步，人们对于教育技术研究的本质也有了越来越深刻的认识。为了弥补教育技术实验研究的不足，还提出了很多改进方法。其中一种改进方法就是所谓的准实验研究方法。准实验研究方法最早在心理学研究中获得应用，现在也被应用到教育技术学的研究中。

之所以采用准实验研究方法，原因在于直接进行教育技术实验时，其中的变量控制难度比较大，适用的范围也比较窄。准实验研究方法是要在没有随机安排被试情况下，直接使用原始群体，在较为自然的环境中来进行实验研究。由于无法达到完全的实验研究的要求，所以这种方法被称作准实验研究。

准实验研究的特点在于，第一，可以降低实验的难度，便于实验的实施；第二，这种方式研究者较少去控制其中各种因素，使得实验结果更加真实；第三，这种方法并非完全的"人工环境"，跟现实结合得更加紧密；第四，这种方式由于缺乏真正实验过程中所要求的随机组合，所以其内部效度受到一定的影响。

7. 行动研究

行动研究是教育技术研究中非常重要的一种研究方法。研究者直接参与到某个群体中，以其中一个成员的角色参与该群体的所有活动，采用不断自我反省的方式来进行研究，以期找到解决问题的理论依据和方式方法等。

教育行动研究是在教育情境中，作为其中的成员，教师、学生、管理人员、教辅人员等共同参与活动，不断进行反省改变的一个研究的过程。

这种研究方法与实践结合得非常紧密，在解决实际问题方面成效显著。整个研究过程中，研究人员同时具备了研究者和实践者的双重角色。

行动研究的三个环节分别是：

（1）计划。在行动研究中，计划环节是要确定好所需要解决的问题、收集必要的数据、获得相关的反馈信息、确定解决问题的行动步骤等。

（2）行动。这是行动研究的关键环节。在这一环节中，教育技术研究人员与群体中的所有人，包括教师、管理人员、学生、家长等共同合作、研究探讨、落实行动计划。

（3）结果。在这一环节中，研究者总结整个行动研究的过程、分析所搜集到的各种数据、对这些结果进行解释、得出相应的结论并撰写行动研究报告。

教师开展教育技术行动研究一般可以采用以下几个步骤：

（1）确定行动研究课题。与其他的研究方法一样，并不是所有的选题都适合于教育技术行动研究的。所以确定选题的过程就是要了解一下自己所要研究的课题是否适合于采用这种行动研究的方法来进行研究。在教育技术理论和实践过程中，适合于开展行动研究的课题主要是实践性比较强的课题。比如要在教学过程中推广和应用移动学习技术，教师们面对手中的移动电话，并不知道如何将其整合到自己的课程教学中去。这时候采用教育技术行动研究就是一种非常好的选择。研究人员可以以教师的身份参与到整个教学实践中，与一线教师一起行动、不断反思，最终总结出移动学习在教学中的应用方法和模式。

（2）提出总体方案。一旦确定了适合于行动研究的课题以后，就可以制定一个完善的行动计划。这个行动计划包括了实验对象、周期、实验条件、实验环境、实验人员的组成结构等。

（3）行动。这一过程中，研究人员和教师一起共同设计整个教育技术教学应用方案，然后一起行动，将教学应用方案落实到教学实践中去。

（4）收集行动数据。在行动的过程中，可以采用多种途径来收集数据。收集到的数据可以是课堂录像资料、学生测验的成绩、学生的问卷调查、访谈记录等。

（5）分析数据获得行动结果。利用各种技术对所搜集到的数据进行处理分析，了解这一阶段行动的效果。

（6）进行反思评价。获得了行动结果以后，就可以进行反思评价。这一反思评价可以是研究者个人的反思，也可以是研究者和教师、研究者和学生、研究者和学校行政领导以及教辅人员共同进行的讨论反思。反思评价结束之后将获得这一阶段行动研究成果的总结，为下一步行动提供依据。

（7）返回步骤（3）。如果有必要，将重新回到步骤（3），进行下一阶段的行动。这包括重新设计教育技术教学应用方案、收集和处理行动数据、反思评价。这一过程反复进行，直到行动研究的周期结束。最终获得行动研究结论，结束整个研究过程。

案例分析 8－1

一个教学模式改革行动研究实例

资料来源：刘儒德．用"基于问题学习"模式改革本科生教学的一项行动研究[J]．高等师范教育研究．2002,14(3):49～54

这项行动研究采用的是应用基于问题的学习方式来改革本科生教学。

一、传统教学的问题以及新的教学模式

1. 传统的教学过程以教师的讲演为主，使得学生养成了一种上课记笔记、考前背笔记、考试回忆笔记的学习习惯。

2. 基于问题学习模式的引入。在基于问题的学习模式中，学生以小组为单位来解决实际问题。学生通过查找资源并相互交流来支持自己的问题解决。在讨论的过程中，学生发现新知识。讨论结束以后，学生进行自我反思和评价。

二、行动计划

1. 参与者的选择：选择了北京师范大学心理系三、四年级的本科生。

2. 人员组织：学生被分成了 10 个小组，每个小组 5～6 个人。

3. 设置开放性问题，要求各组向全班报告成果并上交作品，同时给出评分标准，来评判学生的作品。

4. 行动研究的时间安排：所有任务限制在五周之内，一共 16 个课时来完成。

三、行动的实施

1. 设置问题。在这一过程中，教师首先向全班介绍基于问题的学习模式，然后提出网络课程设计的问题，最后向各组分配专题。

2. 研究问题。让学生分组讨论问题与行动方案，教师可适当参与各组的讨论。

3. 重新研究问题。各组检查问题解决的情况，重新研究问题。在问题得到全面解决的情况下，重新制定新的行动计划，并分配任务。

4. 成果展示报告安排在最后的 8 个学时中进行。评委们可以当场给学生的成果以及报告进行评分。

5. 进行反思总结。教师和学生讨论报告会中出现的问题，并整理有关的专题知识。

四、反思总结

学期末，教师对学生的个人反思报告进行三轮分析、编码和概括，获得在教学改革尝试中存在的问题。

反思：

1. 行动研究对于促进教学改革有哪些作用？

2. 结合自己的教学实际，尝试设计一个用行动研究法来进行研究的项目。

第三节　数据和资料的收集与处理

一、数据和资料的收集方法

在教育技术学研究中，可以使用多种方法来收集数据和资料。所搜集的数据和资料类型也非常丰富。常用的数据和资料收集方法包括以下几种：

（一）问卷调查

问卷调查是一种非常重要的教育技术资料收集的方法。这种方法实施起来简单易行。特别是在多媒体计算机网络技术迅速发展的今天，网络调查用得越来越普遍，给问卷调查的数据处理带来了很大的方便。

问卷调查有两种形式，一种是结构化问卷调查，另一种是非结构化问卷调查。结构化问卷调查有严格的问题设置以及问题作答的限制。被调查者只能够就问题的几种可能答案做出符合自己意愿的选择。在问卷的问题回答过程中，被调查者只需要进行简单的选择，很多人也比较乐意接受这种方式的调查。这种结构化问卷调查因为数据的收集、量化和处理比较直接，所以这种方式目前使用得比较普遍。但是结构化问卷调查的效果与问卷的设计有很大的关联性。如果问卷设计得不好，则收集到的数据无法反映对象的真实意愿，调查的信度和效度就比较低。

非结构化问卷则提供题目让被调查者根据自己的意愿自由地作答。这种方式的优点是可以帮助研究者发现一些新的问题。但是应用的时候也有一定的局限性,比如面对文字表达能力比较弱的调查者,这种方式使用起来的效果就比较差了。

目前比较普遍采用的问卷调查形式通常是将这两种类型的问卷结合在一起使用。问卷的开头和主体部分采用结构化问卷调查的形式,而结尾部分则采用非结构化的问卷调查形式。

一个完整的问卷调查通常由三个部分组成,分别是前言、个人特征、问题。其中问题是整个问卷的主体部分。问题又分成了事实性的问题和态度性的问题两大类。

（二）访谈

访谈的方式在教育技术学研究过程中使用得也比较普遍。通过访谈的方式来收集数据,可以获得接受访谈者的内心思想变化的数据和各种情感体会等。这种访谈的方式获得的资料通常是以录音、录像或文字记录的方式呈现出来。

以访谈的方式来收集数据可以采用以下几种方法,分别是:

（1）深度访谈。深度访谈指的是无结构、直接对个人进行的访谈。但是这种方式并不是无计划、无目的进行的。研究者要进行一次深度访谈,需要做非常多的工作。包括确定访谈对象、访谈的主题等。通过对个人的深度访谈可以了解教师或学生等对于教育技术的需求,以及探讨教育技术应用的过程中出现的各种问题等。访谈结束以后可以对所收集到的资料作进一步的分析处理,得出相应的结论。

深度访谈主要适合于了解复杂、抽象的问题。比如如何用教育技术促进教师的专业发展,研究者可以通过对特定的教师进行访谈,了解教师对教师专业发展的看法,探讨教育技术在促进教师专业发展方面的作用等。

与其他的访谈方式相比,深度访谈的方式具有以下几个方面特点:

①这种深度访谈要处理好研究者和接受访谈者之间的矛盾。在访谈之前研究者做好了充分的准备,知道要问什么问题,又期望接受访谈者回答什么问题。但是接受访谈者又有他们自己回答问题的意愿,并不是所有的问题都能够获得有效的解答的。

②由于是一对一的访谈,所以这种访谈方式的互动性非常强。研究者和接受访谈者之间的交流过程是建立在充分沟通的基础上的。通常研究者提出了一个问题,接受访谈者会按照自己的想法给予回答,而研究者又要根据这个回答来提出新的问题等。

③研究者在访谈的过程中,可以使用多种技巧来促进访谈朝着预期的目标发展。在开始的时候,研究者和接受访谈者之间的交流处于一个表面的层次,接受访谈者处于比较被动的状态。这时候研究者可以通过接受访谈者回答问题的情况,有针对性地进行询问。这可以使整个访谈的过程深入进行下去。

深度访谈的过程分成了以下六个阶段:

阶段一,到达访谈地点。研究者与接受访谈者通过预约的方式,约定好访谈的地点,这些地点通常是接受访谈者的家里、专门的场所等。

阶段二,介绍研究项目。在进行正式访谈之前,研究者可以向接受访谈者简要地介绍一下整个项目的情况,这样可以增加相互之间的信任感。

阶段三,开始访谈。进入状态以后,就可以进行正式访谈了。访谈开始的时候,问题基本上都还处于表面的状态,所以研究者要想办法促进访谈深入进行下去。这一过程大约持续几分钟左右。

阶段四,访谈深入进行。在成功进行问题的深入讨论以后,研究者和接受访谈者就可以自由地就感兴趣的问题进行探讨。研究者可以使用各种访谈的技巧来促进整个访谈过程围绕主题进行下去。这一过程是整个访谈的主体部分,大约持续1到2个小时的时间。

阶段五,结束访谈。大约离访谈结束还有5到10分钟左右,可以让访谈逐渐结束。可以通过提醒接受访谈者,这是最后一个问题,让接受访谈者有结束访谈的准备等。

阶段六,访谈资料处理。访谈结束以后,研究者就要整理、分析访谈资料,分析整个访谈过程中问答问题的情况,得出相应的结论。

在深度访谈的过程中,为了能够促使整个访谈的过程有效地进行下去,可以注意各种访谈技巧的应用。比如在提问题的形式上可以注意以下几点要求:

①采用开放性的或封闭性的问题。利用开放性的问题可以让接受访谈者更加自由地表达自己的看法。而封闭性的问题则可以避免访谈过程脱离主题。

②避免诱导性问题的出现。由于采用深度访谈法的目的是要获得接受访谈者的看法,如果研究者设计了诱导性的问题,就会使接受访谈者按照研究者的意愿来回答问题,这样就会影响到深度访谈收集到的资料的客观性。

③所提问题一定要清晰。在深度访谈的过程中,研究者所提的问题一定是清晰、容易理解的。这样接受访谈者才能明确研究者想要知道什么,回答才更有针对性。

(2)团体焦点访谈。团体焦点访谈法通常通过对若干个人就某些焦点问题进行深入的访谈,了解大家对这些问题的认识和看法。整个焦点访谈的过程中,主持人的角色是要引导和促进整个团体在讨论的过程中,有效地相互促进,使得整个讨论过程都能够围绕着主体来展开。这种焦点访谈的方法有助于探索一些未知的问题。在团体讨论的过程中,思想观念不断相互碰撞,引起人们的思考,从而获得对事物的深入理解。另外这种焦点访谈法也可以作为一些大型社会调查的补充,通过调查发现了问题以后,再通过访谈的方式进行有效的补充。

(3)行为事件访谈。行为事件访谈法是一种对已经过去的行为事件进行回顾的访谈方法。这属于结构化的访谈方法。通过这种方法能够使研究者对过去已经发生过的事情进行总结,并对未来可能发生的事情进行预测。

(4)专家访谈。这种方法通过邀请专家进行访谈,了解专家学者对相关问题的看法。由于专家学者在教育技术某一领域研究得比较深入,所以他们的看法更能反映出问题的本质。通过这种专家访谈,可以促进研究者获得更多的观点来支持自己的研究。

(三)档案和文献

各种档案资料也是教育技术科研数据资料收集的重要来源。档案资料主要在一些档案馆、博物馆等地收藏。目前随着网络技术的发展,一些档案馆已经开始将各种档案资料进行数字化处理,这样就可以直接通过互联网来获得这些档案资料。

各种科研档案提供的数据和资料在教育技术科研中的作用包括促进科研工作交流的需求、申报各种科研课题的基本依据、具备凭证作用等。

而专业文献检索则可以帮助教师获得更加权威的数据,支持自己的研究。目前网络上有多种专业文献数据库和数字图书馆。通过这些数字化的文献资料,结合传统的图书馆、期刊文献,教师可以有效地提高自己研究工作的起点,在大量吸收其他研究人员研究成果的基础上,不断进行创新,始终站在学科发展的最前沿。

(四)观察

通过系统的观察也可以获得重要的教育技术科研的数据。观察也是教育技术观察法和实地考察法获取数据的主要手段。观察的类型包括:直接观察和间接观察、参与性观察与非参与性观察、结构观察和非结构观察、全面观察和抽样观察、定期观察和追踪观察等多种类型。

（五）测验

通过系统的测验方式，可以了解学生知识成长的情况。测验方式包括诊断性测验、形成性测验和总结测验三种类型。在教育技术科研的过程中，测验也是判断学生学习情况的基本依据。在教育技术实验研究的过程中，控制组和对照组之间的对比，以判断新的方法能否有效地提高教学的质量和效率，很多时候都会采用这种测验的方式来收集数据。另外各种心理测量量表也是常用的获得教育技术科研数据的方法。

（六）个人建构

教师的个人知识建构也是数据和资料获得的一条途径。通过各种方法收集到的数据和资料都比较分散、不够系统，从中很难发现问题所在。而教师依据自己所积累的经验，对这些数据进行分析、建构，可以透视这些数据和资料背后所隐藏的问题。

（七）多维度测量

即从不同的侧面和立足点来进行测量，可以获得所研究对象更加全面的数据和资料。这种方式对于教育技术学研究以及其他的社会科学研究有着重要的意义。

（八）角色扮演

教师和学生在教育技术实践过程中，扮演不同的角色，可以获得不同的经验和体会。这也为教育技术科研提供了非常好的数据和资料。与其他的资料收集方式不同，角色扮演是让研究者或研究对象直接参与进来，并从不同的角度和立场来看待问题，这样更加有助于相互之间的交流与合作，研究者对所获得数据和资料的理解也会更加深刻。

二、样本的选择

在进行教育技术学研究的时候，其中一项重要工作就是样本的选择。虽然一些研究方法，如观察法等，并不需要进行抽样，但是在更多的研究方法中，抽取合适的样本是一个重要的过程。即使对于那些不需要严格抽样的研究方法，样本的选择方法还是有启发性的。样本的选择涉及下面几个方面因素：

1. 样本的大小

在进行抽样的时候，首先面临的问题就是样本大小的问题。样本大小指的就是样本数量的多少，也被叫做样本容量。样本的数量不能太小，太小的样本没有统计意义。而太大的样本则给样本的获取以及样本的统计分析带来了困难。所以在教育技术学研究过程中，所选择的样本数量应该适中。

2. 样本的误差

在对样本进行分析的时候，可以发现所获得的样本统计结果跟总体平均的结果有差异。这种差异反映出的就是样本的误差。样本的误差与样本的选择方法是有关系的。如果在样本选择的过程中，由于条件的限制，只能够对部分对象进行抽样，比如在所有上网学生中，只有那些经常在实验室中上网的学生才被抽样到，那么用这样的样本来统计分析所有学生上网情况的数据时，就会存在很大的样本误差。因此在进行抽样的时候为了显著降低这种样本的误差，一种最有效的方法就是在保证样本足够大的前提下，对全部样本随机进行抽样。

3. 样本的代表性

样本的代表性表示的是这种样本是否能够代表总体的情况。如果一组样本只是在总体对象中的某一部分中来进行选择,则这种样本的代表性就值得怀疑。样本的代表性通常是和样本的误差联系在一起的。如果采用完全随机的方式来进行样本的选择,则这种样本的代表性就比较强。另一方面样本的代表性还反映样本的大小,即所选择的样本是否具备广泛性,如果所抽取的样本具有广泛性的要求,则其代表性也会比较强。

4. 样本的获得方法

在样本的选择过程中,样本的获得方法也是值得考虑的因素。常用的样本获得方法可分为随机抽样和非随机抽样两类方法。

(1)随机抽样法

这种随机抽样的方法采用随机产生的数字来对样本进行选择。在实际应用的时候,又可以分为以下几个类别:

第一种是简单随机抽样。简单的随机抽样方法是最容易使用的一种抽样方法,只要在全体对象中,按照随机数的分配进行抽样即可达到抽样的目的。

第二种是等距抽样。这种方法又被叫做系统抽样。顾名思义,这种抽样方法是根据一定的间距,在每一个数据段中,随机抽取一定数量的样本。这种方法的好处在于随机数产生的数量较少,比较适合于手工的方法来进行抽样。

第三种是分层抽样。这种方式按照样本分布的不同层次或不同类别来进行抽样。采用这种方式使得每一类别都可以获得足够多的样本,比较适合那些具备不同年龄特征、知识教育水平等清晰层次或类别的对象的抽样。

第四种是整群抽样。这种方式不是对某一个单位的对象进行抽样,而是对所有单位群体进行抽样。比如在进行上网情况调查的时候,不仅仅选择学生,也包括学生家长,不光包括学校,还包括街道居民、公务员、商业从业人员等。

第四种是多级抽样。这种方式针对样本数量比较大的情况来进行,先进行范围较大的抽样,比如多个城市的抽样,这叫做一级抽样。然后在数据处理结束以后,根据结果进行下一级的抽样,比如对区、县、市的抽样,这样完成二级抽样。如果有必要还可进行三级甚至更多级别的抽样。

(2)非随机抽样法

与随机抽样法不同,非随机抽样法不采用随机的方式来进行抽样。这种抽样的方式比较简单,但是样本的代表性往往会受到影响。常用的非随机抽样法包括随意抽样、判断抽样和定额抽样三种。

随意抽样的方法就是按照实际方便性的要求,对样本进行抽样。这种方法的好处就在于样本抽样的效率高。但是随意性比较强,有时候抽取的样本代表性可能就会比较差。

判断抽样。按照研究人员的主观判断来进行抽样。这种方法比随意抽样的效果要好,目的性强。但是由于采用的是主观的方法,所以样本的代表性跟研究人员的经验和知识水平有关系。

定额抽样的方法是要按照不同的类别在总体对象中所占的比例的不同来进行抽样。它与分层抽样方法的区别在于,定额抽样是按照主观的方法来进行类别的划分的。如果遇到比较小的类别,所获得样本数量可能就很少,代表性就差了。而分层抽样方法则没有这样的问题。

三、信度和效度分析

（一）信度和效度的概念

信度反映的是测量的可信程度,是指对某个现象进行多次测量,得到的结果之间的差异。差异越小，则意味着信度越大。而效度指的是测量的有效性，指的是测量的结果能否正确反映现象的真实属性。

信度和效度是两个相互对立统一的概念。一个研究的结果可以做到信度高、效度也高。但是对于另一些研究结果进行分析，可以发现，如果要提高测量的信度，则可能就要牺牲其中的效度；而伴随着效度的提高，则可能测量信度就要降低。

比如在教育技术应用研究过程中，对于一个单机游戏对学生数学能力影响的调查，如果将测量放在对计算机感兴趣的学生群体中，这样测量出来的数据差异就会比较小。因为研究对象涉及的范围比较小，所以效度就受到了影响。而如果将测量放在所有的学生群体中，既包括对计算机知识、数学知识感兴趣的学生，也包括对这些学科不感兴趣的学生，则测量的结果差异就比较大。这会影响到测量信度。但是由于覆盖面比较大，因此测量的效度就比较高。

因此在教育技术学研究过程中，信度和效度的要求是按照实际研究的情况来进行确定的。

（二）不同数据的信度和效度的分析

与自然科学的研究方法不同，在教育技术学研究方法中，广泛采用了定性分析的方法，这就涉及定性资料的信度和效度的问题。定性分析中的信度主要反映了研究者的立场、研究对象的可选择性、社会环境和条件、所采用的理论模型、数据收集和分析的方法。定性分析研究的信度还跟研究者记录数据的过程能否确保资料处于原始状态有关。

定性分析中的效度则比较复杂，包括内容效度、准则效度、结构效度、表面效度、内部效度、外部效度、同时效度、预测效度、结果效度、系统效度、生态效度、文化效度、描述效度、解释效度、理论效度、评价效度等。

这里分别对其中几种所搜集到的资料的信度和效度进行简单的分析。

1. 访谈中的信度和效度

教育技术访谈是一种常用数据收集的方法，通过访谈可以了解新技术应用的效果如何等。但是访谈过程是一个主观意识非常强的过程，访谈双方都会在访谈过程中加入很多主观的因素。因此如何确保访谈的信度和效度，是确保访谈所收集到数据质量的基本要求。

访谈的信度反映了访谈结果的稳定性。要了解和确保访谈的信度可以通过以下几种方法来进行[35]：

（1）在访谈前，应该做好充分的准备，明确访谈的目的，做好访谈的计划。这样在访谈的过程中，就可以避免随意性的问题。按照相同的计划，即使对多个对象进行访谈，如果没有其他因素的干扰，也应该可以获得基本一致的结果。

（2）直接比较多次访谈数据是了解访谈信度的有效的方法。如果多次访谈的结果相一致，则说明访谈所获得的资料具有比较好的稳定性，当然信度就比较高。

（3）由于访谈的形式多种多样，所以在对多个对象进行访谈的时候，可能采用不同的访谈方法。一些对象可能采用面对面的访谈；另一些对象则可能采用电话访谈。如果能够注意到这些不同的访谈形式各自的特点，有效地解决不同访谈形式带来的访谈结果方面的差异，则也可以有效地提高访谈的信度。

（4）注意不同问题在访谈中的作用。虽然访谈的过程是一个开放自主的过程，但是访谈也不同于一般的交谈。访谈有明确的目的和计划，所以如何将整个访谈限制在与主题有关的话题上面是访谈者关心的问题。在访谈的过程中，如果能使用好封闭问题，及时将偏离主题的话题中止下来，将能够有效地提高访谈的效率，从而提高访谈的信度。

（5）由于一个人对一些主观问题的理解会有很大的不同，为了能够使接受访谈者更加准确地表达出自己的想法，在访谈双方的交流过程中，提供更多的冗余问题是提高访谈信度的好办法。比如对于相同的问题，访谈者可以采用不同的方式向接受访谈者进行提问。这将有助于接受访谈者从不同的角度来进行回答，更好地反映出接受访谈者的真实想法。

（6）如果访谈涉及多个对象，这时候注意对不同的访谈对象应该采用相同的方式来提出问题。这是让接受访谈者以相同的方式来回答问题的保证。在这种条件下获得的访谈结果才具备可比较性，当然对于提高访谈的信度是有很大的帮助的。

（7）很多的访谈信度不高，其主要原因在于访谈者的访谈技巧掌握得不够，在访谈的过程中，没有能够很好地把握住提问的技巧，无法让接受访谈者完全放开就相关问题作答，这也会影响到访谈的信度。所以对研究者进行专门的培训是一种提高访谈信度的好方法。

而访谈的效度则涉及访谈结果与真实结果之间的差异。确保访谈的效度，可以通过多种途径和方法来达到，这些方法包括：

（1）访谈过程中，应尽量减少个人偏见。通常一些研究者带有比较强烈的偏见色彩，这样的访谈效度就比较差了。导致偏见产生的原因包括研究者的态度、观点和期望、研究者预先产生的接受访谈者的印象、研究者希望接受访谈者说出支持自己观点的倾向、对接受访谈者的说法有误解、接受访谈者对所问问题的误解等。

（2）注意保护接受访谈者的隐私。访谈效度的提高还有赖于接受访谈者的隐私的保护。访谈过程是对一个人的内心世界深入进行探索的过程。如果一个人的隐私无法得到充分的保护，自然就不可能将其真实的想法表达出来。这将严重影响到访谈的效度。

（3）注意不同文化背景、社会阶层、年龄以及性别差异等特点对访谈的效度的影响。尽管面对的是相同的问题，但是由于接受访谈者所处的文化背景不同，可能给出的回答就完全不同，这样的访谈效度就差了。解决办法就是在进行访谈的时候，将文化背景这样的因素考虑进来，重新设计问题作深入访谈。

（4）解决好研究者和接受访谈者的个人看法问题。不管是研究者还是接受访谈者都倾向于按照自己对事物的理解方式来解答问题，这也是会影响到访谈效度的一个重要因素。

（5）注意访谈双方的相互影响。虽然在访谈之前研究者作好了充分的准备和计划，但如果研究者本身属于场依赖性很强的人，则在这种强烈的互动过程中，会不自觉地受到接受访谈者的影响，使得整个访谈过程脱离了原先的计划。这种访谈获得的数据就无法反映课题所要研究的规律，自然效度就受到影响。

（6）了解访谈双方所处的环境。不同的访谈环境对于访谈结果也会有影响。

（7）应该始终意识到，整个访谈不可能完全保持中立，双方总是会带有这样或那样的主观色彩，确保访谈效度就是要尽可能地消除这一因素的影响。

2. 实验的信度和效度

实验的信度反映的是结果重复的稳定程度。在教育技术实验过程中，可以通过以下几个方面的措施来提高实验的信度：

（1）多次重复实验。由于实验环境是一个受控的环境，所涉及的因素比较少，因此便于实验的多次重复进行。通过对多次重复的实验结果进行比较，可以了解实验的信度是否达到了要求。

（2）对无关因素进行有效控制。在实验过程中，经常会出现各种无关的因素，这些因素通常比较难以控制。如果环境发生了变化，这些无关因素也可能会变化，这就会影响到实验结果的信度。这些无关或干扰因素，有一些是系统的干扰因素，可以通过重新设计系统或数据处理来进行纠正。另一些是随机的干扰因素,则可以通过各种方法来减少之,或者用统计的方法来进行纠正。

(3)扩大样本大小。如果能够尽可能地扩大样本的大小,使得所收集到的数据更加符合统计分布,则对这些样本就可以更加有效地使用统计工具来进行处理,从而提高实验的信度。

(4)使用先进的测量仪器。在实验的过程中,尽可能多地使用先进的测量仪器,这可以使测量的结果更加准确,显著降低数据的误差。在教育技术实验研究过程中,这些先进的测量仪器包括摄像机、学习反应应答系统、计算机控制的各种测量仪器设备等。这些仪器的特点就在于能够自动地进行实验数据的记录,人工干预比较少,从而有效地提高实验的信度。

(5)使实验过程标准化。尽量采用标准化的实验过程,严格按照实验操作手册来进行实验,这是确保实验更加科学有效地进行的必要保证。而采用标准化的实验程序,则可以显著地提高实验的可重复性,从而提高实验的信度。

(6)实验人员的培训。实验过程也是一个非常专业化的过程,因此实验人员的培训工作应该在实验开始前进行。这样实验人员就能够按照规范的方式来进行实验,从而确保实验的信度获得提高。

(7)仪器的校正。在实验之前对所使用的实验仪器进行校正,也是提高实验信度的必要措施。在教育技术实验研究的过程中,摄像机的白平衡控制、学习反应应答系统的通信线路是否畅通无阻等都是在实验前要仔细去进行校正和检查的。

实验的效度反映的是实验结果与真实结果的一致性程度。实验的效度主要由内在效度和外在效度两个部分组成。

要提高实验的内在效度可以从以下几个方面着手:

(1)注意控制实验的时间长短。实验时间长短适当,既保证实验过程有足够的时间去收集数据,也避免因实验时间过长而引起更多的干扰因素进入实验系统。

(2)在教育技术实验过程中,注意对象的成长问题。教育技术实验研究与自然科学的研究不太相同,自然科学研究对象是没有成长问题的。而教育技术的实验对象在实验的过程中会不断成长,这就意味着实验内部的因素发生了变化。如果不充分考虑到这样的变化,就会使整个实验偏离原先设计的条件,影响到实验的效度。

(3)注意避免影响到被测试对象。由于教育技术实验对象是人,所以研究人员和实验对象之间存在一个相互影响的问题。研究人员与实验对象必须尽量避免这种相互的影响,避免让学生知道自己是实验对象,从而产生心理上的负担。

(4)促进实验对象积极合作。在整个实验过程中,实验对象的积极合作也是非常重要的,只有实验对象能够积极同研究者合作,才能获得足够充分的数据来提高实验研究的效度。

(5)尽可能做到客观。在实验的过程中,尽可能避免研究者个人主观情绪的影响。这也是提高实验效度的基本保证。

影响实验外部效度的因素则包括观察者、实验对象和仪器三个方面,要提高实验的外部效度,可以采用多种方法来达到目的。这些方法包括:

(1)实验环境越自然越好。但是这是与实验因素的控制相互矛盾,所以在实验的过程中,应尽可能做到二者的对立统一。

(2)选择最具代表性的实验对象。实验对象的选择也是一个抽样的过程,所以实验对象代表性越强,则越能够反映具有普遍性的规律。

（3）按照实际的实验条件选择最为有效的测量工具，这样实验数据的测量效度可以得到充分的保证。

3. 问卷调查的信度和效度

问卷调查的信度体现出的是测量的稳定性。而问卷调查的效度则指的是调查出来的结果与真实结果的一致性。

问卷调查的信度可以从以下几个方面来保证。这几个方面分别是：

（1）重复测量。多次重复问卷调查，对重复的问卷数据进行比较，了解被调查对象回答问题的稳定性。如果多次重复的测量结果显示，接受调查者基本上按照相同的方式来回答问题，则这样的问卷调查结果的信度就高。

（2）复本测量。这种测量方式中，设计一个与调查问卷高度相似的问卷，该问卷叫做复本问卷。用它来调查同一个对象，调查结束以后，比较调查问卷和复本问卷的结果，可以了解该测量问卷的信度。

（3）折半测量。这种方式类似于复本测量，只不过不是设计一个复本问卷，而是将一个问卷分成两半，其中每一半都可以作为另一半的复本问卷。这种方式比复本测量要简单一些。不过拆分的方法很多，不同的拆分方法会影响到信度系数的计算。这种方式的信度系数计算可以采用斯皮尔曼—布朗的信度系数计算公式。

（4）α 信度测量。α 信度可用来测量问卷中各题之间的一致性。这种方式目前使用得很广泛，准确性也比较高。这种信度系数也叫做 Cronbach α 信度系数。这种信度计算公式通过综合考虑问卷问题总数、每道题得分的方差、所有题得分的方差来获得信度系数。通过对该信度公式进行分析，可以发现在问卷问题数量比较少的情况下，通过提高问卷问题的数量可以提高问卷调查的信度。而减少每一道题的方差则可以更显著提高问卷调查的信度。

（5）控制不同的反应方式。在进行问卷设计的时候，注意接受调查者的不同的反应情况，也有助于提高问卷调查的信度。比如一些接受调查者习惯于给别人打高分，另一些接受调查者则喜欢给别人打比较低的分数。如何处理这种不同的反应方式，则需要研究者有足够的智慧来进行应对。

（6）问题所处位置的安排。在设计问卷的时候，不同问题的排列顺序也很重要。在发放一个问卷开始的时候，被调查者还没有进入状态，这时候可能需要一些引入性的问题。而在回答了很多的问题以后，一些接受调查者可能会觉得困倦了，这时候安排一些非结构化的问题可能就会比较好一些。

（7）注意被调查对象的文化背景。不同的文化背景会严重影响到被调查者对某些问题的看法。因此调查者如果清楚了解问卷将要发放的对象，有针对性地设计相应的问题以适应这种不同文化背景下的被调查者，则也有助于提高问卷调查的信度。

要提高问卷调查的效度，可以从以下几个方面着手：

问卷调查的效度可以从表面效度、内容效度、准则效度、结构效度等四种效度来进行分析。表面效度方面的要求就是要确保问卷书面表达的结果就是真正要测量的结果。而内容效度则要求问卷所包含的内容应该全面。准则效度意味着问卷调查的测量结果应该同一些标准测量之间的结果相一致，因为这些标准测量的结果是已经经过了实践检验，信度是比较高的。结构效度则要求测量的结果是否包含理论上所期望的特征。进行结构效度的分析，目前比较普遍采用的是因子分析法，这是主成分分析方法的一种。

在问卷调查的过程中，还可以在调查方式上来确保效度，这些要求包括：

（1）数据收集的方式应该与设想相一致。也就是按照计划去收集各种数据。

(2)调查的对象应该全面。调查对象的全面性是保证调查结果具有普遍性的基本要求。

(3)尽量不采用所谓的标准问卷格式。在设计问卷的时候,尽量不要采用那些所谓的标准的问卷格式。这些标准的问卷格式可以获得很高的信度,但是因为经常被使用,所以接受调查者很容易按照一些固定的套路来回答问题,从而影响到了问卷调查的效度。

(4)保护被调查者的隐私。在进行问卷调查的时候应确保被调查者的隐私不会被公开,这是让接受调查者按照真实情况回答问题的基本保证。

(5)采用先进的技术。在进行问卷调查的时候,广泛使用网络技术、各种统计软件等来进行调查,则会提高调查的效率,满足接受调查者充分参与的要求,从而提高问卷调查的效度。

4. 观察的信度和效度

观察的信度指的是所观察到对象行为的稳定性。而观察的效度则指的是观察到的结果与真实结果的一致性。

在信度的分析方面,这种稳定性反映的不仅仅是单个观察者的多次观察,也包括多个不同的观察者观察的结果。

可以用一个简单的公式来计算观察的信度:

观察的信度系数＝两个观察者观察一致的次数/所有观察的次数

如果计算出来的观察信度系数越大,说明该观察数据的信度越高。上述公式的计算涉及到多个观察者。如果条件不具备,也可以采用一个观察者进行多次相同的观察,然后通过相关系数来计算观察者信度。

结合其他的因素来分析,要提高教育技术观察的信度,可以从以下几个方面着手:

(1)对要进行观察的对象进行明确的定义。这些定义应该是可操作的。这样所有的观察者都可以按照相同的定义来对对象进行观察,便于观察者之间充分地进行数据的交流。

(2)采用相同的方法对相同的观察进行记录。这也是提高观察信度的一个重要方法。采用相同的方法来进行观察,使得观察的结果具备可重复性。

(3)专注于自己所观察的对象。由于在整个观察过程中,涉及到的对象非常丰富,经常会出现很多干扰的因素,如果观察者不能很好地专注于自己的观察对象,就很容易分散注意力,收集大量没有用处的数据。当然这也将会严重地影响到观察的信度。

(4)集中注意力于细节。观察的过程应该是一个全面观察的过程,所以观察的时候不光要注意所有的因素,还要对各因素所涉及到的细节给予更多的关注。这样才可能收集到更为完整的观察数据和资料,提高观察结果的信度。

(5)一定要细心观察。细心观察是获取有效数据的保证。很多的规律并不会很明显地显示出来,往往是深藏在事物的内部。但是这些事物的规律总是会以一定的形式表现出来的,只要观察者细心观察就可以发现这些规律。

(6)认真学习观察的技巧,不断积累观察的经验。教育技术观察需要一定的技巧,这些技巧可以是别人总结出来的,也可以是自己不断观察的过程中所获得的经验。所以整个观察的过程也是一个经验不断积累的过程。而观察经验的不断丰富,将有助于提高观察的信度。

(7)尽可能地秘密观察,避免研究项目影响到被观察对象的行为,尽可能地使被观察者习惯于研究者的存在。这种方式可以使观察到的数据更加客观,避免了观察者因素的干扰。这也有助于提高观察的信度。

(8)及时做观察的记录。为了提高观察的信度,及时做好观察的记录是很重要的。由于观察到的现象转瞬即逝,如果不及时做记录,过了一段时间以后,将很难准确地回忆整个事情发生发展的经过。这当然会影响到观察的信度。

(9)使用先进的技术和文字处理软件帮助分析处理原始的数据。在观察的过程中,先进技术和工具的使用也有助于提高观察信度。比如在观察的过程中,使用文字处理工具,配合网络技术,可以及时将观察的结果记录下来,并与其他的观察者进行远程的交流。而使用各种统计工具及时对观察的数据进行检验,则有助于及时了解所搜集到的数据的质量,提高观察的信度。

观察效度的提高,则要从确保搜集到的数据能够真实地反映事物本质的规律这一方面入手,确保各项观察指标的客观性。具体来说,确保观察的效度可以从以下几个方面进行:

(1)做好观察的计划。一个系统完善的计划有助于明确观察的对象,提高观察的效率,使得观察的结果更好地符合实际的规律。

(2)采用多个观察者来进行观察,并观察多个对象。这样可以从不同的角度,来观察不同的对象,相互进行比较可以获得更加真实的数据,提高观察的效度。

(3)观察要全面。既要观察具有特殊性的事件,也要观察具有普遍性的事件。这样可以发现普遍性的规律,也可以了解不同的条件下规律的表现形式。这也是有助于提高观察的效度的。

(4)确保观察的持续性。事物的发展变化总有一个过程,观察的时候一定要耐心,若一次观察难以获得有用的数据,则可以通过持续的观察来获得。通过持续的观察数据,能够更好地发现事物发展变化的规律。

(5)确定好观察的范围大小。这一点在提高观察的效度方面也很重要。因为确定好观察对象范围的大小,能够使观察的计划更加充分,使得观察的目的性更强。

(6)确定好观察的焦点。一个观察,无论是就某一点进行观察还是就普遍性的对象进行观察,都存在一个重点和非重点观察对象的问题。掌握好观察的重点,也就是观察的焦点所在,更有利于观察资料的搜集和整理,更有利于发现事物本质的规律。

(7)确保观察者不知道研究者的意图,这是一种双盲的观察方法。在进行观察研究的时候,如果观察者和研究者不是同一个人,则还可以通过这种所谓的"双盲"观察法来提高观察的效度。这种方法中,观察者不知道研究者的意图,只是按照观察计划来进行观察,这样可以确保观察的客观性,从而提高观察的效度。

5. 测验的信度和效度

测验的信度指的是测验结果的一致性程度。

对测验的信度进行分析通常以测验的分数变异理论作为基础。影响测验信度的因素包括系统的因素和非系统的因素。系统的因素跟编制测验题目的时候,与教学目标之间的差异、测验题型的选择等有关。而非系统因素则受到测验过程中各种随机误差的影响。

要提高测验的信度可以从多个方面来做工作:

(1)重测信度

以同样的内容在不同的时间内对同一对象进行测验。比较这两次测验的结果,可以了解测验的信度如何。如果测验信度比较高,计算机两次测验结果的相关性,可以发现相关性接近于1,则说明这两次测验的结果一致。如果信度不高,相关性接近于0,则说明这两次测验的结果出现较大的差异。

(2)复本信度

复本信度的方法是要制作两套覆盖相同知识点的测验试题提供同一对象进行测验。测验结束以后,比较这两次测验的结果来了解测验的信度高低如何。

(3)折半信度

利用同一套试题,将其分成两半,然后分别用这两半试卷的得分情况进行相关性分析,如果两半试卷的测验得分相关性很高,说明测验的信度比较高,否则说明信度比较低。与其他的方法相比,这种方法存在的问题在于如何将一个测验拆分成两半。

(4)评分者信度

评分者信度是影响测验信度的另一个很重要的因素。评分者信度的测量一般是让不同的评分者对同一份试题进行评分。如果评分结果一致,就说明评分者信度高,否则就比较低了。

测验的效度指的测验结果与学生真实水平之间的一致性。影响测验效度的因素包括:

(1)内容效度。内容效度反映的是测验的题目内容跟所要测量的知识的一致性。测验的内容效度是影响测验效度的最关键因素。

(2)结构效度。反映了测验是否包含了所要测量知识的相关因素。

(3)准则效度。反映了测验的结果与一些标准测量结果之间的一致性。

6. 内容分析的信度和效度

内容分析的信度是指多个研究者按照相同的标准对同一篇文章的内容进行评判后其结果的一致性。内容分析的效度则指的是内容分析的结果与文章真实内容的一致性。

在进行内容分析的时候,要提高信度可以从以下几个方面着手:

(1)采用多个评判者来进行内容分析,然后比较多个评判者的分析结果。如果相一致,则说明信度比较高,反之则说明信度比较低,可以考虑进一步的改进方法。

(2)反复重新进行评判。在只有一个人进行内容分析的时候,可以采用间隔一定的时间对所分析内容进行重新反复评判的方法来提高内容分析的信度。

(3)对内容分析结果进行量化,计算内容分析的信度系数,然后根据计算出来的信度系数,了解内容分析结果的信度高低,进而对评判的方法进行改进。

内容分析信度的计算公式:

$$P = \frac{nK}{1 + (n-1)K}$$

其中 n 为评判人数量,K 为平均相互同意度,指的是评判者之间相互同意的程度,其计算公式:

$$K = \frac{2M}{N1 + N2}$$

其中 M 为两者都完全同意类目数,N1 为第一评判者分析的类目数,N2 为第二评判者分析的类目数。

(4)由于内容分析法需要一定的技巧,所以在进行内容分析之前,应对所有的评判者进行培训,让他们掌握内容评判的一些基本的技巧。另外集中培训,也可以使评判者在评判的过程中使用相同的评判标准。

要提高内容分析的效度,则可以从如下几个方面进行:

(1)分析多种不同的文献资料,进行相互对比。这样可以使内容分析从多个不同的角度来进行,从而更加有效地理解文献的真实含义。

(2)与同行充分交流。在进行内容分析的时候,一个人的看法总是有一定的局限性的,因此与同行进行充分的交流是弥补个人分析能力不足的有效方法。在与同行进行充分交流的基础上,将对问题形成更加深入的看法,从而提高内容分析的效度。

(3)要使用原始资料。在进行内容分析的时候,要尽可能地使用原始资料。比如一些古籍资料,最好找到最原始的版本。而一些复印、引用的资料,也一定要找到原始资料进行核实。

(4)对文献引用资料仔细核对。在一些文献中,会引用其他人的观点。在进行内容分析的时候,除了对内容本身进行分析以外,对于其中引用的文献资料也要仔细进行核对。如果所引用的文献准确无误,并能够有效地佐证文章内容的观点,则这样的内容分析过程的效度也将得到有效的提高。

(5)综合不同评判者的观点。在进行内容分析的时候,通常会有多个评判者参与进来,不同的评判者在进行评判的时候总是会有所区别的。这是因为他们看待问题的角度不同。如果能够充分综合不同评判者的观点,将使得内容分析更加全面,能够更好地反映文章的真实意图,提高内容分析的效度。

(6)了解作者的其他的作品。对于作者的其他作品进行充分的了解,也有助于更好地把握作者的观点。从而更加准确地进行内容分析,提高内容分析的效度。

第四节 信息技术在教育技术学研究中的应用

一、信息技术在教育技术学研究中的作用

在开展教育技术科研的过程中,信息技术也扮演着一个非常重要的角色。信息技术在教育技术学研究中主要有以下几个方面的作用:

1. 满足信息检索的需求

在进行信息检索的时候,传统的方法是采用手工的方式进行检索。这种方式通常先在图书馆的书目库中,查阅自己想要的资料的书目。然后根据书目的提示,定位书籍所在的书架位置。然后在一大堆书中找到自己想要的书籍。而如果是要查阅杂志中的一篇文章,这时候一般首先进入期刊文献索引库,采用手工翻阅的方式来进行查阅,然后将所查阅到的文章对应的杂志等数据记录下来,再到期刊库中查阅相关的杂志,获得文章的全文。

这种手工检索的方式效率低下,需要花费不少的精力和体力,效果也不好。目前利用数字图书馆、数字期刊库等网络资源,在登录界面上输入关键词,就可以迅速查阅到自己所需的资料。以往需要花费几个小时才能完成的工作,现在只需要几秒钟就可以完成,效率大为提高。

除了学术论文、书籍的检索以外,在开展教育技术学研究的各种方法中,利用信息技术来检索各种观察、实验的数据,也为提高数据获取的效率提供了保证。

2. 进行统计分析

信息技术也能够完成统计分析的工作。目前在教育技术研究中使用得非常广泛的统计工具 SPSS,就属于这样的一类工具。使用这些统计工具,可以在很短时间内计算出数据的统计分析结果,计算出数据的误差、相关性等结果,供数据的信度和效度分析之用。

3. 进行数据的搜集

利用信息技术能够帮助研究人员更加有效地搜集相关的数据。比如在研究环境中安装摄像头,可以使观察者处于更加隐蔽的状态,将观察者对被研究对象的影响降到最低的水平。而在一些比较危险或者是那些需要长时间不间断地收集数据的环境中,通过信息技术

工具可以有效地解决直接采用人工的方式难以解决的问题。

4. 进行数据的记录和存储

信息工具具备了非常强大的记录和存储的功能。利用摄像机,可以记录动态的视频图像。而利用 MP3 等工具,则可以用来记录声音信号。利用计算机硬盘、半导体存储器、网络硬盘等多种存储设备,则可以将经过数字化转换以后的视音频信息存储起来,便于进行数据的分析和处理。

5. 提供实验条件和环境

随着计算机仿真技术的发展。利用计算机来模拟实验的条件和环境,在自然科学的研究过程中,已经获得广泛的应用。在教育技术学研究过程中,也可以通过这些计算机模拟技术,来完成教育技术学的研究工作。比如提供学生模拟的环境来开展实验活动,了解学生在这种环境中的学习效果,通过各种 CAD 软件来进行相关课题的研究等。

6. 提供通信功能

计算机网络具备强大的通信功能,因此信息技术能够提供教育技术学研究中的各种信息通信交流的需求。在一些医学的教育技术实验研究中,采用摄像机将手术室的手术过程记录下来,通过网络传递到课室,便于开展现场教学的工作。而利用各种即时通信工具,教师、研究者之间可以长时间保持联络,并可以实时传送各种文件。这种方式是普通的电话等工具所不能够替代的。

二、信息技术在教育技术学研究中的应用方法

1. 利用 SPSS 软件进行数据的统计与分析

SPSS 的中文含义指的是"社会科学统计软件包",它是 SPSS 公司开发的统计软件。该统计软件可以满足社会科学、教育科学研究中所收集到的数据统计处理的需求。

SPSS 软件与各种电子表格程序结合得比较紧密,可以直接从 EXCEL 中读取数据,所以教育技术研究人员可以直接将所搜集到的数据输入到常用的 EXCEL 中,然后再利用 SPSS 软件对所搜集到的数据进行统计处理。

SPSS 统计软件能够实现的统计功能包括:描述性统计、平均值比较、相关性分析、回归分析等。

2. 利用网络进行问卷调查

传统的问卷调查方式是聘用专门的人士来向特定的对象发放问卷,进行调查。这种方式效率比较低。要对所获得的数据进行处理,有很多的工作需要通过手工的方式来完成。随着网络技术的发展,在网络上进行问卷调查成为问卷调查研究的新的方式。

同传统的问卷调查相比,网络问卷调查的优点在于:

(1)问卷调查的效率高。通过网络问卷调查的方式,只要访问者打开访问页面,通过鼠标的点击就可以迅速完成问题的回答。而接受调查者的回答,则会马上被记录到数据库中。在调查结束以后,研究者直接运行相关的统计分析程序,就可以获得问卷的统计分析结果。

(2)网络问卷调查的交互性强。由于接受调查者在完成问题的回答以后,马上可以看到调查的结果,同时也可以反馈更多的信息给问卷的设计者,因此这将有效地促进网络问卷调查质量的提高。

(3)网络问卷调查涉及的面广。网络突破了时间和空间的限制,使得不同地域、不同专业、不同文化背景的人士都可以连接到同一个调查问卷的站点,从而使网络调查可以在更加广泛的对象中进行。

(4)网络问卷调查能够比较好地保护被调查者的隐私。通过网络的方式,避免了调查者

和接受调查者之间面对面的交谈,这使得接受调查者心理负担少,更愿意将自己的真实想法填写到调查问卷之中。

(5)网络问卷调查提高了问卷调查的信度和效度。利用网络问卷调查,可以更容易地重复多次进行,直到信度提高到理想的水平为止。而通过网络问卷调查可以让接受调查者更加真实地填写答卷。研究者也可以及时改进问卷的内容、结构等,这将有助于问卷调查效度的提高。

3. 利用摄像机、照相机、MP3 等技术进行记录

同纯文本的方式相比,利用这些信息技术来记录数据,其记录的数据资料更加丰富,也更加真实可靠。

4. 利用数据库存储各种档案资料

在教育技术科研中,对各种档案资料进行数字化处理,将其存入数据库中,这样便于对这些档案资料进行检索,也是一种档案资料有效保存的方式。这种数字化档案资料的存储,可以为教育技术科研的深入开展、申报新的课题等提供依据。

5. 利用网络虚拟社区进行观察、角色扮演

研究者利用网络虚拟社区来进行教育技术学观察研究,这种方式类似于在现实环境中的观察。但是由于虚拟社区与现实社区有很大的不同,所以利用网络虚拟社区来进行观察还可以获得一些现实生活中所不能够获得的资料。比如通过观察对象在讨论区的发言情况,了解被观察对象知识掌握和运用的水平。通过观察访问日志并进行分析,可以了解被观察对象对哪些知识更感兴趣。由于所有这些可以被观察到的资料都是可以记录下来的,所以在观察数据的收集方面,网络虚拟社区的观察效率更高。

另外网络中每个人都可以扮演特定的角色,研究者可以扮演一线教师的角色,也可以扮演学生的角色,通过这种方式可以获得更为丰富的资料。

习　题

1. 什么叫教育技术学研究? 它与教师专业发展之间的关系如何?
2. 常用的教育技术学研究方法有哪些? 各有什么特点?
3. 常用的教育技术学研究收集数据的方法有哪些? 如何分析数据的信度和效度?

第九章

用现代教育技术促进教师专业情感的发展

第一节　现代教育技术提供教师专业情感发展环境

196

一、教师专业情感成长模型

1. 教师专业情感

从布卢姆对教育目标的分类学来看,他将教育目标分成了三大类,这三大类分别是认知领域、动作技能领域、情感领域[36]。将其推广到教师的专业成长,可以将教师的专业成长也分成三大领域,这三大领域分别是教师的专业知识成长领域、教师的教学技能成长领域和教师的专业情感成长领域。教师的专业情感发展是教师专业发展中的一个重要的组成部分。在教师专业成长过程中,除了教师的专业知识和技能获得成长以外,教师在专业情感等方面也获得了成长。

但是要准确理解"情感"或"专业情感"却是比较困难的。不同的领域对此类概念有不同的看法。一般来说,所谓情绪和情感是人对事物的各种态度的体验。而态度包含了肯定的态度和否定的态度。如果需求得到满足,则表现出肯定的态度,否则会表现出否定的态度。情感就是自我感受,教师的情感则表现在对教育事业、学生、教学的热爱以及教师的道德感这两个方面。

教师的专业情感反映了教师对自己所从事工作的真实体会和感受,反映了教师对工作的热爱程度。教师专业情感的成长表现在教师的信念、信心、专业态度、教师道德感等多个方面都获得了成长,它是一种高级的社会情感。在不断的专业发展过程中,教师的幸福感也随之而不断得到增强,对自己的专业热爱程度不断上升,最终达到愿意终身从教、终身执教的层次。教师的专业情感也包括了教师的专业精神。所谓教师的专业精神,是指教师在从事教育教学工作时应具备的特定的理想信念、道德品质、职业特性、职业作风和职业态度等。

教师的专业情感与专业知识和技能是不同的。在教师的专业发展过程中,专业知识和技能的成长,将会有效地促进教师的专业情感成长。而教师专业情感的成长,反过来又使得教师能够更加有效地获得专业知识和技能的成长。

2. 教师专业情感和态度成长模型

(1)教师专业情感和态度成长的理论基础

有很多的理论都可以用来支持构建教师专业情感成长的理论,这些理论分别是布卢姆的目标分类理论、马斯洛的人的动机理论、弗洛伊德的潜意识理论以及中国古代的儒学理论等。

按照布卢姆的观点,情感的发展表现出这样的阶段特征:接受、反应、价值的评价、组织、性格化。

人本主义对情感领域的贡献也是很重要的。按照人本主义心理学家马斯洛的理论,人的需求具有以下层次特性[37]:生理需要、安全需要、情感和归属的需要、尊重的需要、自我实现。人的需要影响了人看待事物的态度和情感。

德国心理学家弗洛伊德的理论对于探讨教师专业情感成长的模型也是有启发性的。弗洛伊德认为,人的意识包括了潜意识、前意识、意识三个部分,而依此类推,人的人格分成本我、自我、超我三个部分。在人的成长过程中,潜意识总是在不断地左右着人的各种社会活动,这是本我的体现。但是本我又受到意识左右。在弗洛伊德的理论中,意识是可以被自己意识到的心理活动,它是符合社会道德和个人的理智的。潜意识激发了人的本能的冲动。潜意识对于人的意识有重要影响,而人的意识反过来对人的潜意识也有影响。在人不断进行的社会活动中,随着人的不断成熟,这种潜意识与意识之间达到了一种相互协调和一致,形成完整的人格。

中国古代的儒学和理学理论对于构建教师专业情感和态度成长的理论也有所启示。儒学和理学理论认为,人的成长过程有阶段性,这种阶段性表现在:格物、意诚、心正、修身、齐家、治国、平天下(《礼记·大学》)。这是中国古代系统思想在人的成长方面的应用。这种阶段性表明,人在成长的过程中,首先是探索自然和社会的基本规律,然后在个人这样的小的系统中进行应用,达到"修身"的目的。一旦个人能够成功地修身,则可以将系统扩大到一个家的范围。"齐家"的目的是要使自己的家庭适应社会的发展、家庭和睦。如果有机会,还可以将系统扩大到国家和天下的范围。儒学和理学的理论对教师专业发展的贡献在于,提供了一种系统的思维方法来处理教师的个人成长问题。

(2)专业情感成长在整个专业成长中的作用和地位

教师的专业成长有很多的模型,其中一种模型将教师的专业成长分成了三种基本模式,这三种基本模式分别是标准的教师专业发展模式、群体发展模式、个体发展模式。在每一种专业发展模型中,专业成长的比较高级的阶段都是引起教师专业情感的质的飞跃和变化。一般来说,教师专业成长过程通常是这样的,首先教师不断进行课堂专业实践,在不断改进教学方法的过程中,使得学生获得了成长,而学生的成长又有效地促进了教师专业情感和态度发生改变。

因为情感是一个高级的人的心理活动过程,所以专业情感的成长在整个教师专业成长中处于比较高的层次。也就是说,教师的专业情感成长,通常是发生在教师不断的专业知识提升、不断地进行专业实践、获得更多的专业技能的基础上而形成的。但是教师的专业情感的成长反过来又促进了教师专业知识和专业技能的成长。

(3)教师专业情感成长的模型

以上述的理论为基础,这里构建了一个教师专业成长的模型。如图9-1所示。

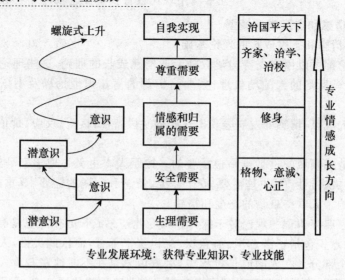

图 9-1　教师专业情感成长的模型

　　该模型中教师的专业知识和专业技能的成长构成了整个教师专业成长的基础。而在教师专业情感成长的内部,由教师潜意识与意识之间的相互促进,导致一个人格的螺旋式的上升过程,从满足最低的生理需求上升到自我实现的需求。整个过程也是一个系统化的过程。初始阶段,教师对专业实践不断反思实践,不断学习和创造,达到"修身"的目的,然后在此基础上达到"齐家"、"治学"、"治校"的目的。而在条件许可的情况下,则可以将自己的情感拓展到整个社会,将自己的情感与国家的兴衰、民族的复兴结合在一起。

案例分析 9-1

科学教育中的情感因素

　　资料来源:Michalinos Zembylas. Emotional Issues in Teaching Science:A Case Study of a Teacher's Views[J]. Research in Science Education,2004,34(4):343-364

　　在这项研究中,研究者直接参与到有 25 年教龄的小学教师凯瑟琳娜的科学课的课堂教学过程中,整个研究过程持续了三年的时间。在整个研究过程中,研究者采用了课堂听课的方式来观察教师的课堂教学过程;通过直接访谈的方式来了解教师的想法。另外在整个研究过程中,还广泛使用了现代教育技术手段,包括电话交谈、录音记录、摄像记录等方式。通过这些途径,可以更加全面地了解和发现凯瑟琳娜老师的行动和情感的表达。

　　通过这项研究,研究者最终得出结论,认为教师的情感对于教师教学的影响非常深刻,它是教学活动的重要组成部分。教师和学生的情感对于教师专业知识的成长以及学生的学习有非常重要的促进作用。另外在教学过程中,教师的情感是教师能够克服教学过程中出现的各种困难的有力保证。教师在整个教学过程中,专业情感的作用还在于能够促进教师了解自己,发现自己的价值,以及增进对他人的了解。

　　反思:

　　1. 与其他职业从业人员相比,教师的专业情感有何特点?

　　2. 现代教育技术手段在研究教师情感方面的课题中有何作用?

二、用现代教育技术构建的教师专业情感发展环境

　　运用现代教育技术来构建教师专业情感发展的环境,目的是要用各种现代教育技术的

手段为教师专业情感发展提供基本的物质条件。这些物质条件包括了教师专业情感发展赖以存在的信息化校园环境、课堂多媒体教学环境、促进教师交流的通讯工具、网络化办公环境、网络资源环境等。

1. 现代教育技术在教师专业情感发展环境中的作用

现代教育技术构建的教师专业情感发展环境中,现代教育技术主要起到如下几方面的作用:

(1)现代教育技术提供了多种形式的信息记录、存储和呈现方式。利用多媒体信息技术,能够将视频、音频等多种形式的信息记录下来,这对于了解情感变化的过程和规律是有帮助的。而利用半导体、硬盘、光盘等存储技术,则能够将这些记录下来的视频和音频等长时间保存。利用多媒体显示技术,则可以提供观看、分析,了解跟情感变化有关内容的更为丰富的资料。

(2)现代教育技术提供了数字化通信的手段。计算机网络技术能够实现多媒体数据通信功能。利用这些功能,可以在网络上传送数据资料,提供研究成果的交流。也可以传送实时的视音频信息,满足远距离情感交流的需要。同时现代教育技术也可以将一些不利于研究者直接干预的场合中的视音频图像实时传送出去,促进情感方面课题的研究。

(3)现代教育技术突破了时间和空间的限制。现代教育技术能够有效地突破时间和空间的限制,满足教师全时空的情感交流,提供各种虚拟的社区,让在现实世界中无法实现的情感交流在网络空间中得以实现。

(4)现代教育技术能够更好地处理信息,提供更多的信息传递的控制方式。利用高速的数据处理能力,可以对涉及情感方面的研究数据进行处理,即时获得相关的结果。比如利用计算机数据处理能力,对人的各种表情进行识别。利用统计分析工具,对各种问卷调查的数据进行处理,以了解被调查者的情感变化。而计算机的数据处理能力,也表现在对数据的控制能力上面,能够实现比传统的方式更为丰富的信息控制方式,比如在个人隐私和开放方面提供了多种选择,这样教师在利用这些现代教育技术手段的时候,既可以考虑利用这些手段来保护个人的隐私,也可以利用这些手段来公开自己的研究成果、心得体会,满足与其他人进行更多的情感交流的需求。

2. 现代教育技术提供教师专业情感发展支持的技术平台

充分发挥现代教育技术手段的这些作用,可以构建一个适合于教师专业情感发展的支持平台。在该平台上,教师可以灵活自如地使用现代教育技术手段来支持自己的情感发展,也可以用该平台将自己的情感成长与个人的整体专业成长紧密结合在一起。

这种技术平台以各种现代教育技术手段为基础,提供教师专业成长的外在条件和环境。在该平台中,教师可以利用摄像机、MP3来记录自己的情感成长过程,利用网络论坛、实时通信工具来进行交流沟通。利用半导体存储器、硬盘、网络硬盘等形式存储多媒体信息。利用博客网站记录个人日志,并控制自己编写内容的公开与否。

第二节　现代教育技术在教师专业情感发展中的应用

一、现代教育技术对教师专业情感发展的促进作用

(一)现代教育技术提高了教师对职业的认知、增强了教师的专业认同感

长期以来人们对教师这一职业的理解分歧比较大。一些人士将教师同手工艺人相比,

认为教师就是要向学生传授各种技能。另一些人士则将教师同律师和医生相比,认为教师应该具备像律师和医生那样的专业知识,成为专业化的人士。在我国,长期以来将教师看作是管理者,属于国家干部。目前另一种能够受到教师青睐的说法是,教师可以和科学家相比,教师就是研究者。然而以上的说法都只是将教师与其他的职业进行对比,并没有指出教师这一职业的本质含义。其实教师这一职业所具备的特殊性,并非简单地去与其他职业相比就可以将其中的本质看清楚的。教师这一职业有其自身的发展规律。要深刻理解教师这一职业的含义,应该从不断的教育教学实践中去丰富和完善它的内涵,去探讨这一职业的内在规律。

利用现代教育技术能够提供必要的条件来完善丰富这一内涵,并帮助我们探讨这一职业的内在规律。作为整个社会的重要组成部分,任何一个职业发展都应该与整个社会的发展紧密地结合在一起。现在我们的这个社会科学技术高度发达,各种自然规律的探索已经到了一个比较深入的层次。计算机及计算机网络技术的广泛应用,又促进了所有行业的现代化、信息化和数字化。从近一百年的科学技术发展情况来看,只有那些能够适应社会发展的职业才能够具备旺盛的生命力,从事这一职业的人员才能够获得迅速的专业发展。比如手工作坊,由于没有现代化技术的支持,这一行业已经日渐式微。取而代之的是自动化生产加工技术。教师这一职业,如果不能跟上现代化的步伐,那么就会如同鲁迅小说中的孔乙己一样,只能够在几个不同的"茴香豆"的"茴"字上纠缠不清。

所以现代教育技术在教育教学中的应用,促进了教师这一职业的发展,使教师能够更好地去理解教师这一职业的特点,提高对自己所从事职业的认知。而因为从事的是一个充满活力的职业,教师的专业认同感也会得到加强。当然,教师职业认同感的增加,也促进了教师专业情感的发展。

（二）现代教育技术增强了教师的情感体验

教师在教学的过程中,除了传道、授业、解惑以外,还可以获得非常丰富的情感方面的体验。这种情感的体验在任何一个职业中都存在,它是一个职业具备吸引力与否的关键因素。对于教师来说,这种教学的情感体验更具有特殊性。教师的教学情感体验主要有以下几个方面的特点:

（1）教师的情感是不断升华的。教师在教学的过程中,能够不断积累情感的体验。而随着更多情感的量的积累,则又将促进教师的情感体验由量变到质变的变化。这一质的变化就是情感体验的一个升华。但是在整个教学生涯中,教师会获得各种各样的情感体验,有好的情感体验,也有不好的情感体验。作为教师会在这样情感体验中,不断进行反思,从而使整个情感升华的过程,沿这一条螺旋式的轨迹不断向上发展。

（2）教师的情感体验内容丰富,形式多样。作为教学过程中的主要因素,教师不光要教给学生知识,还要培养学生的能力,更要育人,在这样过程中,教师所获得的情感体验是丰富的,既有个性的情感体验,也有共性的情感体验;既有理性的情感体验,也有感性的情感体验;既有线性的情感体验,也有非线性的情感体验等。

（3）教师的情感体验现实而具体。教师被称作"人类灵魂的工程师",从事的是教书育人的工作。在工作的工程中,面对的是朝气蓬勃的青少年学生。这是其他的职业所无法相比的。由于面对的是人,且不断地进行着情感的交流,所以教师的这种情感体验更加现实和具体。

（4）教师的情感体验伴随着教师的整个职业生涯。教师这一职业是一个值得终身从事的职业。教师的教学是成功还是失败,很难简单地进行判断,这要通过学生一生的成长来进行证明。这与医生所面对的病人不同,将一个门诊病人的病医好只需要一个有限的时间。也与律师不同,一胜诉,一场官司就结束了,律师只需要将精力放在下一场官司上面。甚至教师这一职业与科学家也不同。科学家完成一个课题研究也有时间限制。因此教师的情感体验很难从简单的一次课堂教学、一次研讨会或者是几年的教学时间来完整地获得,情感体验伴随着教师的整个职业生涯,甚至这是教师一生的体验。

在促进教师的情感体验方面,现代教育技术有如下的作用:

(1)现代教育技术可以突破抽象语言的限制。现代教育技术能够呈现丰富多彩的多媒体信息,教师看到的不再是枯燥的文字,而是形象直观的视音频信息。这些非文字的符号能够向教师传递更加丰富的情感方面的信息,满足教师情感体验的需求。

(2)现代教育技术还能够突破时间和空间的限制。现代教育技术突破了时间和空间的限制,将历史的、未来的知识形象地呈现出来,也可以将千里之外的景物再现于课堂之中。教师足不出户就可以获得传统方式下要通过艰难的旅游才能获得的情感体验。

(3)现代教育技术帮助教师自我调控情绪。利用现代教育技术可以提供教师多种方式来进行交流、反思。通过即时通信工具,将自己的一些感想体会与其他的教师交流,通过博客将自己在教学过程中所碰到的问题写出来,进行自主反思。或者让其他教师帮助自己解决问题等。这样可以有效地调控教师的情绪,促进教师的情感成长。

(4)现代教育技术让教师体验到更为丰富的职业乐趣。现代教育技术的应用,带来了教学内容和教学方式方法上的革新。教师在教学的过程中,经常可以发现存在很多的未知课题等待自己去探究。在不断的探究过程中,个人不断获得成长的机会,对于自己所从事的职业认识得更清楚,整个教学工作变得更加生动有趣。

(三)现代教育技术能够稳定教师队伍,促进教师终身从教

现代教育技术有助于形成尊师重教的环境,提高教师的社会地位。通过现代的媒体技术将教育教学的知识和信息传播出去,促进公众对教育教学的了解。而公众对教育教学知识的了解,则会直接影响到社会对教师这一职业的了解,消除过往的各种误解,重塑教师在公众心目中的形象,这样有助于在整个社会中形成尊师重教的良好气氛。而教师受到尊重,对于教师社会地位的提高也会有很大的帮助,从而促使更多的教师终身从教。

现代教育技术的应用可以吸引优秀人才终身从教。现代教育技术的应用,拓展了教育领域的知识,使得教育跟上了时代的发展;使得教育教学更具有挑战性,有更多的未知的知识等待人们去探索和发现。这对于吸引优秀人才来从事教育教学工作、终身从教是有很大帮助的。

现代教育技术的应用也有助于教育的均衡发展和保障教育的公平。利用现代教育技术可以有效突破时间和空间的限制。即使是偏远的山区,也可以通过现代教育技术即时获得最新的教育、科技、文化发展信息,这有利于所有地区教学内容、教学方式方法的改革。更重要的是,现代教育技术促进了所有地区教师的专业发展,从而使得各个地区能够获得均衡发展。而教育的均衡发展,也有力地打破了不同地区教育资源分配不均衡的现状。确保所有地区的学校都能够得到发展,有力地保障了教育的公平。而教育公平是教师队伍稳定的基础。教师队伍的稳定又使得教师更愿意终身从教。

现代教育技术的应用,也使教师看到了教育发展的希望,有助于提高教师的专业认同感,能够吸引更多的年轻人从事这一职业。

(四)现代教育技术能促进教师道德修养和法律意识的提升

现代教育技术的发展对于促进和提高教师的道德修养和法律意识也是有很大帮助的。

201

利用现代教育技术能够向教师传播先进教师的事迹和各种法律法规的知识。这样教师通过现代教育技术可以更好地理解教师道德修养和法律意识的重要性,从而在教育教学的实践中自觉地去提高自己的道德修养,在教学的过程中,自觉遵守国家制定的各种法律法规。

现代教育技术的应用,也为教师提供了更多的师德实践的机会。

利用现代教育技术,教师能够更加充分地与家长进行交流,增强教师和家庭之间的联系,从而增加对学生的理解,更好地应用现代教育心理学的理论来处理教学过程中的各种问题,而不是体罚学生。

利用现代教育技术,教师能够有更多的途径获得各种法律的知识,了解自己的权益,在实践中努力维护自己的合法权益。

现代教育技术也促进了教师之间的相互理解,这有助于教师在教学的过程中更加团结,勇于同不正之风作斗争,在学校中形成良好的师德环境。

(五)现代教育技术能增强教师与学生之间的交流

在教学过中,教师的专业情感发展是与学生的密切交流与互动分不开的。和学生的交流越充分,教师就越能够理解教育教学的含义,从而获得更好的专业发展。

现代教育技术为教师和学生之间的交流提供了广泛的渠道。过去教师和学生之间的交流仅限于课堂教学和少量家访过程。现在随着现代教育技术的发展,可以采用摄像机、MP3、博客、即时通信工具等来与学生进行交流。甚至教师还可以直接参与到学生喜欢的网络游戏中,去和学生进行交流,了解学生的想法。这样的一个过程有助于促进教师与学生的情感交流,促进教师和学生的情感发展。

除了可以用现代教育技术来拓展教师与学生的交流渠道以外,教师还可以借助现代教育媒体来处理各种学生方面的数据。比如在一些教学平台中,教师可以通过数据库自动生成的日志统计报表来了解学生在家庭中的学习情况。而通过各种统计工具,如 SPSS、EX-CEL 等,则可以对学生的成绩和收集到的各种数据进行统计分析,从统计结果中发现问题,了解学生的情感变化,促进自己的反思。

(六)现代教育技术提供了教师专业发展的良好的"情感场",给予教师更多的人文关怀

所谓教师专业发展的情感场指的是教师在专业发展过程中,外部各种对于教师的专业情感发展有帮助的条件。这些条件包括学校的物质环境和学校的人文环境。

现代教育技术能够丰富教师专业成长的物质环境。现代教育技术的应用,使得教师与周围环境交流的渠道增加。教师能够更加有效地与周围的环境进行交互,这有助于教师的知识和情感的建构。

而现代教育技术的应用,也提供了全新的教师专业成长的物质环境。在多媒体教室中,教师使用多媒体设备来进行教学,以全新的模式来开展教学活动,减少粉笔灰的污染。在日常教学工作中,采用网络化办公系统有助于教师提高办公效率。在这样的环境中,教师可以将更多的注意力放在情感的发展上。

现代教育技术的应用也能够给予教师更多的人文关怀。人文关怀是对人的生命、尊严、价值、情感、自由等给予尊重的精神。教师的专业情感发展一方面要靠教师自身的不断学习、实践和思考来促进,另一方面,外部环境给予教师更多的关怀,也是有效促进教师专业情感成长的有效途径。现代教育技术能够提供对教师进行人文关怀的工作环境。比如通过网络的方式将教师组织在一起,经常性地就自己感兴趣的问题进行讨论。现代教育技术还可

以创造人文关怀的气氛。比如通过网络的方式加强教师之间的联系；利用摄像机、照相机将教师参与的活动记录下来；也可以利用现代教育技术组织一些活动、出外疗养、关心老教师等，让教师获得情感的依托。现代教育技术的应用还能够提高教师的人文精神，避免教师的情感枯竭。

（七）现代教育技术促进了教师自我意识的提高和主体精神的回归

教师专业发展中需要教师主体精神的回归，这样才能够解决教师专业发展中出现的各种问题，能够更加深入地探讨教师专业发展的规律。

现代教育技术的应用能够有效地促进教师主体精神的回归，其原因在于：

（1）现代教育技术能够给教师专业发展提供正确的"支点"。这是因为现代教育技术除了能够更加高效率地提供各种学科的资源、能够满足教师专业知识和技能的成长以外，还能够提供教师更多快乐的体验，能够把传统枯燥的课堂教学变得生动有趣。教师应用现代教育技术来进行教学，不再盲从于社会的各种规范。教师的专业成长过程是一个更具备个人判断的成长的过程。通过现代教育技术手段，教师能够做到不光会谋生，更会乐生，能将教师的专业发展提升到一个新的层次。

（2）现代教育技术能够促进教师生命本体精神的回归。现代教育技术在教学中的应用消除了教师角色认定的工具化的倾向。长期以来，整个社会总是期望用一种比较简单、刻板的方式来界定教师角色的属性，却往往忽视了教师的自我价值。现代教育技术提供了更多的自我反思的工具来促进教师对教育问题的正确思考，理解自己的价值所在。而通过现代教育技术媒体的传播，促进社会能够更好地了解教师的生活与日常教学过程的艰辛，为教师提供非常宽松的舆论环境。现代教育技术也为教师和社会之间的沟通提供了一个桥梁的作用，使得教师和整个社会的思想普遍得到沟通和交流。这能够有效地协调可能出现的各种问题。另外现代教育技术的广泛应用，也为教育体制的改革提供了保证，促进整个制度更加人性化，为教师的专业发展扩宽更多的制度空间。对于教师来说，现代教育技术还能够提升教师职业活动的境界，能够使教学活动成为一个更具创造性的过程。

二、现代教育技术促进教师专业情感发展的策略

现代教育技术对于促进教师专业情感发展有着非常大的作用。在实践过程中，可以利用各种方法来对教师的专业情感发展进行促进。下面是几种比较典型的方法：

（一）利用网络学习补充教师的师德、法律法规方面的知识

这种方式可以采用网络教学平台来实现。利用专门的网络学习平台，让教师学习有关师德教育以及各种法律法规方面的知识。同传统的方式相比，这种网络学习方式效率更高、形式多样、学习自由度高，可随时上网搜索资料来支持自己的学习。这种方式比较容易受到教师的欢迎。

（二）通过现代教育技术提供先进经验

将优秀教师的教学经验交流录像、公开课录像等形式提供给教师观看，可以让教师及时获得先进的教学经验。而利用网络技术，则可以更快地将这些资料发放出去。因为网络交流的平等性，所以很多教师也可以及时将自己的教学经验放在网络上提供其他教师参考。这更有利于一些优秀的青年教师脱颖而出。

（四）利用博客进行情感反思

利用博客来进行情感的反思是一种非常有效的手段。博客可以满足教师保护自己隐私

的需求,也可以将自己的反思公开出来,与其他的教师进行充分的交流,从而促进自己情感的升华。

(五)利用现代教育技术提供偏远地区教师的专业情感发展支持

偏远地区的教师由于交通不便,信息渠道不畅通,经常会出现与整个社会发展脱节的现象,利用现代教育技术手段,可以通过多种方式来促进这些偏远地区教师的专业情感发展,使这些教师能够获得情感上的依托。这些方式包括使用数字化广播和电视等手段。而通过网络等手段,还可以将自己的情感体验通过博客等方式发布出去,与其他的教师进行交流。

(六)利用现代教育技术提供教师和学生家庭的交流平台

利用现代教育技术手段得以构建现代家校互动交流的平台。在这个平台上,教师可以有效地和学生的家庭进行密切交流,促进家庭教育和学校教育之间的和谐发展,支持教师和学生的情感发展。

(七)用现代教育技术构建教师专业发展"情感场"

这种方法利用校园信息化建设的机会,用现代教育技术提供教师更多的人文关怀。为了达到这一要求,在校园信息化建设的过程中,就要避免以面向项目的方式来建设信息校园。应该更多地考虑教师的需求,以能够有效促进教师的专业情感发展为目的来完成这一工作。

(八)用现代教育技术构建教师和社会沟通的渠道

利用各种现代教育技术手段,包括数字电视、数字广播、计算机网络等手段,向社会传播学校发展的信息,让社会人士对教育教学的过程有更深入的认识。而教师也可以通过这一渠道,与社会各界人士进行充分的交流和互动,增进社会对教师的理解,促进教师专业情感的发展。

习 题

1. 教师专业情感发展的含义如何?它同教师的专业知识、专业技能发展有何关系?

2. 现代教育技术对教师的专业情感有何促进作用?如何利用现代教育技术来提升自己的专业情感?

参 考 文 献

1. AECT. The field of educational technology: a statement of definition[J]. Audio—Visual Instruction. 1972,10:17, 8, 36—43.

2. AECT. The definition of educational technology[J]. Washington DC: AECT. 1977:23—24.

3. 南国农. 信息技术教育与创新人才培养(上)[J]. 电化教育研究,2001(8):25—28.

4. 黎加厚. 2005AECT 教育技术定义:讨论与批判[J]. 现代远程教育研究,2005,(1):11—16.

5. 南国农. 电化教育学[M]. 北京:高等教育出版社. 1985(7):1—2

6. 南国农. 电化教育学(第二版)[M]. 北京:高等教育出版社. 1998.

7. 萧树滋. 电化教育概论[M]. 北京:北京师范大学出版社. 1988,(1):1—2.

8. 李克东. 教育技术发展与电化教育新任务[C]. 现代教育技术与教育现代化. 汕头大学出版杜,1997. 3

9. Examining Context and Challenges in Measuring Investment in Professional Development: A Case Study of Six School Districts in the Southwest Region[J]. Issues & Answers. REL 2008,037.

10. Morgan, Elizabeth. "Definition Of Professional Development. " Definition Of Professional Development[DB/OL]. 8 Jan. 2007. EzineArticles.com. 6 Jun 2009.

11. 叶澜. 教师角色与教师发展新探[M]. 北京:教育科学出版社,2001.

12. 刘万海. 教师专业发展:内涵、问题与趋势[J]. 教育探索,2003,(12):103—105.

13. 刘捷. 专业化:挑战 21 世纪的教师[M]. 北京:教育科学出版社. 2002.

14. 傅建明. 教师专业发展——途径与方法[M]. 上海:华东师范大学出版社. 2007(5).

15. Dale, E. . Audio—visual methods in teaching[M]. New York: The Dryden Press. 1946

16. 李克东,谢幼如. 多媒体组合教学设计(第 2 版)[M]. 北京:科学出版社. 2000(3).

17. Michael Orey, V. J. Mcclendon, Robert Maribe Branch(Editors)[M]. Educational Media and Technology Yearbook: 2006. CA: Libraries Unlimited, 2006:35—37

18. Dick, Walter, Lou Carey, and James O. Carey. The Systematic Design of Instruction (6th Edition ed.)[M]. Columbus: Allyn & Bacon. 2005. pp. 1—12

19. 邓子龄. 目前国内数字化语言实验室的分类及特点[J]. 中国电化教育. 2003,198(7):91.

20. 时代贤达科技有限公司. 多媒体网络数字语音室与模拟语音室之比较. 中国现代教育装备. 2003,(04).60—61.

21. GB20600—2006.数字电视地面广播传输系统帧结构、信道编码和调制[S]. 中国标

准出版社,2006－8－18发布,2007－08－01实施

22.［美］Dan Ablan. 数字制片和编导技术［M］. 北京:清华大学出版社. 2003,10

23. John Jackman. Lighting for digital video & television(2nd Edition)［M］. USA: CMP Books. 2004,(1):137－138

24. 尼葛洛庞帝. 数字化生存［M］. 海口:海南出版社. 1997,2

25. Geoff Lancaster. Software design & development［M］. USA:Pascal Press. 2001: 16－18

26. Terry Winograd. Bringing Design to Software［M］. USA:Addison－Wesley. 1996,(2):14－16

27. 祝志庭主编. 网络教育应用教程［M］. 北京:北京师范大学出版社. 2004,(1).

28. Karen Kellogg. Learning communities［J］. ERIC digest," ERIC Digests, ED43－512 (Washington, DC: ERIC Clearinghouse on Higher Education, 1999).

29. McMillan, D. W. , & Chavis, D. M. Sense of community: A definition and theory ［J］. Journal of Community Psychology, 1986,14(1), 6－23.

30. B. L. Smith. Taking Structure Seriously: The Learning Community Model［J］. Liberal Education, 1991. 77 (2): 42－48.

31. 况姗芸. 网络学习共同体的构建［J］. 开放教育研究. 2005,11(4).33－35

32. 田爱丽. 中英美三国教师培训"校本"模式的比较研究［J］. 中小学教师培训. 2001, (8):58－59

33. 何克抗. 正确理解"中小学教师教育技术能力培训"的目的、意义及内涵［J］. 中国电化教育. 2006,238(11):20－21

34. 李克东. 教育技术学研究方法［M］. 北京:北京师范大学出版社. 2003,(4).

35. Louis Cohen, Lawrence Manion, Keith Morrison. Research methods in education (5th Edition)［M］. USA:Routledge. 2003:1－136.

36.［美］B. S. 布卢姆等编, 罗黎辉,丁证霖,石伟平等译. 教育目标分类学,第一分册:认知领域［M］. 上海:华东师范大学出版社. 1986,(08):8－9.

37.［美］马斯洛. 动机与人格［M］. 北京:华夏出版社. 1987,(11):40－68